世界一やさしい米国株の教科書1年生

はちどう

ソーテック社

ご利用前に必ずお読みください

本書は株式売買、投資の参考となる情報提供、技術解説を目的としています。株式売買、投資の意思決定、最終判断はご自身の責任において行ってください。

本書に掲載した情報に基づいた投資結果に関しましては、著者および株式会社ソーテック社はいかなる場合においても責任は負わないものとします。

また、本書は2020年5月現在までの情報をもとに作成しています。掲載されている情報につきましては、ご利用時には変更されている場合もありますので、あらかじめご了承ください。

以上の注意事項をご承諾いただいたうえで、本書をご利用願います。

※ 本文中で紹介している会社名、製品名は各メーカーが権利を有する商標登録または商標です。なお、本書では、©、®、TMマークは割愛しています。

Cover Design & Illustration…Yutaka Uetake

はじめに

米国株投資をやってみたいけど、何から始めてよいのかわからない。

そんなあなたにこの本はぴったりです。

本書の目標は「はじめて米国株投資をする人が、米国株のメリットを理解し、投資方針の策定から実行までひとりでできるようになること」。教科書のように本棚や手元におかれる、息の長い本を目指しています。

米国株投資は資産運用の王道です。

私はそのことを知るまでに、10年以上を要しました。

社会人3年目の2004年に日本株を投資元本100万円で開始し、2007年末にワンルームマンション投資にチャレンジしていたのです。

2008年、リーマンショックで株式投資は評価損でしたが、不動産投資では毎月の家賃が銀行口座に振り込まれていました。この経験は、いまでも分散投資をする背景となっています。

米国株投資を始めたのは2014年から。人口動態統計から日本株や不動産価値が上昇すると信じ切れず、長期運用に適した投資先として米国株に行き当たりました。

すぐにワンルームマンションを売却し、手元に残った現金1千万円をもとに米国株投資を始めました。そして投資成績の公開や米国株の解説、銘柄分析などのブログ執筆を開始しました。

資産運用のゴールを「家族の人生を豊かにし、アーリーリタイア（FIRE）という選択肢を手に入れること」に設定し米国株投資を実践中です。

お金のことを考えなくてはいけない時代に生きている

2003年以降の15年間で、税金や社会保険料が上がり、年収700万円だったサラリーマンの手取りは50万円も減っています。将来の年金受給額が相対的に減少することは避けられず、老後資金への不安から「何かしないと」、と思う20代、30代の人が増えています。私の場合は10年以上かかり米国株という方法にたどりつきました。

最近ではブログを通して学んだノウハウや知識が蓄積されてきました。

本書では米国株に関するそのすべてをまとめています。

本書を手にとったあなたが、米国株によってゆっくりと、かつ最短距離で資産形成をされることを願っています。

目次

1時限目 米国株に投資すべき理由

2時限目 アーリーリタイアのための私の米国株投資スタイル

3時限目 プロに負けないインデックス投資

4時限目 積立・長期投資を可能にする投資の考え方

5時限目 米国の個別株やETFを買ってみよう

6時限目 証券口座を開設して米国株投資を実践してみよう

7時限目 つみたてNISA、iDeCoで長期の視点で積み立てよう

8時限目 米国株に必須の経済統計と使える情報源

0時限目
株や投資について知っておこう

米国株を買う前に
「株」のしくみや
証券会社の役割
なども知って
おきましょう！

01 そもそも「株」って何？

1 株は会社を所有する権利です

会社を作って事業を行うとき、資金が必要になります。そのとき、事業に対して成長性があると思う投資家や、その事業を応援したい人などから**会社は資金を調達**します。

会社は資金を出してくれた人に**株式という投資の証明となる権利証**（現在は電子化）を渡します。

これが株式の簡単なしくみです。

株式というのは、**会社の所有の権利**で、株主は企業のオーナー（所有者）として、株を保有している分の権利を持っています。出資した分だけの権利ということです。

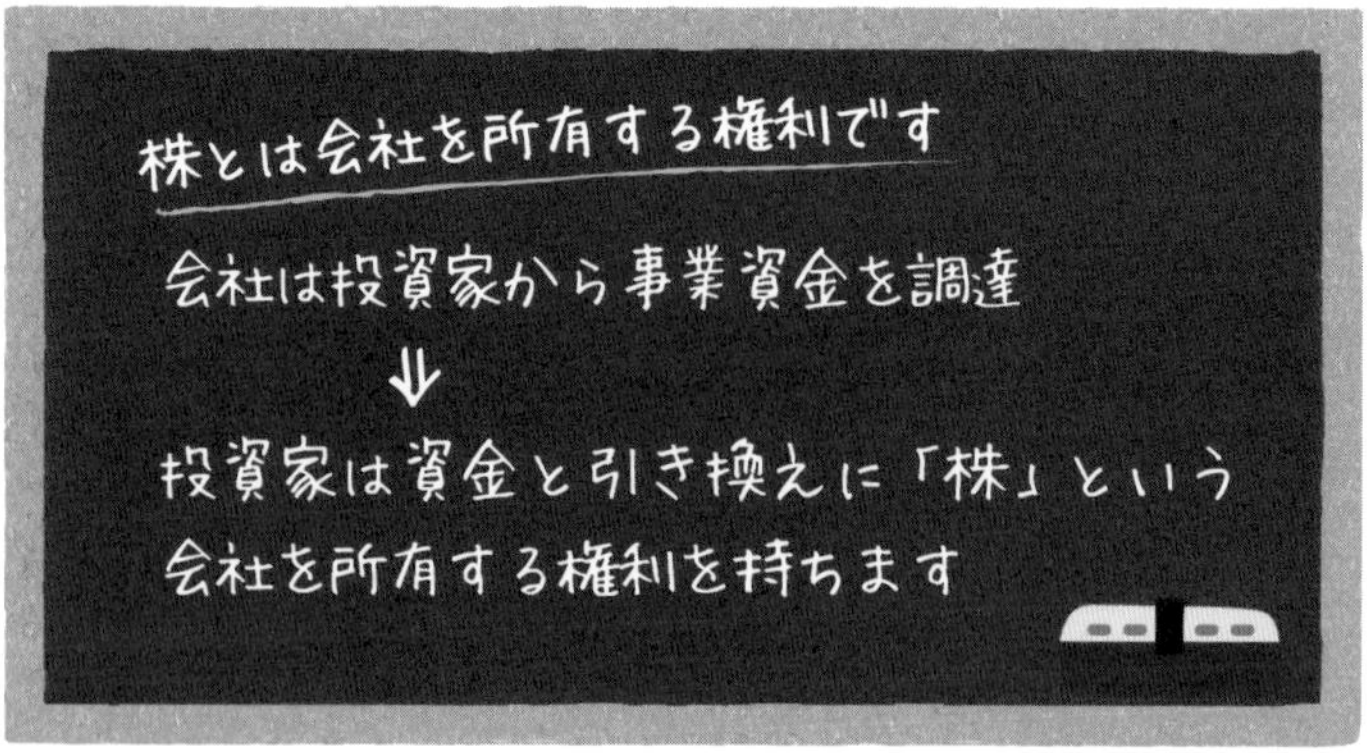
株とは会社を所有する権利です
会社は投資家から事業資金を調達
⇓
投資家は資金と引き換えに「株」という
会社を所有する権利を持ちます

● **株式会社のしくみ（米国）**

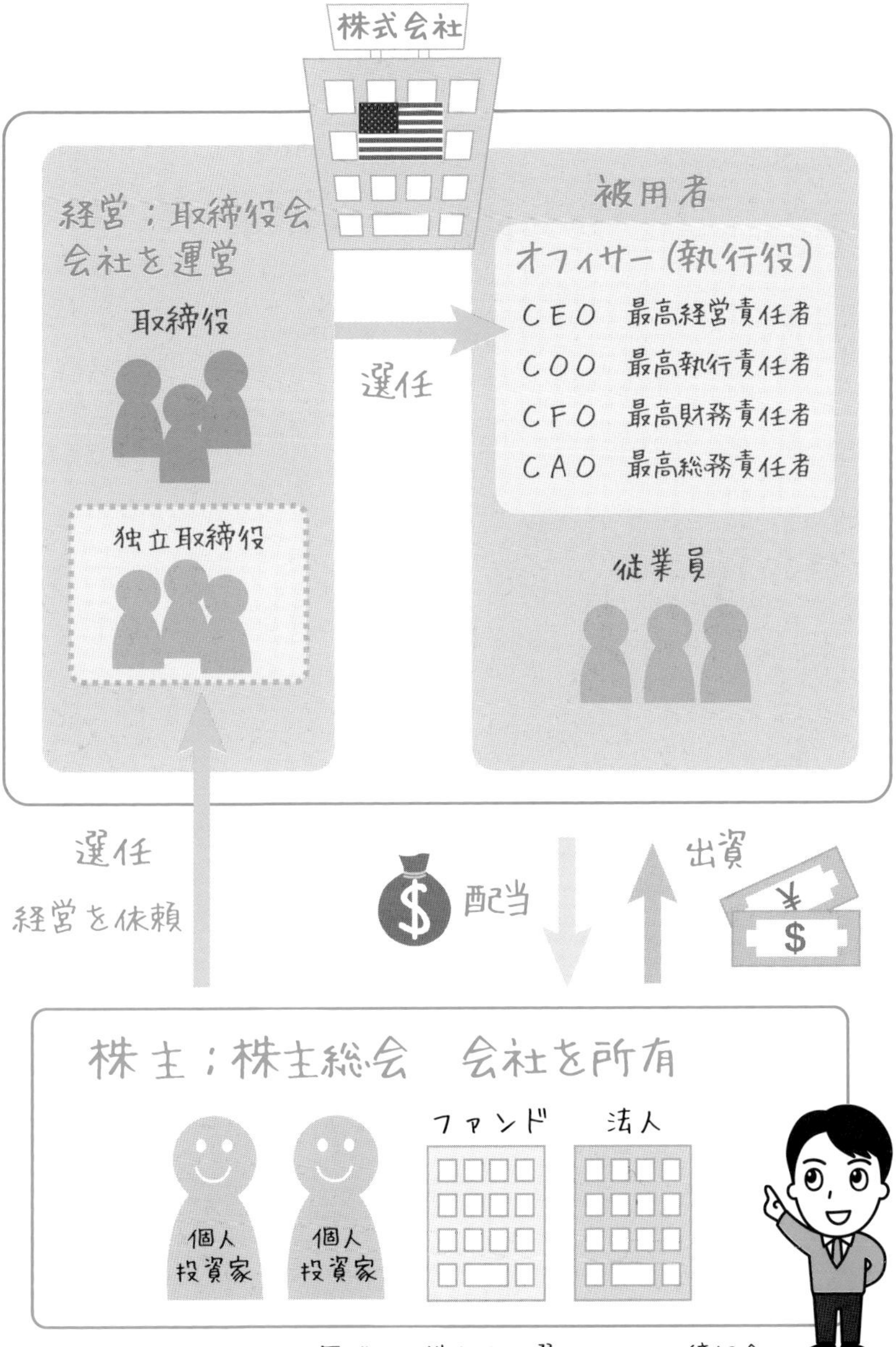

米国では、株主から選任された取締役会と業務を執行する経営陣が明確に分離されています。日本でもこれに倣い執行役員制度がありますね。

2 株主には買った株以上の責任はありません

株主には**有限責任の原則**というのがあります。株主は出資した以上のお金や責任を負う必要はありません。ただし、会社に借金があり**倒産すると、出資した額は返ってきません**。

私が１００万円を企業に出資して株を買ったとしましょう。この企業の事業がうまくいかずに10億円の負債を抱えて倒産したらどうしますか？　企業はきっと株主以外の銀行などからもお金を借りていますよね。

その借金を返すのは株主でしょうか？

いやいや、そんなことはありません。株主の損失は出資分の１００万円まで。企業の借金を返すために、株主は出資額以上に負担する義務はないのです。

会社法１０４条には「**株主の責任は、その有する株式の引受価額を限度とする。**」と規定されています（米国も同様）。

株主は出資した株数に応じて**株主総会での議決権**を持つ、実質的な**企業の所有者（オーナー）**です。会社を経営するのは株

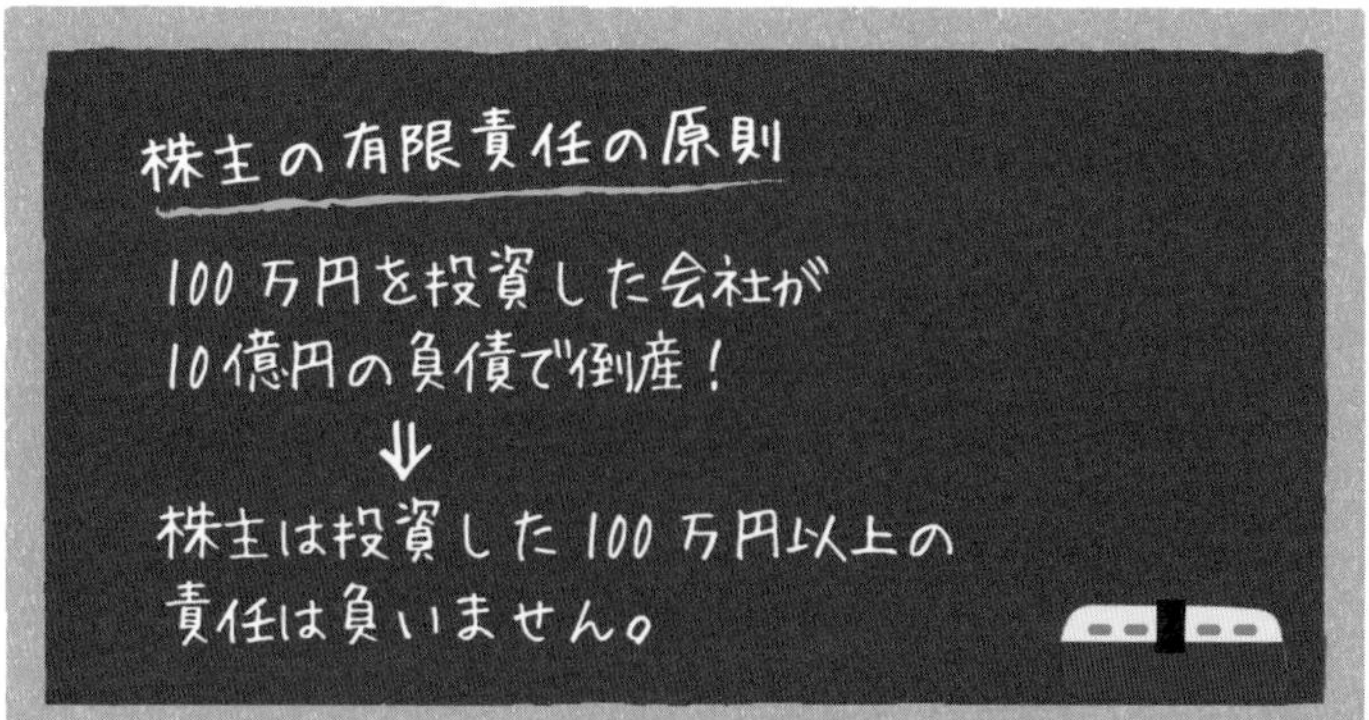
株主の有限責任の原則
100万円を投資した会社が
10億円の負債で倒産！
⇓
株主は投資した100万円以上の
責任は負いません。

主総会で承認された取締役であり、株主ではありません。これを**所有と経営の分離**と言い、商法上の大原則となっています。

このように株主の権利と責任の範囲は限定されています。株主有限責任の原則により株主の**リスクが限定されている**ので、投資家は**安心して会社に投資することができる**のです。この原則は世界中で採用され、米国株を買う場合も同様のルールとなります。

3 資産って何？ 株もその1つです

そもそも**資産とは何でしょうか**？「金持ち父さん貧乏父さん」という本でわかりやすい例えがされています。

- **資産とは、あなたのポケットにお金を入れてくれるもの**
- **負債とは、あなたのポケットからお金を奪っていくもの**

この資産には、性質が違う次の3つがあります。

現金 手元にあってすぐに使えるが、収益は少ない
不動産 現物資産。賃料が見込め、経済危機やインフレにも強い
株 すぐに換金でき収益も見込める。価値の増減が激しい

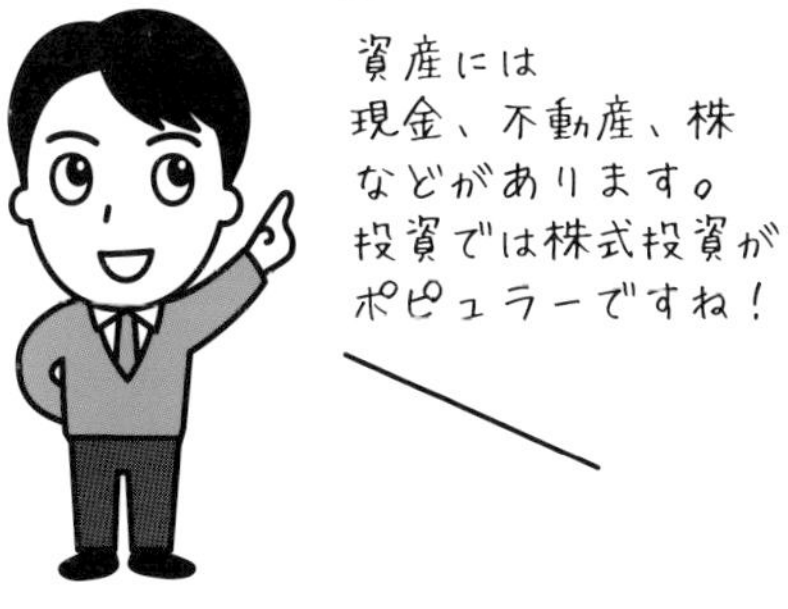
資産には
現金、不動産、株
などがあります。
投資では株式投資が
ポピュラーですね！

4 株式以外にもいろいろな投資があります

資産を現金、不動産（物）、株（事業）の３つに分けて投資（保有）することを**資産三分法**といいます。株式投資というのは、資産運用の一部にすぎません。本書で扱う米国株も株式の運用です。

資産運用をしたいと考え「株でも買ってみよう」と思ったら、不動産、ＦＸなど他の投資への選択もあることも知っておきましょう。

株式投資は事業への投資です。一方、次のＦＸや不動産、また、金、プラチナなどへの投資は物への投資となります。

ＦＸとは、「Foreign Exchange」の略で、正式名称は**外国為替証拠金取引**、一言で表すと、異なる通貨の売買です。具体的には日本円を売って米ドルを買い、買ったドルが値上がりしたら売って、そのときに生じた価格差が利益や損益となります。

ＦＸは証拠金を差し入れ、その25倍までの取引（レバレッジ取引）ができるのが特徴です。

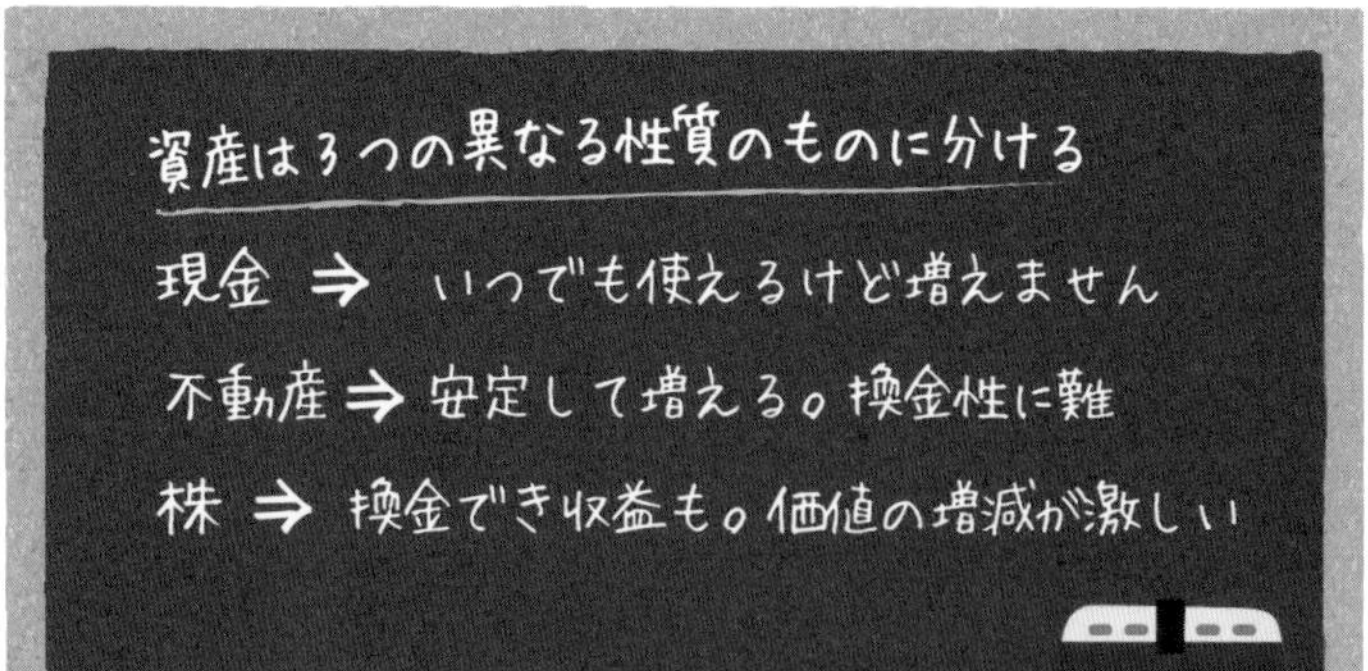
資産は３つの異なる性質のものに分ける
現金 ⇒ いつでも使えるけど増えません
不動産 ⇒ 安定して増える。換金性に難
株 ⇒ 換金でき収益も。価値の増減が激しい

不動産投資は、ビル一棟やマンション一部屋などを購入し、そこから賃料を得たり売却して利益を出す投資です。

不動産は株式のような紙（データ）の資産ではなく土地や建物などの実物資産です。**実際に目で見て価値を確認でき担保となる資産**なので、銀行などがお金を貸してくれます。自分でお金を出さずに、**他人のお金で投資ができるというメリット**があります。

不動産への投資を株式市場のしくみを活用して小口化し、小額から投資できるのが**REIT（不動産投資信託）**です。REITは、多数の投資家から資金を集めて不動産を購入し、そこから生じる賃料や売却益を出資者に分配する商品です。株式投資と似ていますね。

また、**国債や社債といった債券**も株式と同じように保有しやすい投資です。国債は、国がデフォルト（債務不履行）にならなければ安定的に利回りが確保され、どちらかというと銀行の定期預金に性質が似ています。

このように、株式投資以外にも資産運用の方法があり、資産を分散させることで、インフレ、デフレ、景気悪化、バブル崩壊などさまざまな局面が来ても、資産ごとに強い面、弱い面があるので、リスク分散がはかれます。

資産は
現金、株、不動産など
性質の異なるものに
分けて投資しましょう。
そうすることで
リスク分散がはかれます。

02 株はどこでどうやって買えるの？

1 証券会社が仲介し、株の取引所で売買されます

会社が事業資金を調達するために株を発行しますが、それを一般投資家に販売したり、所有する**株の売買を仲介**するのが**証券会社**の役割です。

株が実際に売買される場所が証券取引所です。日本では東京、札幌、名古屋、福岡に取引所があり、東京証券取引所では「一部」「二部」「マザース」「ジャスダック」と会社の規模、流通株数などで市場が分かれています。

米国株では「**ニューヨーク証券取引所（NYSE）**」や**ナスダック**があります。

証券会社は、投資家から指示された価格や株数で証券取引所に

証券会社が株の売買の
仲介をやってくれます。
実際に株が売買される
マーケットが証券取引所
です。

発注して売買を行い、売買が成立したら投資家に株の権利を渡します。

また、投資家から証券会社に出された注文を、取引所に集めて売買を行うしくみを「**取引所取引**」といいます。

それに対し、証券会社と個人が直接数量と値段を決定する取引を「**店頭取引**」や「**取引所外取引**」と呼びます。

取引所取引は、誰でも不自由なく株式売買ができ、全ての人に公正な価格を提示できるメリットがあります。

一般的に株式売買といえば、上場された株式を取引所取引することを指しています。

● 証券会社は投資家から受けた注文を証券取引所で売買する

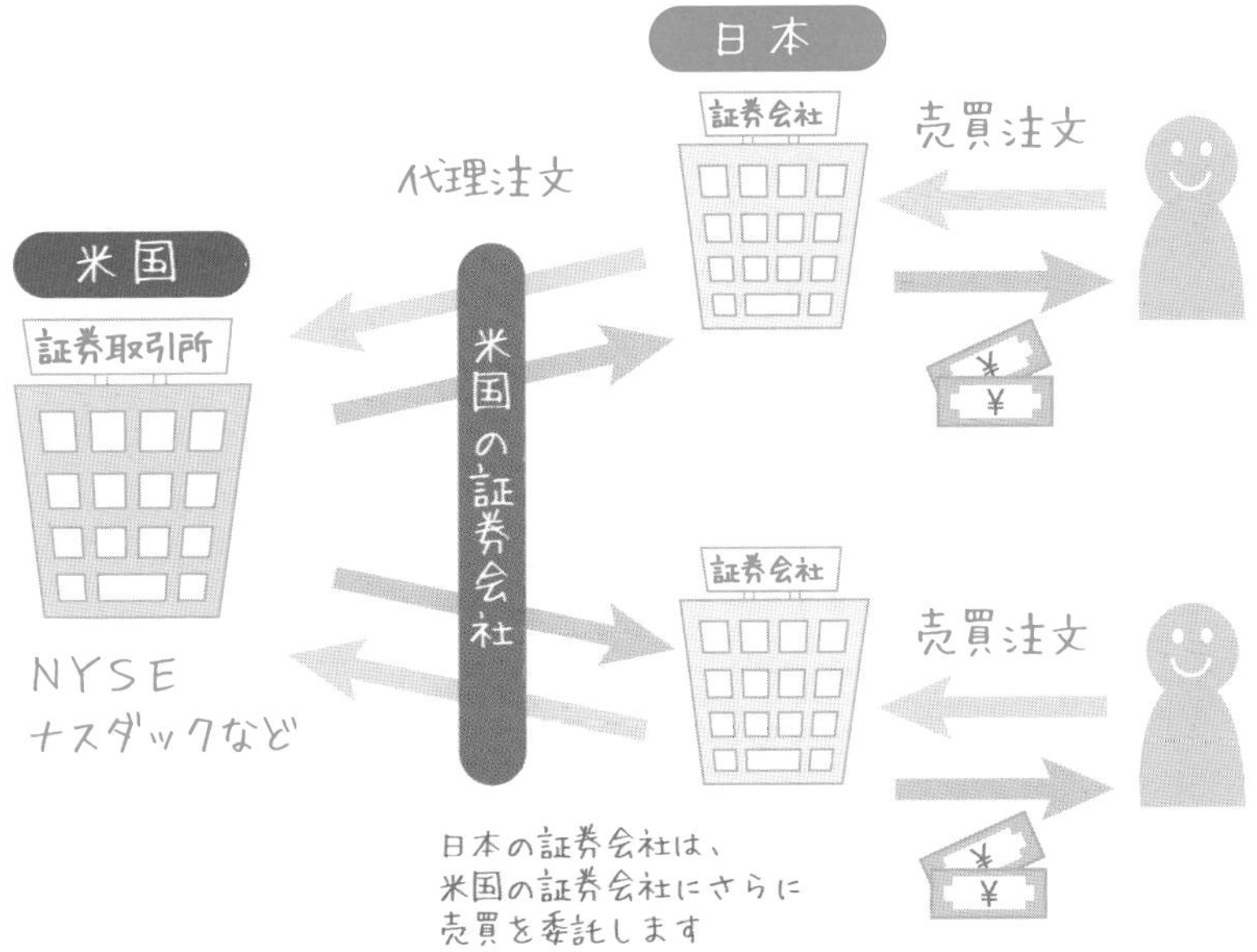

2 上場していない株は有名企業でも買えません

会社の株が証券取引所で売買できるようになることを「**上場**」または「**株式公開**（**IPO**：Initial Public Offering)」と呼びます。最近だと2019年12月にサウジアラビアの国営石油会社サウジアラムコがサウジ証券取引所（タダウル）に新規上場し世界一の時価総額を記録したり、2018年12月に東京証券取引所でソフトバンクグループが新規公開したりと、大型IPOが報道されています。

株式を新規公開することは簡単ではありません。**上場するための基準**は、株主数、株式数、時価総額、事業の継続年数、純資産の額など証券取引所ごとに設定されています。これらの審査基準をクリアした、証券取引所に上場している株だけが、広く**一般投資家に向け取引所での売買が可能**になります。

世界の取引所を見渡すと、ニューヨーク証券取引所、ナスダック証券取引所、ロンドン証券取引所、上海証券取引所や香港証券取引所などが有名です。

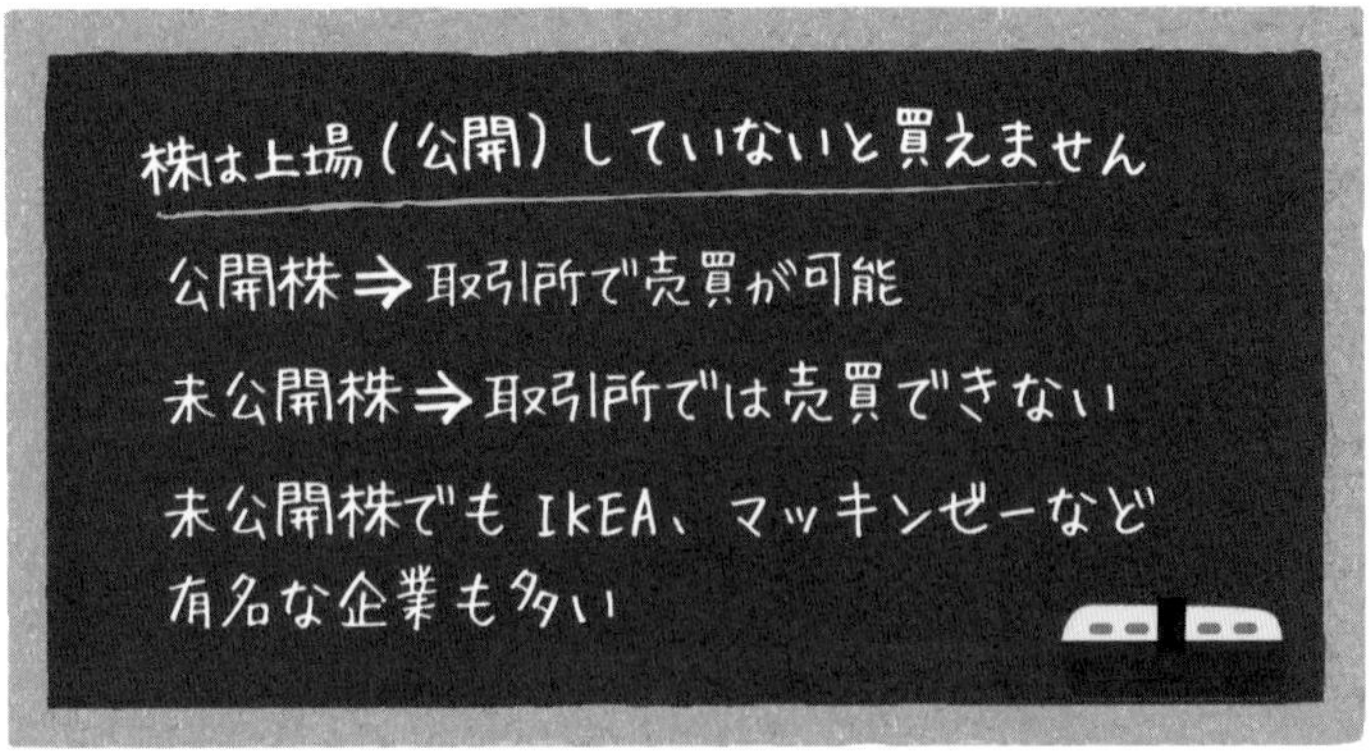
株は上場（公開）していないと買えません
公開株⇒取引所で売買が可能
未公開株⇒取引所では売買できない
未公開株でもIKEA、マッキンゼーなど
有名な企業も多い

米国株に投資するためには、アメリカ国内にある証券取引所に上場している株式に代理注文できる日本の証券会社を選んで口座を開設して株を売買します（23ページ図）。

株式を非公開化にする超有名大企業

一方で上場していない企業の株のことを、**未公開株（非上場株式）**といいます。

スウェーデンの家具メーカーであるＩＫＥＡ、米国に本社を置く経営コンサルティング会社のマッキンゼー・アンド・カンパニー、日本ではサントリーなど、大手の有名企業でも上場していない会社は世界中にあります。こうした上場していない会社の株式は、いくら有名企業であっても証券取引所では売買ができません。

投資資金を集める必要がなく、また、企業買収のリスクを避けたい場合に、大きな企業であっても**経営戦略として株式を非公開化する**例があります。

株式を非公開化することにより、経営権を少数株主に限定でき、意思決定も迅速化できるメリットがあります。

大きな企業でも株を公開しない場合があります。
買収に遭わない、意思決定の迅速化などメリットがあるからです。

03 株価はどうやって決まるのか？

1　株価の決まり方　2つの原則

そのときどきの株価はいったいどうやって決まるのでしょうか？　証券会社の株価ボードや証券会社のサイトで売買される価格は日々刻々と変化し続けます。

上場会社の株価は、**直前に銘柄の取引が成立したときの価格**です。さらに取引が成立すると株価は変わります。

取引所での株価の決まり方には2つの原則があります。

価格優先の原則

1つは**価格優先の原則**です。

株を所有しそれを1000円で売りたい人と、その株を

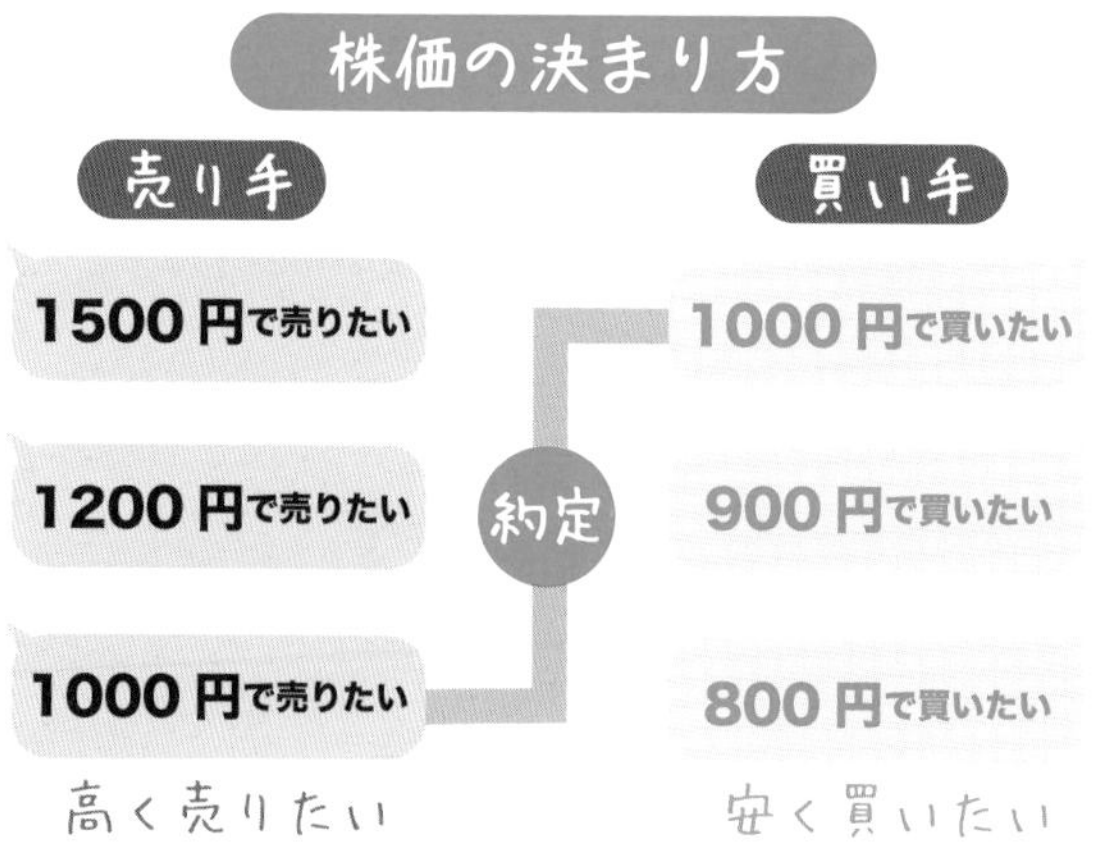

８００円でほしい人がいるとします。これでは売買が成立しません。買い方は８００円で買うのをあきらめ９００円で買いたいと提示します。一方売りたい人はその９００円でも売ってよければ売買が成立し、９００円では売りたくない場合には成立しません。

そのとき、１０００円でも買いたい人が現れたときには、１０００円で売買が成立してしまいます。

さらに、このときいくらでもいいから買いたいという注文があれば、この人の注文が最も優先されます（**成行《なりゆき》注文**）。成行注文は、買いたい場合、売り手がいればすぐに取引が成立します（**約定《やくじょう》**）。これが株価マーケットでの価格優先の原則のシンプルな例です。

- **買い方《かた》は高い価格注文が優先される**（指値《さしね》注文）
- **売り方は低い価格注文が優先される**（指値注文）
- **いくらでもよい成行注文は指値注文より優先される**

買いたい需要と売りたい供給の価格が同じになったときの価

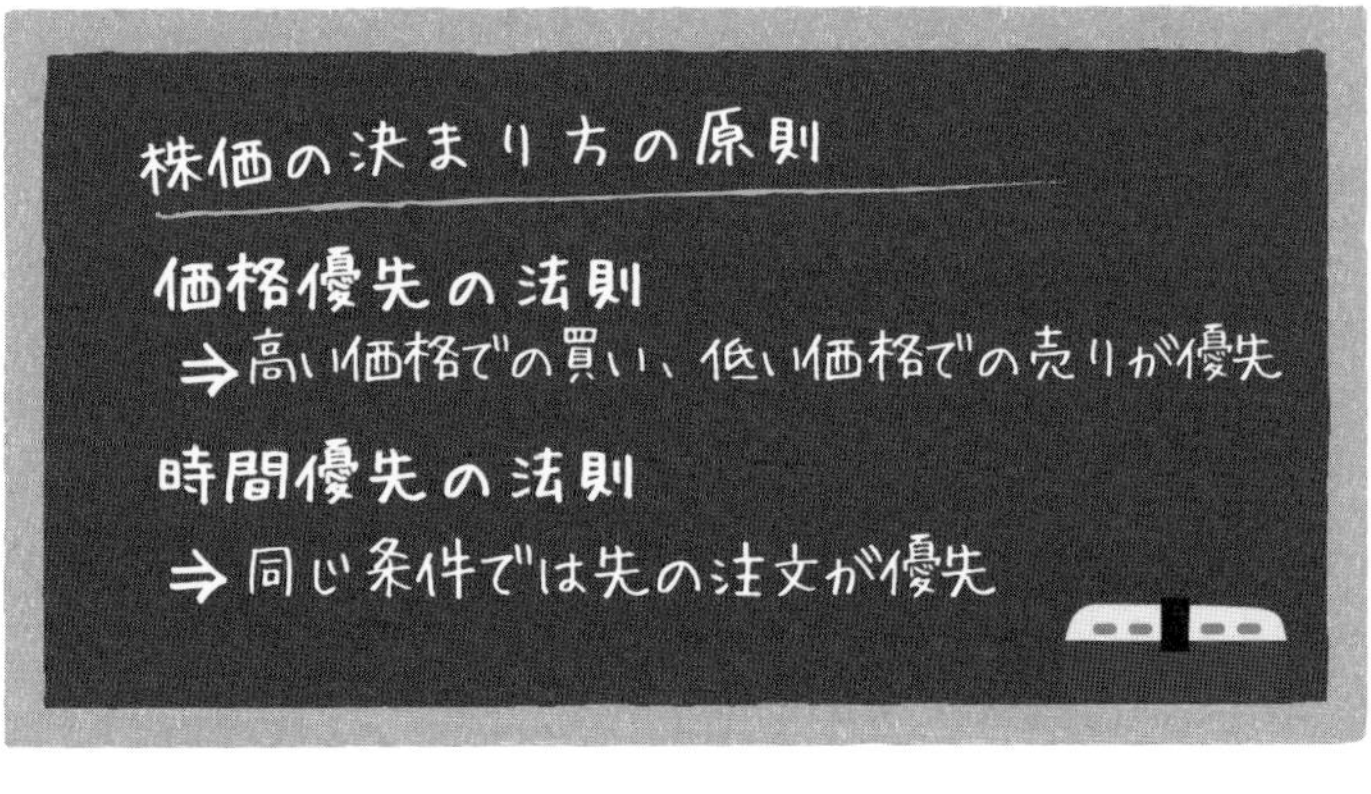
株価の決まり方の原則
価格優先の法則
⇒高い価格での買い、低い価格での売りが優先
時間優先の法則
⇒同じ条件では先の注文が優先

格で売買は成立します。

時間優先の原則

もう1つは**時間優先の原則**です。1000円で売りたい人が1人、1000円で買いたい人が2人いた場合どうなるでしょうか？

この場合、**先に注文を入れた人が優先**されます。

2 株価はオークションと同じ

株価はオークション（競り）と同じように価格が決まります。出品された物を**ほしい人がたくさんいれば価格は上がり**ます。

株価も同様、売りたい人より買いたい人がたくさんいると、買いたい人はより高い価格を提示し、株価は上がっていきます。

逆に**供給（売り）が需要（買い）を上回ると株価は下がります**。

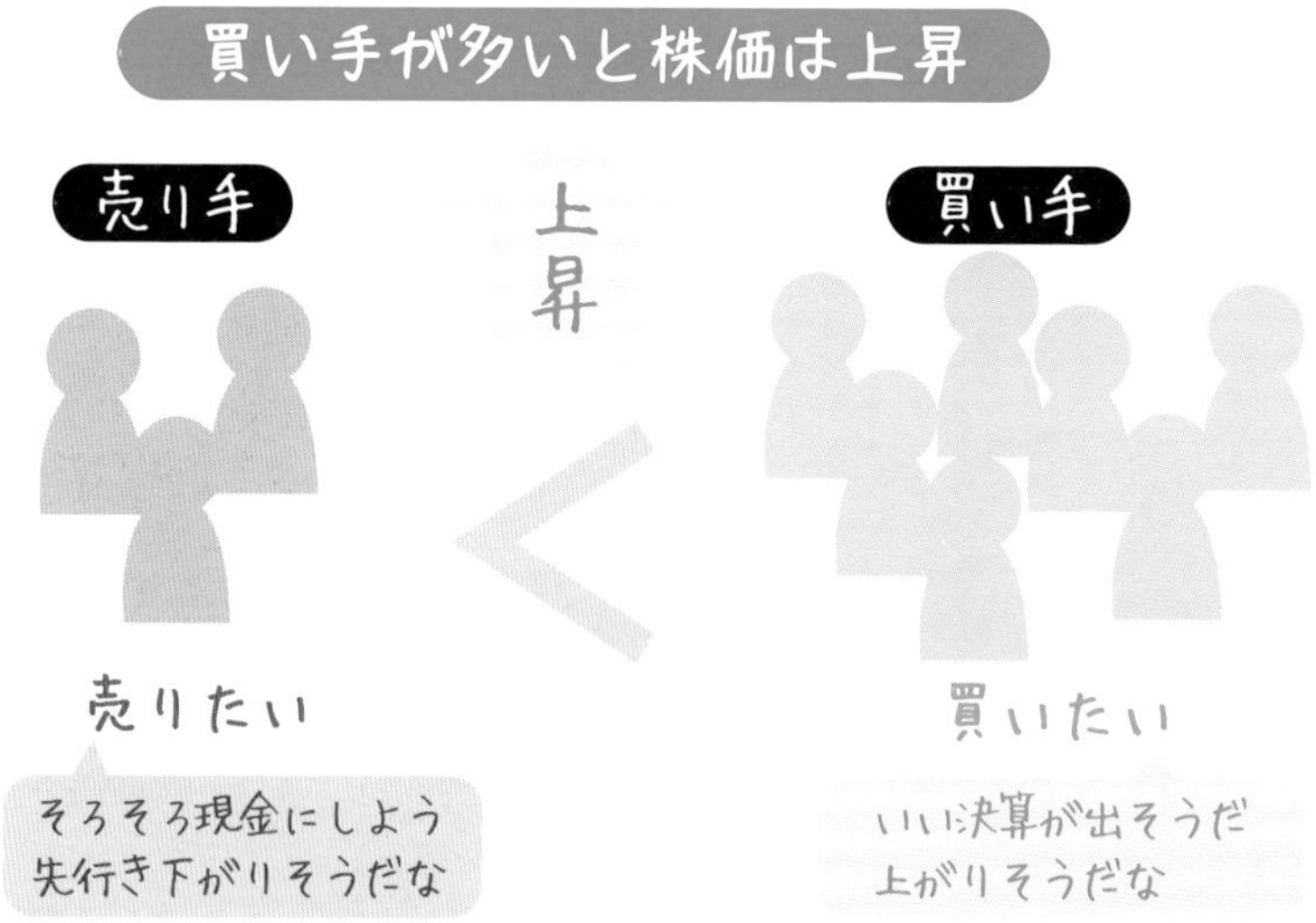

買い手が多いと株価は上昇
売り手
上昇
買い手
売りたい
そろそろ現金にしよう
先行き下がりそうだな
買いたい
いい決算が出そうだ
上がりそうだな

3　株価はこうして上下を繰り返す

株価が動く要因には前記以外にも次のような要因があります。

企業価値を左右する企業の業績

企業の業績が株価に大きな影響を与えます。決算が予想より好調だというニュースが出ると、投資家は企業自体の価値が高まり株価が上がると考え、その株を買いたい人が増え株価は上昇します。

決算など業績は、予想と比べて良いか悪いかが問われます。米国企業は3か月に1度（四半期ごとに）決算を発表します。3か月前と比べて業績がどうだったか、というよりは、**コンセンサス予想（アナリストの予想の平均値）**と比べてどうかが株価を左右するのです。

景気や金利、国際情勢などの経済的な要因

政治や社会情勢、為替や金利の動向、技術革新はもとより天候

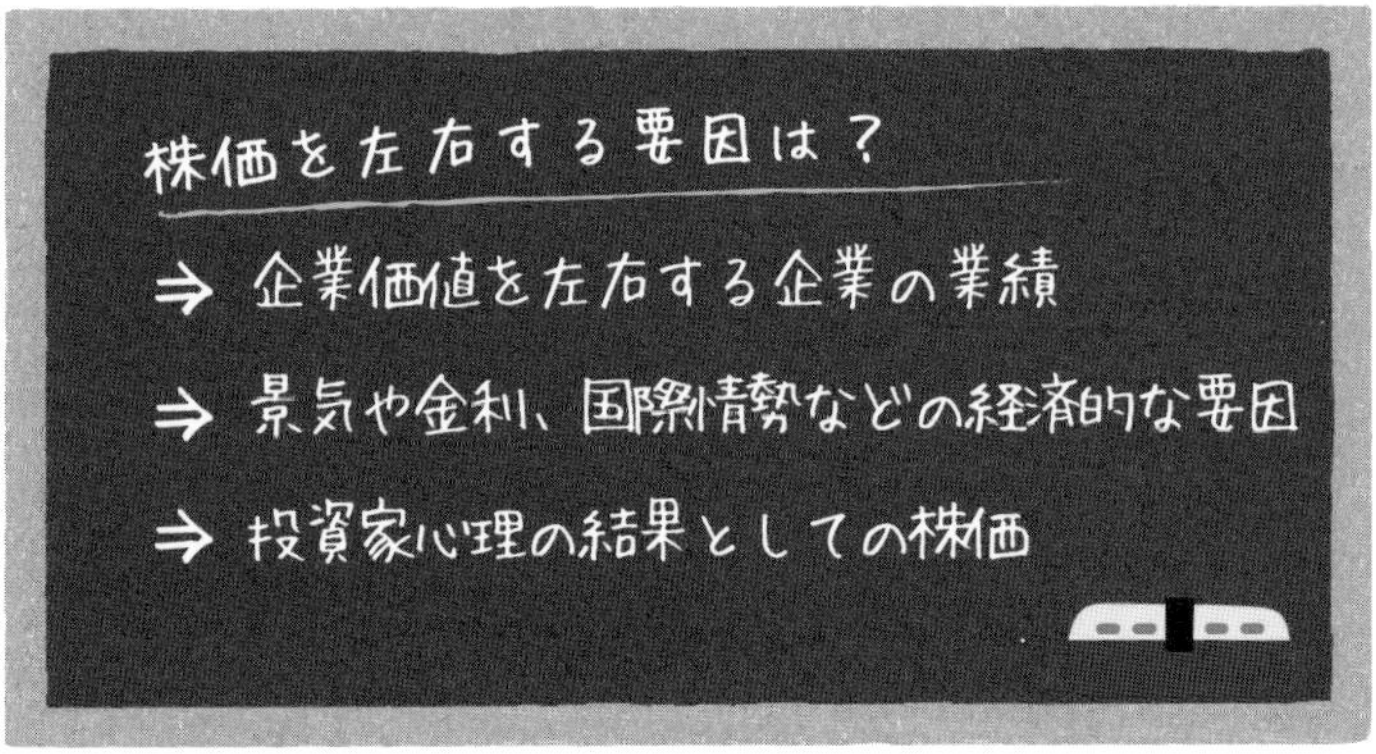
株価を左右する要因は？
⇒ 企業価値を左右する企業の業績
⇒ 景気や金利、国際情勢などの経済的な要因
⇒ 投資家心理の結果としての株価

でさえ株価に影響を及ぼします。特に米国株では、中央銀行としての役割を持つ**ＦＲＢ（連邦準備理事会）の政策金利の決定**は対ドルの交換レートとなる為替、ひいては株価に強い影響を与えます。

ここで、政策金利を引き下げる**金融緩和**について簡単に紹介します。国の中央銀行は、民間の銀行に貸し出す金利、いわゆる政策金利の引き上げ、引き下げにより、市場に出回る資金を増減させることで景気を調整しようとしています。

金利が下がると、金融機関は低い金利で資金を調達できるので、企業や個人に低利で貸出ができます。その結果、企業や個人は資金を調達しやすくなり、借入をする個人や企業が増えます。

住宅ローンだって３％の金利より、１％のほうがお金を借りやすいですからね。こうして**経済活動が活発となり景気は上向いていくと予想**され、株価が上がる要因となります。

金融緩和政策から引き締め政策へと転換する際には株価が大きく下落します。たとえば１９８７～２００４年にかけての、５回の米国の利上げ局面を振り返ると、株価の大暴落を伴わな

● 1987 ～ 2004 年の 5 回の米国の利上げ局面での株価下落率

利上げ時期	株価のピーク	株価の底までの期間	下落率
1987年8月	1998年8月	約4カ月	36.8%
1994年2月	1998年1月	約3か月	10.9%
1997年3月	1998年7月	約4カ月	20.1%
1999年6月	2000年4月	約30カ月	37.0%
2004年6月	2007年10月	約17カ月	54.4%

FRED（https://fred.stlouisfed.org/）より著者作成

かったのは1994年2月の1度だけなのです。米国株投資では政策金利の動向は必見です。

株価は投資家心理の反映――買いが買いを呼ぶ

株価が上がるほど買いたくなる不思議な投資家の心理についてです。

同じ会社の株ならば、安く買ったほうが良いに決まっていますね。

しかし、**「売りが売りを呼び、買いが買いを呼ぶ」**というように、株価が上がり続けると、投資家の心理は期待感がさらに強くなり株価は上がっていきます。「早く買わなければ、出遅れたくない」などの心理も働き**株価上昇はさらなる上昇を呼びます**。

スーパーやコンビニ、家電店などでは安い商品や安売りのお店を選びますが、株式市場では下落している株はさらに下がると予想され買われません。下がっていてもこれ以上下がらないと予想されると、下げているときにも買われます（これを**逆張り**といいます）。

このように、株価は実際の業績などに関係なく、投資家心理で上下することも多いのです。

株価は上がっているときほど、買いたい人が増えます。下がっている株は誰も買いたいと思いませんね。

04
米国株への投資で得られる収益は？

1　株から得られるのは売却益と配当

株が上がった下がったとニュースで報道されますが、株式投資からの利益は、上がった株を売った売却益だけではありません。

❶ 株を安く買い高く売ったときの売却益（キャピタルゲイン）
❷ 利益の一部が株主に還元される配当金（インカムゲイン）

株を保有する会社の業績が上がると、株式の価値が高まる、つまり株価が上昇します。買ったときよりも高い株価でその株式を売ることができれば、差額が**売却益（譲渡益）**となります。

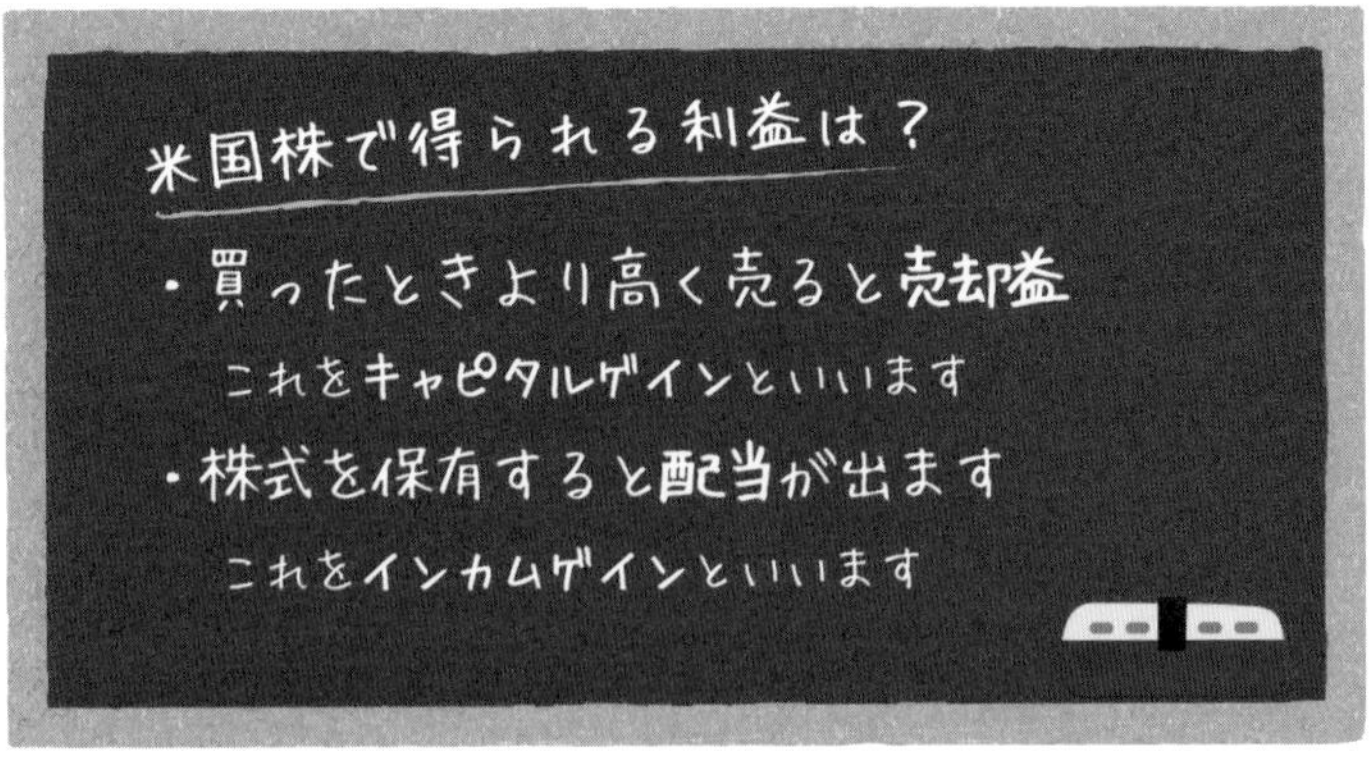
米国株で得られる利益は？
・買ったときより高く売ると売却益
これをキャピタルゲインといいます
・株式を保有すると配当が出ます
これをインカムゲインといいます

キャピタルゲインとは、株式、土地、債券などの資産売却によって得られるものをいいます。

一方、**配当金**は株式を保有することによって継続的に受け取ることができる現金収入です。企業は利益の一部をさらなる投資に回し、投資をしない部分の一部を株主に還元するものです。支払われる配当額は業績に応じ、業績が悪ければ配当が減る**減配**や配当が出ない**無配**となることもあります。

米国株の場合、日本株と比較すると**配当利回りが高く、連続増配している企業が圧倒的に多い**のが特徴です。

株主優待がない分、配当金で還元するんです

株主優待は、自社製品やサービスの割引券、優待券、お米などの物品を株主に贈呈するサービスです。すべての会社で実施されているわけではありません。

米国株には株主優待のような制度はなく、株主への還元は**すべて配当によって行われます**。株主優待をもらえると嬉しい反面、そのサービスにあたる費用は配当額を減少させているとも言えます。

日本独自の制度である株主優待は、会社からの贈呈的な側面と同時に、株式を長期保有する安定株主を増やす効果や、会社の税負担が軽くなるという効果があります。

米国株には
株主優待の制度が
ありません。
その分は配当として
支払われるので、
より合理的ですね。

米国株を保有しても株主総会には参加できません

日本の上場企業の株式を保有した場合は、株式会社の基本方針や役員選任、決算承認などの重要事項を決定する定時または臨時の**株主総会への招集通知**が届きます。

原則的に保有1単元（100株）につき1議決権が与えられるので、多くの株数を保有している株主ほど、発言権が強く会社の経営に影響力を持つことができます。

しかし、国内の証券会社を通じて米国株を保有している場合、**株主総会への参加はできません**。日本の証券会社が米国の証券取引所を介して購入しているのではなく、日本の証券会社が取りまとめて、現地の株式保管機関を通じて購入しているので、株式は保有機関の名義となっているからです。

なお、株主総会への参加は不可能ですが、保有機関を通じて手続きを行うと、議決権の行使は可能となっています。

日本の市場の株式を
もてば株主総会への
参加の権利をもてます。
一方、米国株では
株主総会への参加の権利
はありません。

Episode 1

株に興味を持てば、人生が変わります

経済や産業動向に強くなる

株式投資を始めると、毎日の株価や企業業績が気になります。注目銘柄の決算、配当から、中央銀行の経済政策、為替動向まで、毎日経済ニュースに目を通すようになり、自ずと経済の知識が身に付きます。

米国株だと、米国大統領選挙の話題、FRBの経済政策、雇用統計、要人の発言、GAFAなどIT産業の動向、中東情勢、対中国との関係などなど、影響を与えるニュースに事欠きません。

また、大型ハリケーン、新型ウイルスといった自然災害やパンデミックなども景気に大きな影響を与える要素です。

株式投資によって、経済動向、国際関係に強くなれば、会社での待遇にも好影響が出ますね。取引先との会話でも好印象が得られるはずです。

経営者目線で見ることができる

株式投資では、売上高、利益率、キャッシュフローなどの経営指標、財務指標を分析して個別銘柄の購入を検討します。株を購入すると、株価動向が気になると同時に、会社の経営方針や業績を常に経営者のような視点でチェックすることになります。

経営者の視線でビジネスを見ることができれば、管理職としてのスキルも上がり、その結果、給与などにも反映されていきますね。株式投資とは、会社員でありながら経営者と同じ視点を持てるようになるメリットがあります。

感情のコントロールが身に付く

株をやり始めると、自分と向き合うことの重要性に気がつきます。自分の性格を知り、感情をコントロールできないと株式投資では成功しません。

株価が下落したときに損切りできないと、さらに損失は膨らみます。損失のミスを認めず、いつか上がるだろうと塩漬けにしていては、投資スキルは上がりません。

また、ありがちなのが、株はここまで上がる･下がるという自分勝手なストーリーを作って失敗するというものです。

激しい値動きに動揺して株を手放したり、手持ち資金以上のリスクで投資をしてしまったり、過去の成功や失敗に強く引きずられるなど、感情にしばられて投資をしていては、目標とする利益を得ることはむずかしいでしょう。

こうした失敗は、感情をコントロールできないことが原因です。投資を長年やって成功している人は感情をコントロールし、冷静な判断力が身に付いています。

Episode 2

米国株で便利なスマホアプリ（1）

日本語で使えて、米国株投資に活用しやすいスマホアプリを２つ紹介します。

Investing.com

投資全般に超絶便利なのでおすすめです。株式だけではなく、投資信託、債券、先物、FX や仮想通貨などの概要、チャート、データ、経済全般のニュースがチェックできます。

さらに株価チャートは、１日、１週間、１か月、１年、５年、最大と選択できます。テクニカル分析結果も掲載されており、中長期投資家はもちろん、幅広い層に便利なアプリです。配当の情報については、過去の配当や５年増配率がすぐにチェックできる優れものです。

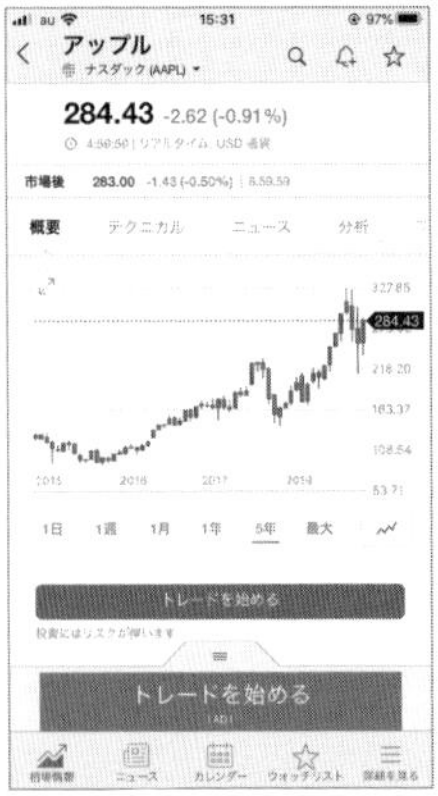

マネーフォワード ME

米国株投資でドル建てでポートフォリオ管理をするなら米国アプリとなります。しかし日本でダウンロードできなかったり、対応していないことが多いのです。

日本円建てで見るなら、マネーフォワードがおすすめです。

右図は私のつみたて NISA を中心とした証券口座の状況です。米国株の投資信託、ETF、個別株も、日本円建てで表記されます。

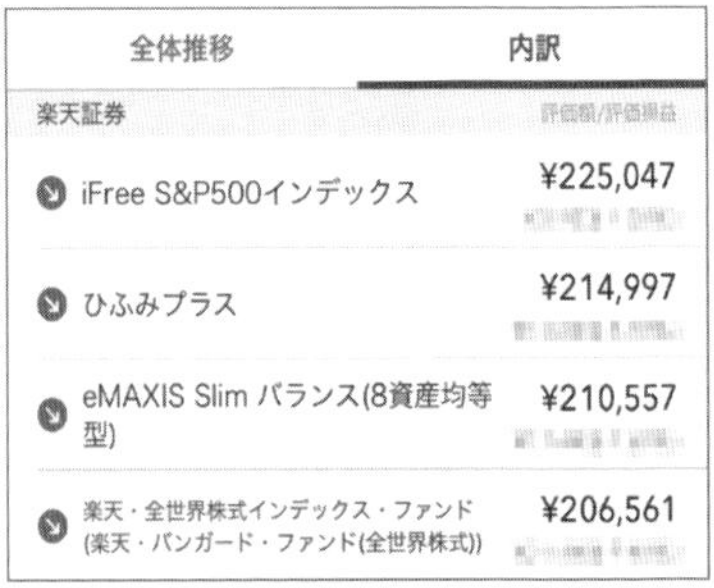

全体推移	内訳
楽天証券	評価額/評価損益
🔵 iFree S&P500インデックス	¥225,047
🔵 ひふみプラス	¥214,997
🔵 eMAXIS Slim バランス(8資産均等型)	¥210,557
🔵 楽天・全世界株式インデックス・ファンド (楽天・バンガード・ファンド(全世界株式))	¥206,561

証券口座と連携させれば、自動で時価を取得してくれます。外国株投資のポートフォリオ管理の一助となるでしょう。

1時限目

米国株に投資すべき理由

米国株って
どこが優れている
のでしょうか？
読めば米国株に投資
したくなりますよ！

01 力強い株価の上昇をしてきた米国株式市場

1 異次元の成長力が米国株の魅力です

米国株式市場は、一貫して上昇トレンドを描いてきました。

左グラフは1984～2020年4月までの**S&P500**（S&Pダウ・ジョーンズ・インデックスが算出する米国の代表的な株価指数）と**日経平均株価**の推移グラフです。米国株投資の優位性は一目瞭然です。

株価上昇の途中では株価が大暴落することもあります。たとえば2000年以降では、2000年3月の株価を頂点とした最大下落率49％の**ITバブルの崩壊**や、2007年10月から57％も暴落した世界金融危機いわゆる**リーマンショックがあり、**それぞれ、

米国の株は、ハイテクバブル崩壊、リーマンショックを経ながらも右上がりで推移してきました。
そしてコロナショックでも、必ず上昇軌道に戻るでしょう。

30カ月、17カ月でピーク時の株価に回復してきました。

そして2020年2月からの**新型コロナウイルスによる大暴落**は生々しい記憶です。

バブル最高値を更新できない日本株

1989～2019年で日米それぞれ最高値を更新した年は何回あったでしょうか。

日経平均は1989年につけた最高値を更新できないどころか、その半値程度です。

一方、NYダウは21回も更新しています。1989～2000年まで11年連続、そのあとのドットコムバブル崩壊があって2006年～2007年、そして2013～2019年に高値更新しています。

こうした**異次元の成長力が米国株投資の最大の魅力**となっています。

S&P500と日経平均株価の推移　1984～2020年

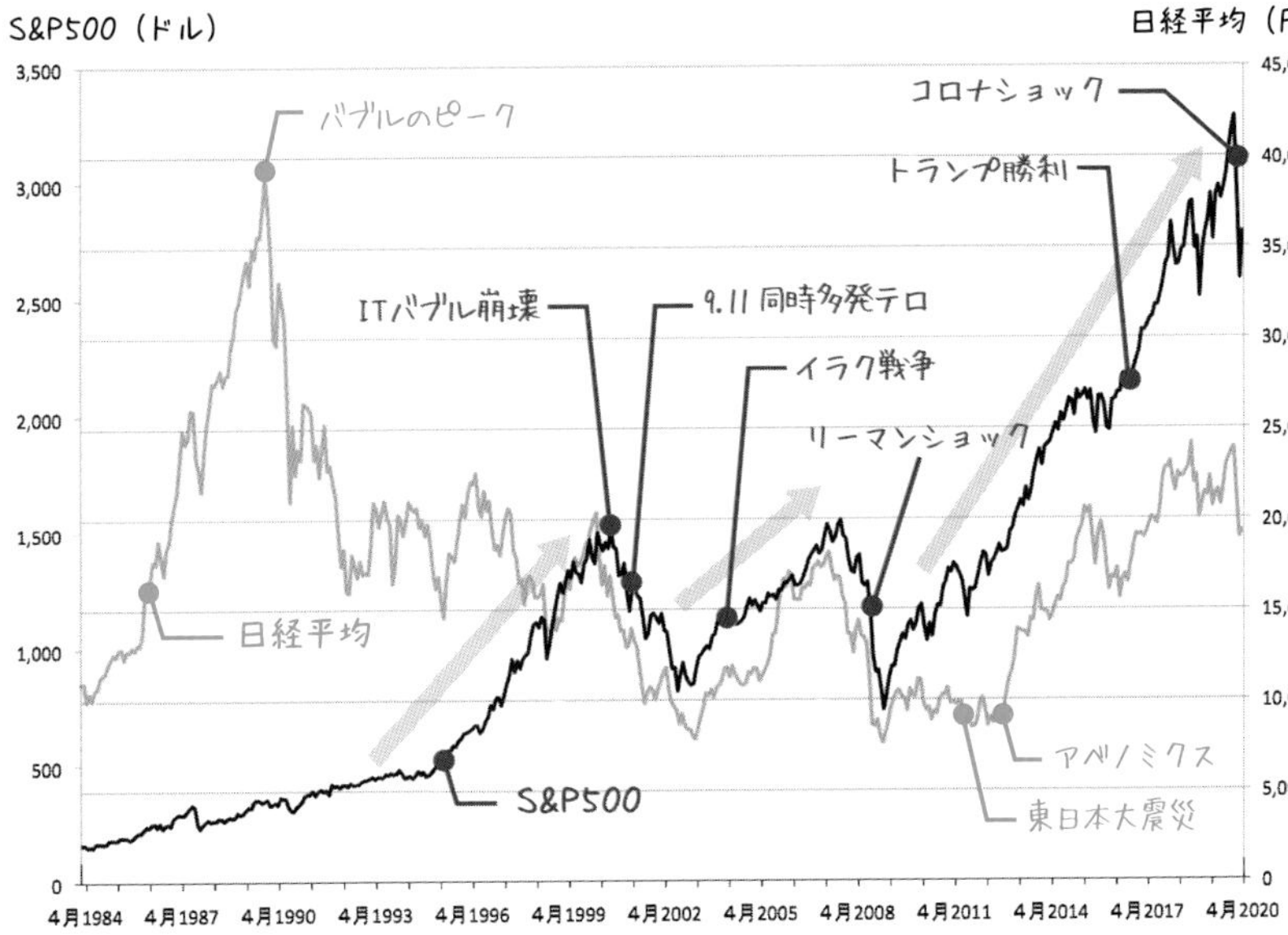

2 圧倒的に負けない投資環境です

年間でプラスになる確率は66%

1928～2019年にかけての米国株（S&P500）の年間騰落率の回数データです。

● 年間騰落率がプラスだった年は61回
● 年間騰落率がマイナスだった年は31回

どうですか。投資先として魅力的だと思いませんか。米国株に投資すれば、**3年のうち2年はプラスリターン**となったのです。さらに4年に1回は20%以上もの上昇率となっています。

米国株への投資を選択するということは、負けにくい市場で資産運用ができるということです。投資の勝率を上げるためには、日本市場で運用するより米国市

● 米国株の年間プラスになる率は 66%

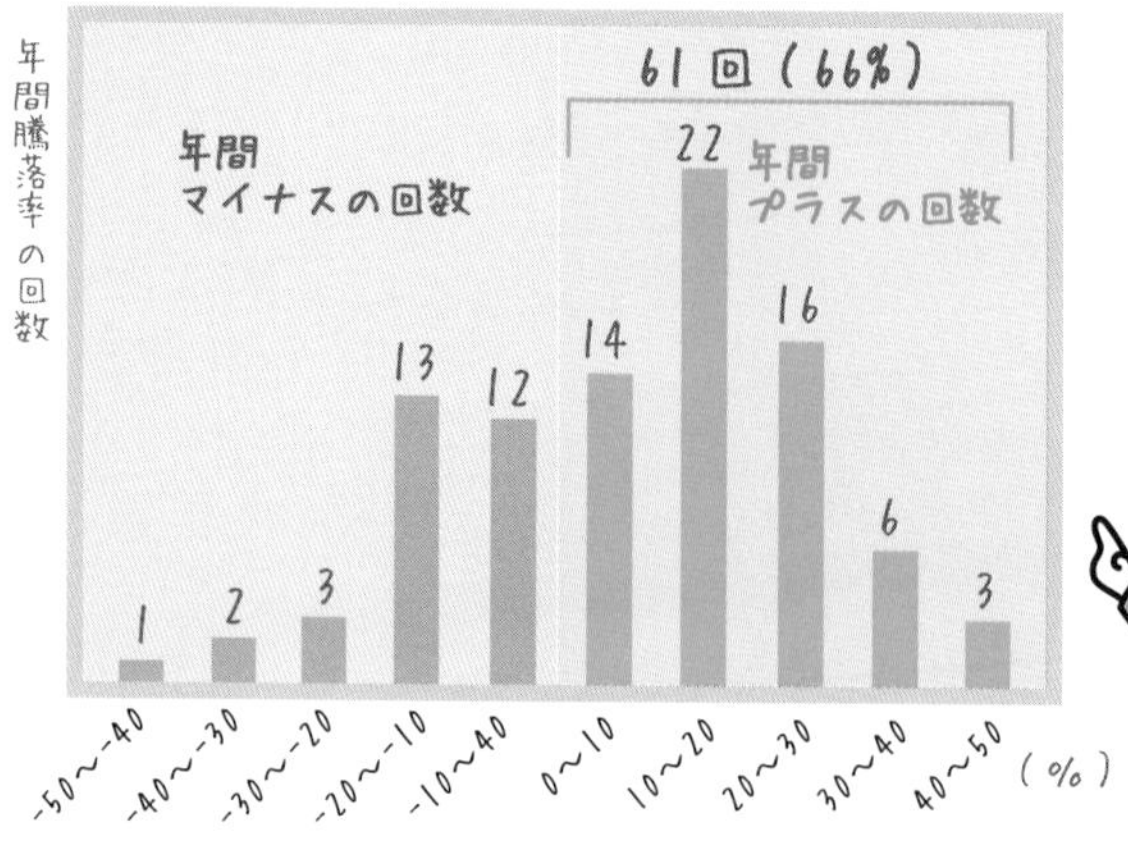

Yahoo financeより著者作成

場が圧倒的に有利です。

連続してマイナスリターンになりにくい

1929〜2019年のうち、S&P500株価の年間騰落率が**連続してマイナスになったのは5回だけ**です。1945年以降の戦後では1970年代と2000年代の2回のみです。

ちなみに100年に一度と言われた世界金融危機、リーマンショックがあった2008年にはマイナス38・49%の下落をしました。しかしその後の米国株式市場は年率10%を超える勢いで成長しています。**大暴落があっても複数年連続してマイナスとなりにくい市場**なのです。

20年間米国株を保有すると必ずプラス収益になる

ジェレミー・シーゲル氏の著書『Stocks for the Long Run 5th edition』(英語版)によると、米国株は、20年間継続して保有すれば、実質ベースでは損失が出たことがありません。対象期間を変えたいくつかの過去の統計でも同じ結果です。

たとえば1802〜2012年の期間を抽出してみましょう。

20年間の米国株式保有では、年率リターンが+2・6〜10・6%の幅でプラスの収益となっています。どんなに株式相場が悪い年代であっても、20年のスパンで見ると利益が出るということです。

02 新陳代謝が激しく革新的な新規企業が生まれる

1 イノベーションが続々と生まれる土壌

米国では**GAFA**《ガーファ》（グーグル、アマゾン、フェイスブック、アップル）などの**革新的なIT企業が次々と誕生**しています。AI、ブロックチェーン、IoT、ナノテクなど技術革新による第4次産業革命の中心として、世界中から有能な人材が集まり、情報も集積され、世界のITインフラを支配しています。

米国株式市場では、GAFAのようなIT企業をはじめ、さまざまな分野の革新的なスタートアップが生まれ、投資先としてはとても魅力的です。

2019年12月末時点での米国株の時価総額ランキング上位5

世界のITインフラを支配する革新的な企業に投資するなら、米国株の一択です！

銘柄の創業年を見てみましょう。

アップル	**1976年創業**
マイクロソフト	**1975年創業**
アルファベット	**1998年創業**
アマゾン	**1994年創業**
フェイスブック	**2004年創業**

平成（1989年）以降に誕生した企業が3つもランクインしています。他にも時価総額の大きいスタートアップとして、ネットフリックス（1997年）、テスラ（2003年）、セールスフォース（1999年）、ウーバー（2009年）などが有名です。

ヘルスケアセクターでも、新型コロナウイルスの抗ウイルス治療薬を開発したギリアド・サイエンシズ（1987年）、インサイト（1991年）、イルミナ（1998年）といった革新的な企業が続々と生まれています。

日本の大型IT銘柄では、ソフトバンクが1981年、楽天が1998年の設立で、時価総額では、はるかに及びません。

「**世界的なパイオニア銘柄に投資したい**」と思ったなら、米国株式市場しかありません。急速な成長を遂げる**グロース銘柄（150ページ参照）**を狙うなら、米国市場はその宝庫です。

03 人材、富が世界中から集まり人口増加している希有な国

1 成熟国のなかでは数少ない人口増加国

米国は成熟国のなかでは数少ない**人口増加国**です。人口数では、中国、インドに次ぎ第三位です。米国商務省によると２０１９年時点で約３・３億人、今後も増え続け２０３０年には３・５億人に増加すると予測されています。これは自然増ではなく**移民流入によるところ**が大きく、自然増だけではマイナスです。

一般的に人口増加は、消費や労働人口が増え生産力が上がり、経済成長を促します。米国は**技術革新による生産性向上**に加え、**生産人口の増加によりさらに経済発展**が見込

● 米国と日本の人口推移と予測

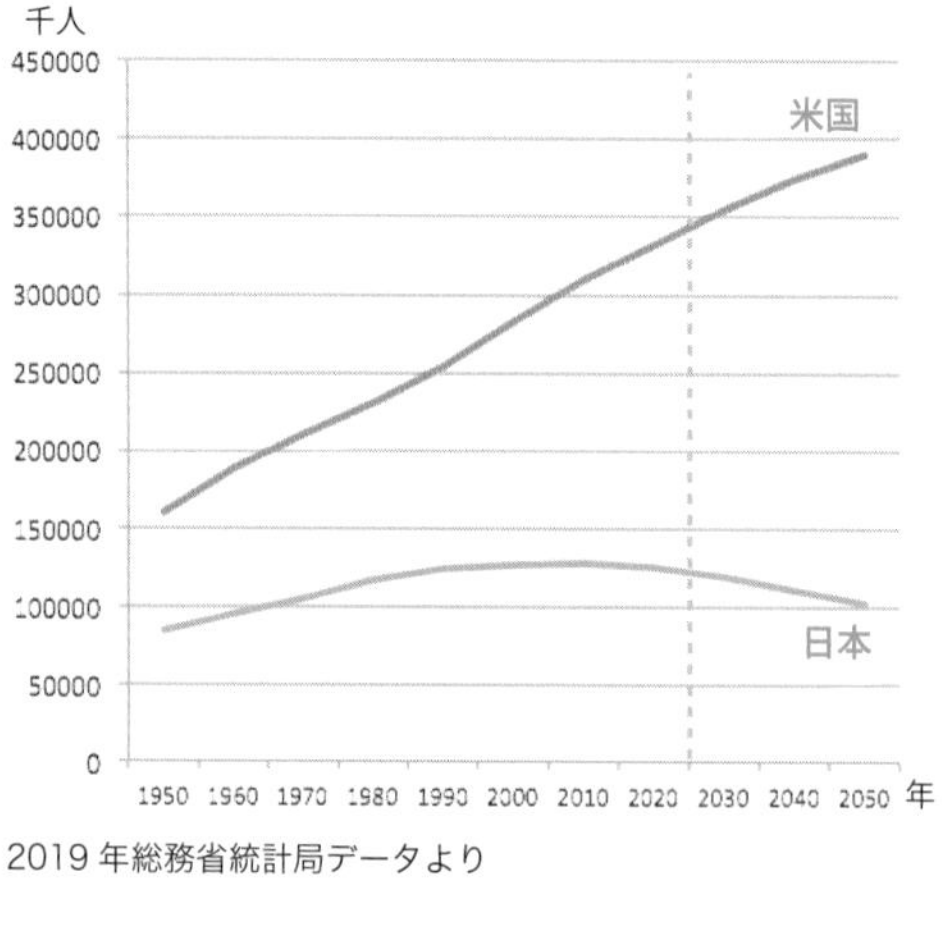

2019年総務省統計局データより

まれています。

一方、1990年代以降、米国の人口増加率は、移民流入の減少、合計特殊出生率の低下、死亡率の上昇などの理由により減少しています。人口増加率がマイナスに転じると人口減となりますが、ここ10年ほどは人口増が見込まれています。

2 米国外からの投資人口も増えている

米国では人口だけではなく、海外からの投資人口も増えています。**米国株式市場S&P500における外国人比率**は、2002年の15%程度から、2018年には35%にまで上昇しています。つまり世界中の投資家が、米国に資金投下をしていると言えます。

3 世界でビジネス展開する多国籍企業

S&P500構成銘柄の国外売上高比率は45%前後で

● 米国の人口増加率

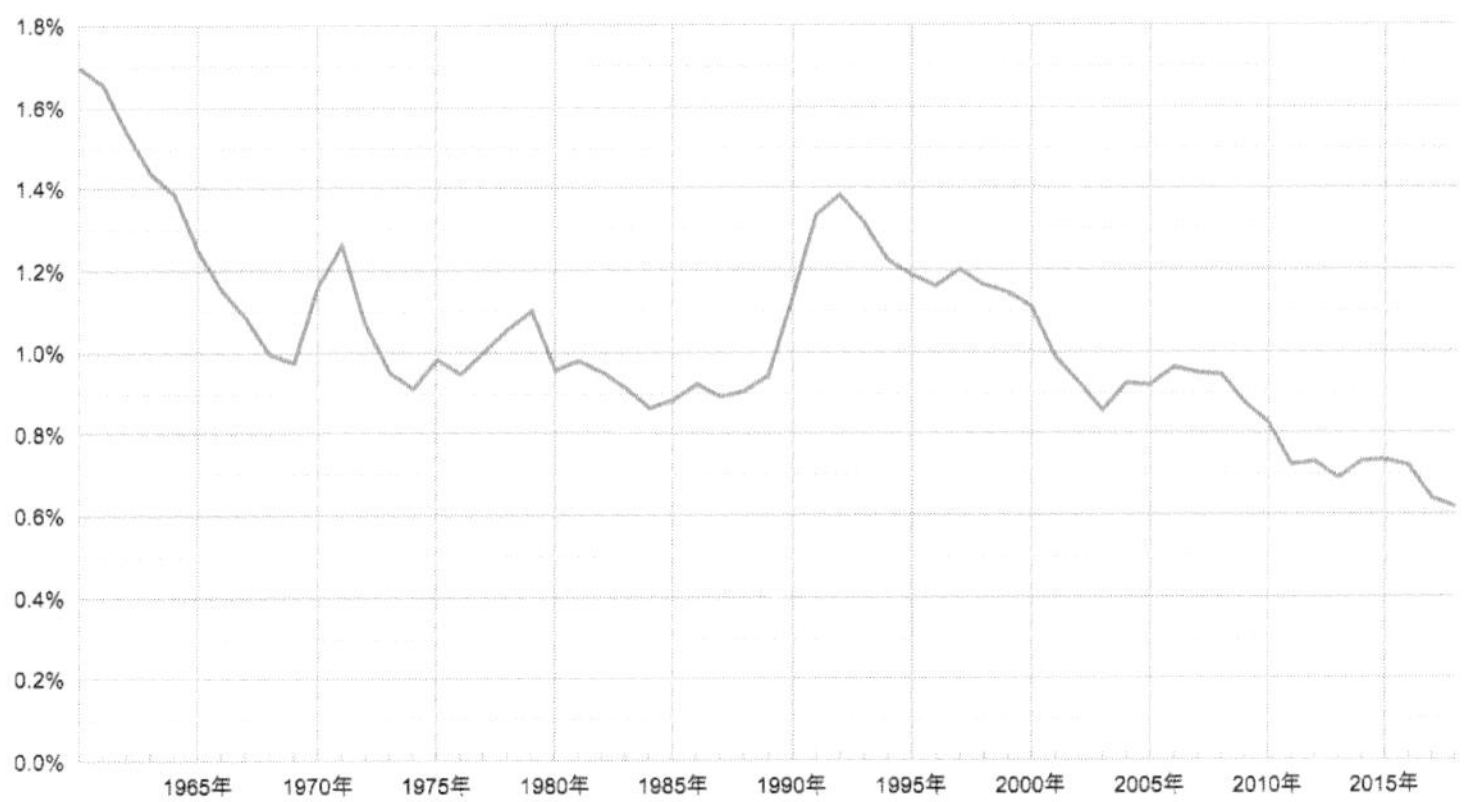

世界銀行より

推移しています。S&P500構成銘柄のほとんどが**米国内に本社を置く多国籍企業**です。米国の大手企業は世界中でビジネスを展開しています。

アップルのiPhoneだったり、アルファベットのグーグル検索やYouTube、アマゾンなどは日本だけでなく世界のインフラとなってます。

一方、S&P500売上高のうち、日本企業の占める割合はわずか1・51%にすぎません。

4 時価総額上位の企業に投資できる

2019年12月末時点の企業別時価総額ランキングトップ50のうち、サウジアラムコ(サウジアラビア)、サムスン電子(韓国)を除いた米国外の銘柄はADR(米国預託証券)として米国株式市場に上場しており、世界時価総額ベスト50の株はほぼ米国市場で買うことができるのです。

世界の時価総額の上位企業に投資したいなら、米国株式市場の一択となります。

● 2019年12月末時点の時価総額上位50社の所属国

国	銘柄数
米国	31
中国	6
スイス	3
フランス	2
オランダ	1
サウジアラビア	1

国	銘柄数
ドイツ	1
英/蘭	1
韓国	1
台湾	1
日本	1

180.co.jpより著者算出

5 米ドルの圧倒的な流動性！

世界の基軸通貨は米ドルです。外国為替市場での通貨別取引高は、日本円のシェアが10％ちょっとであるのに対して、**米ドルのシェアが45％前後**と4倍近い差があります。

さらに**世界の外貨準備高（未公表のものを除く）に占める米ドルの割合はおよそ3分の2**にのぼります。

各国が巨額な米ドル資産を保有しているのは、信用度・信頼度が他の通貨よりもだんぜん高いからにほかなりません。

このように、米ドルは圧倒的な流通量と流動性を誇っている通貨なのです。

その**米ドルをベースに投資をするのが米国株**というわけです。

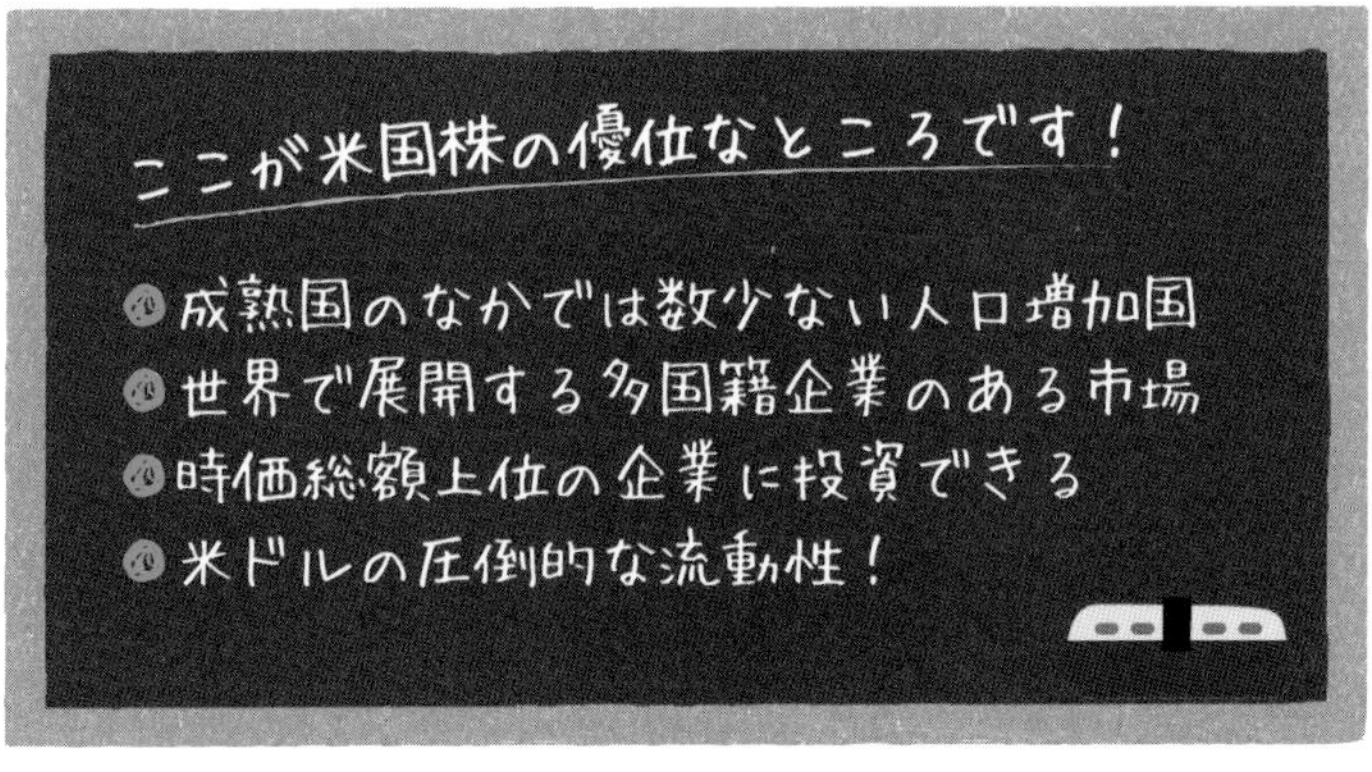
ここが米国株の優位なところです！
成熟国のなかでは数少ない人口増加国
世界で展開する多国籍企業のある市場
時価総額上位の企業に投資できる
米ドルの圧倒的な流動性！

04 米国家計の金融資産が増える理由

1 米国では金融資産が投資に向かいます

米国家計の金融資産における株式が占める比率（投資信託・年金基金・保険経由を含む）を見ると5割を超えています。

日本の家計における金融資産残高は1998年からの20年で日本は1・4倍、米国のそれは2・7倍です（日銀調査）。この期間に**米国のダウ平均**株式**は2・7倍**になっています。米国では**金融資産における株式比率が高かった**ことが資産残高を高める大きな原動力となっていたのです。

一方、日本では家計の金融資産は**現金・預金が過半数**を占

● 日米の金融資産残高の増え方

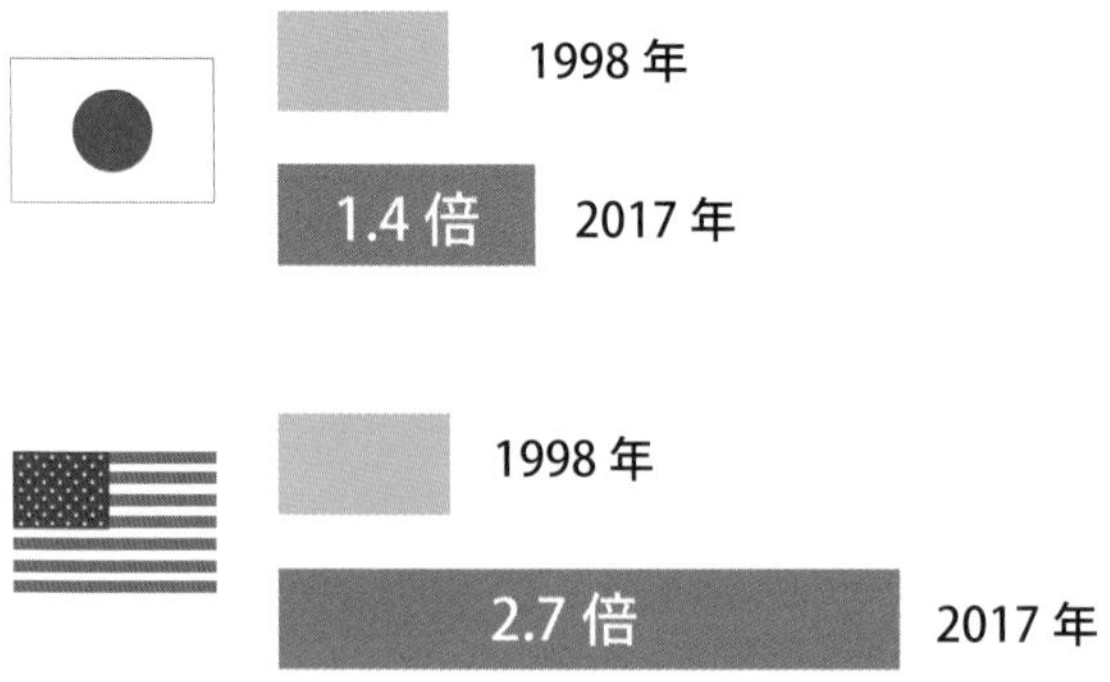

FRB、日本銀行資料より

め、株式は約14％にすぎません（投資信託・年金基金・保険経由含む）。

株式への投資が米国並みにあれば、日本の家計の金融資産はもっと増えていたことでしょう。

投資教育、金融リテラシーの違いが大きすぎる

日本での金融資産が投資に向かわず、預金に回ってしまう理由には、投資教育の違いが根底にあります。

日本は欧米諸国に比べると、金融や投資の教育が遅れており、投資となるとギャンブルや投機と同一視されたり、「良くないこと」といったイメージがあります。

米国では、「金融リテラシー教育委員会」が設定され、**国家戦略として金融・投資教育が推進**されています。幼少期、小中高と金融教育の学習基準が州ごとにあり、州や学校ごとの裁量でそうした教育が実施されています。

小中学生の段階で、収入や支出、貯蓄と投資、信用といった金融や経済学などについて学び、お金や金融・経済の知識を得ていきます。

● 日米の金融資産の割合比較

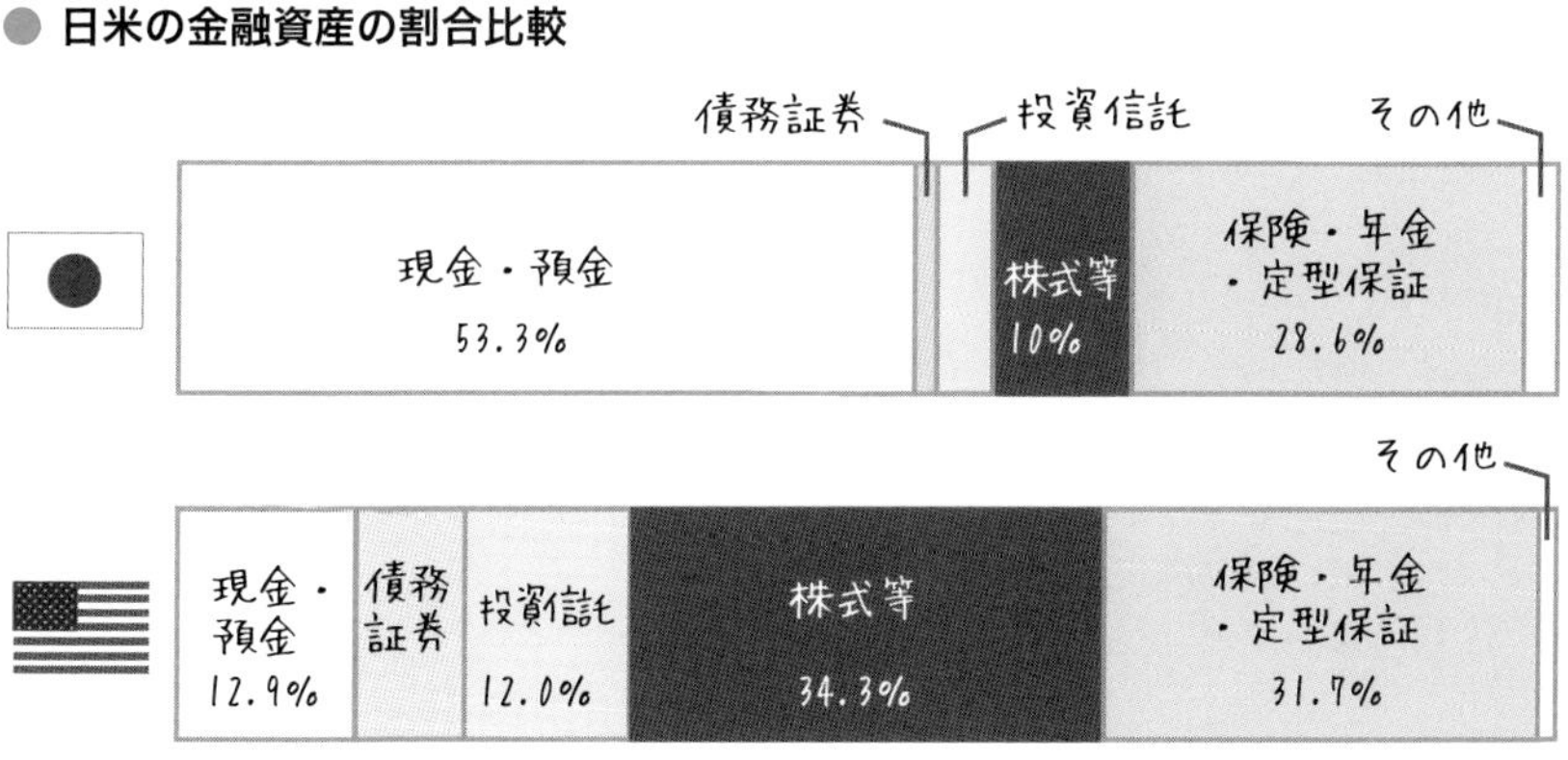

日銀「資金循環統計 日米欧比較」（2019年第1四半期）より

2 資産が所得を生む米国の家計

金融庁の調査によると、米国での勤労所得と財産所得の比率は3：1であるのに対し、日本では8：1と**日本の家計では資産が生み出す所得が圧倒的に少ない**傾向となっています。

前ページの図にあるように、日本では家計資産のおよそ50％が現預金であり、株式や投資信託は15％弱です。

日本人が現預金で資産を保有するのは、先述した投資教育の遅れがあげられます。また、資産からの所得は不労所得といって軽んじられる傾向があるのも影響しています。所得は労力をかけて得られるもの、苦労して稼ぐものという風潮があるからです。

金融機関の不適切な営業姿勢が一部にあったことも、株式等の投資を敬遠する一因となっています。

米国では株高による資産効果により所得を増やしてきました。対して日本の所得が増えない現状を見ると、今後は米国のように資産から所得が生まれる構造をつくっていかなければなりません。

そこで金融庁が進めているのが、**つみたてNISAやiDeCo**といった投資からの利益には課税しない投資制度や個人年金制度です。こうした制度を利用して20〜30代から積立投資をしていくことにより、金融資産の増加を今後はかっていくことが政策課題となっています。

3 世界各国の年金運用も株式比率が高い

米国をはじめ世界の年金基金は、米国株式を運用の中心に据えています。

たとえば北米最大の年金基金であるカリフォルニア州職員退職年金基金（カルパース）は、ポートフォリオにおける株式割合が58％、うち米国株比率は55％前後となっています（2019年）。

米国株価が下落すると、年金はもちろん教育資金などにも支障が出るので、**株価を下げるような政策をとりづらく**なっています。政治的にも株価を重視することが政権への支持を増やし、人気獲得につながります。

一方、**日本の年金を運用するGPIF**では、債券50％、株式50％、うち外国株式が25％、外国債券25％の構成を基本ポートフォリオとしています。

●米国の年金や教育資金は、株式で運用されている

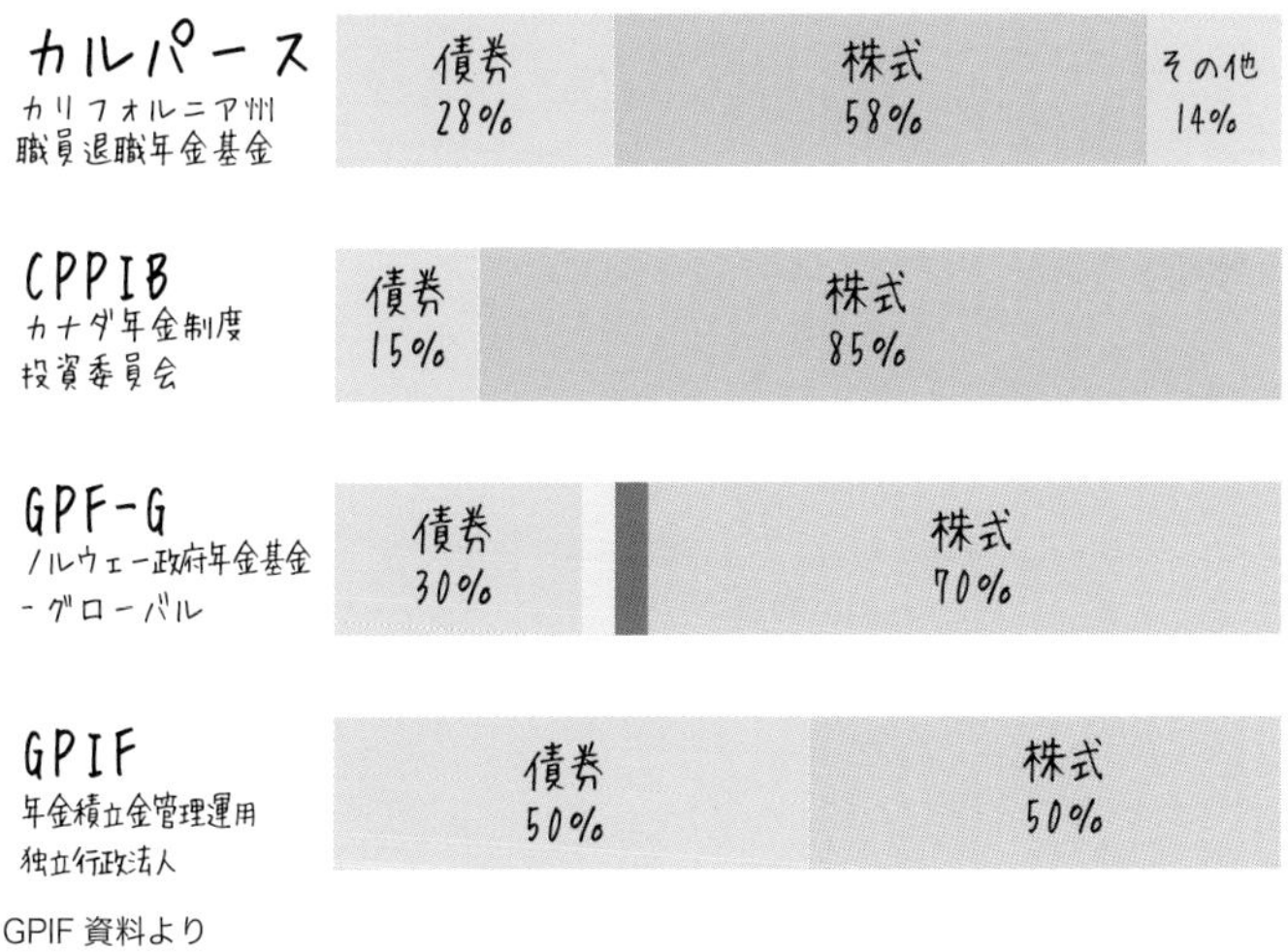

GPIF資料より

05 公正で信頼度高く、買いやすくなった米国株

1 米国株は1単位から購入できます

米国株と日本株との大きな違いの一つに、**購入単元の違い**があります。

日本株では**単元株制度**があるため、銘柄ごとに１００株や１０００株単位でまとめて取引する必要があります。トヨタ自動車の株価が６０００円でも、予算６０００円でトヨタ自動車株を買えるわけではありません。トヨタ自動車の株は１００株単位でしか取引できず、少なくとも60万円（６０００円×１００株）のお金が必要です。

１２０株とか１５０株といった中途半端な株数では買えません。

米国株は１株から購入することができます！小額からでも投資できるので、投資の初心者も始めやすいです。

こうした取引単位に満たない端株《はかぶ》を売買したいときには、株式ミニ投資（ミニ株）や株式塁積投資といった取引手法を使うことが求められます。

しかし**米国株の場合には、すべての上場株式・ETFを1株単位で購入**することができるので、少ない資金から投資を始めることができます。数万円あれば、米国トップクラスの優良企業の株主になることが可能なのです。

2 手数料が下がってきています

米国株の取引手数料が下がってきています。2019年7月以降、大手ネット証券が最低手数料を0・45％に引き下げ、取引手数料の下限を0円に引き下げたことで、手数料を気にせずに1株単位の少額な取引が可能になりました。以下の2点が、米国株投資を身近にしているといっても過言ではありません。

❶ 特定口座に対応したこと
❷ 取引手数料が下がってきたこと

さらに、投資信託に目を向けると、S&P500や全米株式に連動するような**低コストな優良ファンド**が提供されています。米国株は一時的なブームではなく、今後の資産運用においてますます身近な存在となっていくことでしょう。

3 言語の壁はありません

米国株投資に必要な情報の多くは日本語で入手可能です。たとえばヤフーファイナンスやInvesting.comなどの投資系サイトが日本語で情報提供を開始していますし、国内の証券会社各社も米国株情報を提供し、英語に精通していなくても米国株の売買ができます。

2010年代初頭ならいざしらず、2020年代になって米国株投資に英語が必須であるとは言えません。

4 コーポレートガバナンスの徹底

コーポレートガバナンスとは直訳すると「**企業統治**」です。「会社は誰のものか？　それは経営者ではなく出資している株主のものである」という考え方のもと、利害関係者が企業経営を監視するしくみです。

日本でもアメリカでも、企業が株式市場に上場するためには、取引所が定める厳しい上場基準をクリアする必要があります。そして上場した企業は、株主や株式市場のために公正に情報を開示しなければなりません。

日本では上場した後の退場は稀なので東証一部企業が増え続けていますが、アメリカでは上場廃止基準が厳格に守られ、そのため**コーポレートガバナンスが徹底されています**。

たとえば２０１６年に米国の証券取引所から上場廃止になった米国籍企業の数は３３６社あり、そのうちの17％（56社）が上場廃止基準に該当していました。さらにその56社のうち72％に該当する39社が、株価、時価総額または純資産の基準への抵触が上場廃止の理由でした。

日本では、**会計監査における不正**がたびたび報道されます。開示されたＩＲ情報に虚偽があれば、投資家は何を信用していいのかわかりません。

米国では、２００１年のエンロン事件など**相次ぐ会計不正を契機にコーポレートガバナンスが徹底**されるようになりました。また、結果を出せない経営者は交代を余儀なくされます。日本の市場と比較して、米国市場が上昇するのもうなずけます。

米国株は、投資家が安心して投資を行える環境が整備され、不正への対処ルールも厳格に運用されています。

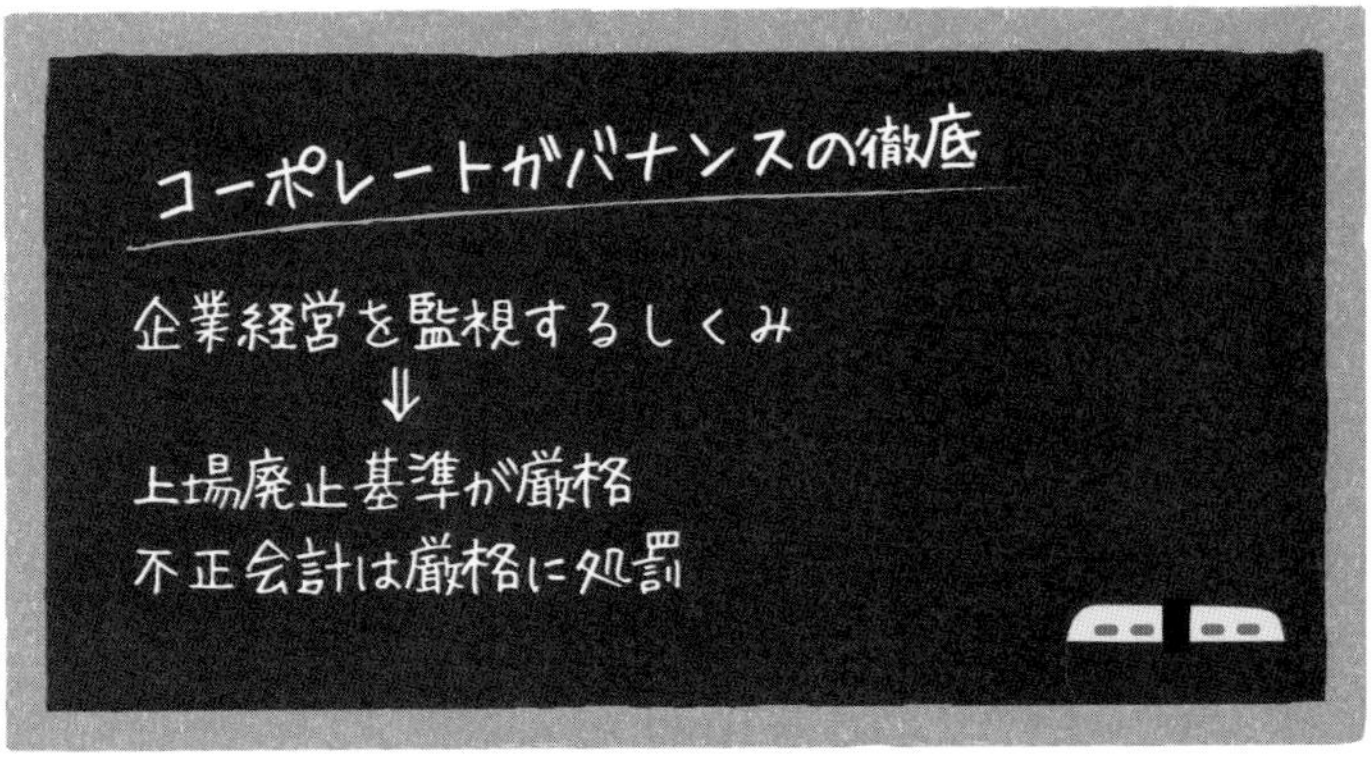
コーポレートガバナンスの徹底
企業経営を監視するしくみ
⇓
上場廃止基準が厳格
不正会計は厳格に処罰

06 米国株投資には落とし穴ももちろんあります

1 米国株にも長期停滞はあります

ここまで米国株の長所ばかりに言及してきました。しかし、米国株に投資するにあたり、決していいことばかりでなく、注意すべき点もあります。1900年以降、50年以上にわたり、株式投資の実質リターンがマイナスだった国がありました。

ドイツ（1900〜1954年の55年間）
フランス（1929〜1982年の54年間）
日本（1900〜1950年の51年間）

● 実質リターンがマイナスだった国別の年数

国	年	年数	実質リターン
米	1905〜20	16	-8%
英	1900〜21	22	-4%
仏	1929〜82	54	-1%
独	1900〜54	55	-8%
日	1900〜50	51	-3%
世界	1910〜31	22	-19%

Credit Suisse Global Investment Returns Yearbook 2018：Summary Editionより抜粋

米国株式市場でも、長期停滞の歴史はありました。第一次世界大戦を含む期間である１９０５〜１９２０年の**16年間にわたり実質リターンがマイナス**だったのです。右肩上がりの米国株投資であっても、長期低迷を避けることができない時期もあります。

個別のグロース、バリュー銘柄などを目利きして投資できる方は、長期でなく、３年、５年、10年といった期間での投資を考えても問題ありません。

また、60歳以上の方は20年運用すると80歳を超えてしまいますから、長期低迷のリスクには十分な注意が必要です。

21世紀の米国株で長期低迷が起こっていた

株価が長く低迷したのは、20世紀だけのことではありません。21世紀に入ってからも、株価の長期低迷が発生していたのです。

２０００年のインターネットバブル時に付けたナスダックの最高値は、その後15年もの間、更新されることはありませんでした。

リーマンショック以降、絶好調であるナスダックですが、以前の株価は長期低迷していたのです。

米国のナスダックでは、２０００年に最高値を付け、その後15年間も更新されませんでした！

2 長期低迷のリスクを歴史から学ぼう

未来のことは誰にもわかりません。しかし**過去の歴史を学んで未来を予測**することはできます。

米国株にも過去何度かの停滞期がありました。

1900年代から数十年にわたる実質リターンの低迷
1929年の世界大恐慌からの停滞
1960年代のスタグフレーションと石油危機

米国のインデックスに投資しておけば、何度かの株価下落をしても長期的には右上がりで大きなリターンを得られる、とは言いながらも、こうした株式市場の歴史を知ると、不安は拭えません。

今後も、**米国株で長期停滞が起きるリスクはおおいにある**と思ってください。

その可能性がどの程度あるのか、そうなったときにど

● **米国株とはいえ、今後も右肩上がりだと信じ切れない**

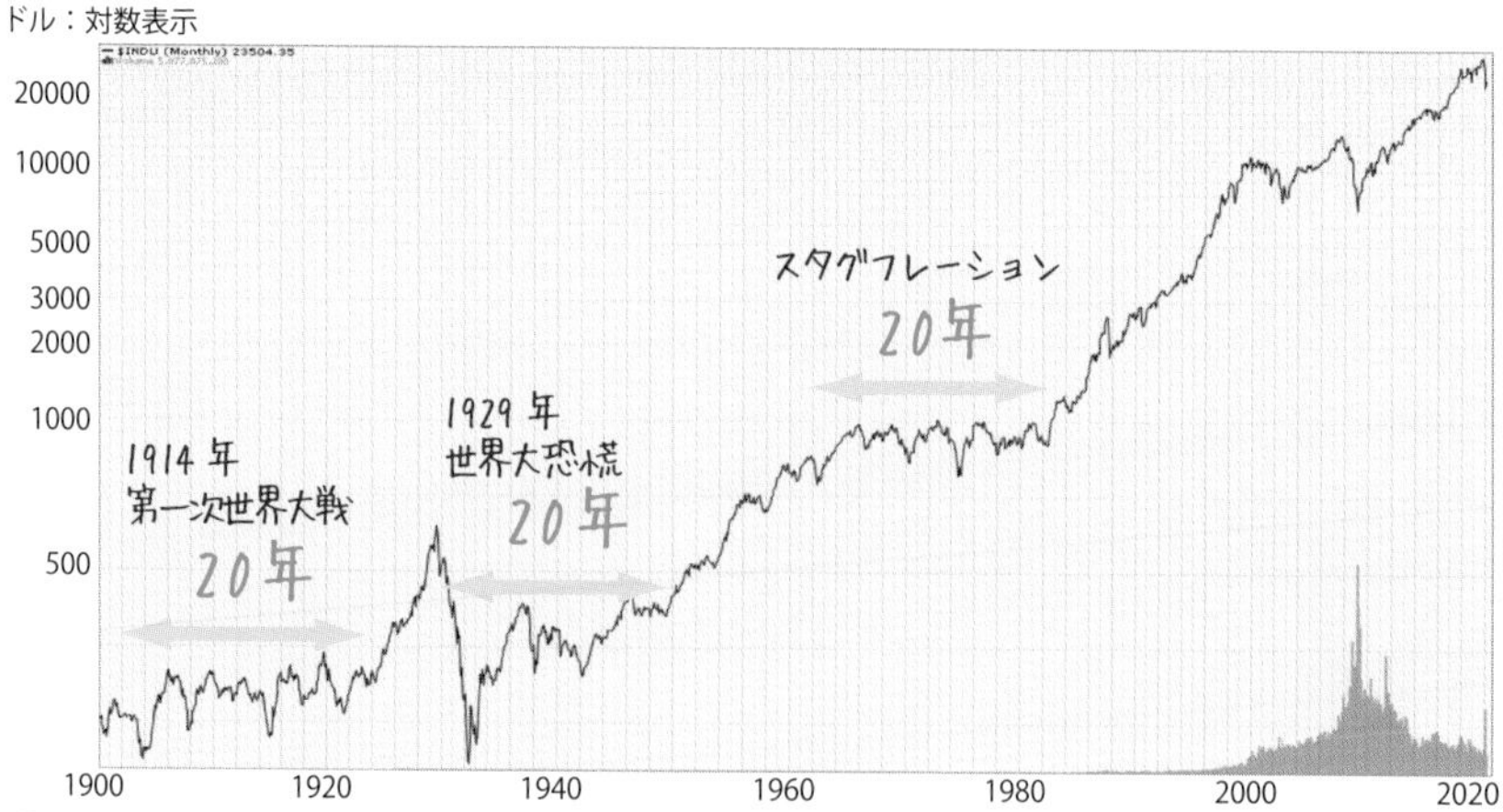

「1900年以降のNYダウの推移」より：https://stockcharts.com/freecharts/historical/img/100-100.png

う対処するのかを考え**リスクの程度**を知っておく必要があります（112ページ参照）。たとえば、現在の資金と生活環境で30％の暴落にも耐えられるのかどうかといったことです。

また、米国株やETFに投資したのが長期停滞の始まりだったら困りますね。

これも84ページで後述しますが、米国の株式市場だけに投資すると、長期停滞から逃れられません。資産を他の地域や他の資産に**分散**させておけば、ある程度はリスクを回避することができるのです。

今後20年間の停滞ってありえませんか

米国株価や配当金は、基本的に右肩上がりのチャートを示してきました。しかし常に右肩上がりであったわけではありません。

米国株は**上昇と下降を繰り返しながら右肩上がり成長**をしてきました。その中で最も大きな下降として**20～30年程度の停滞期が存在**していたのです。

● 今後20年間、停滞が続いたとしたら

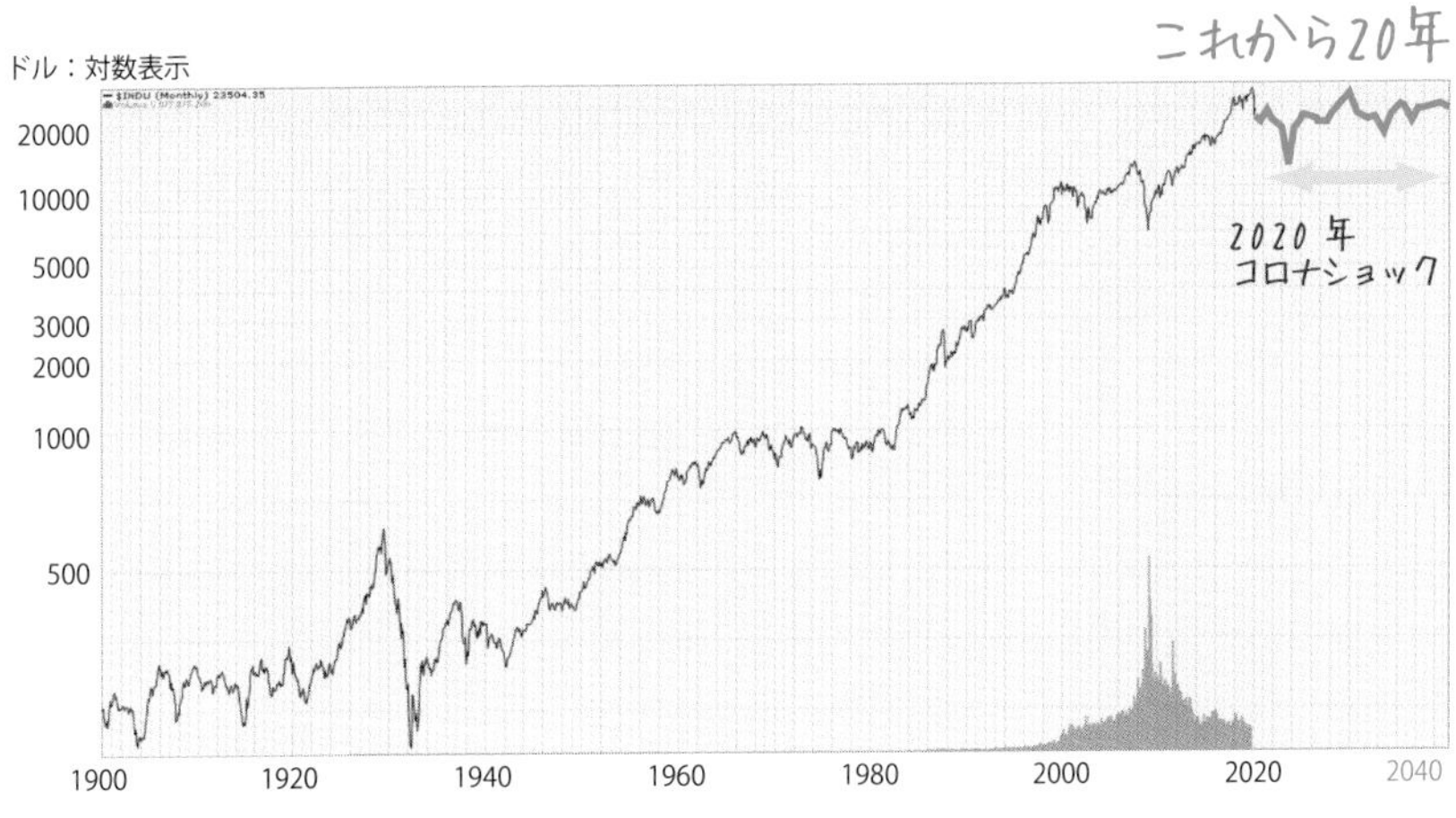

前ページ下のグラフは、１９００年以降のＮＹダウ平均株価に、今後20年のデータを仮想的に組み込んだものです。

なんとなく、ありえそうな未来だと思いませんか？

このようなデータをみると、米国株とはいえ今後も右肩上がりだと信じ切れなくなってきます。

過去の株価の成長を信じて投資する場合には、長期停滞の歴史もまた可能性として知っておく必要があるのです。

リーマンショックやコロナショックのような暴落が10～20年でやってきます。
そうしたリスクを知ってそれに耐えられる投資を考えましょう！

Episode 3

ホームカントリーバイアス

米国人は米国株に投資しがちというホームカントリーバイアスがあります。ホームカントリーバイアスとは、投資家がさまざまな理由によって海外投資に慎重になることです。投資家は自国市場／資産への投資が厚くなる傾向を持っています。ホームカントリーバイアスは、どの国の投資家にもみられる現象です。

日本人も例外でなく、むしろホームカントリーバイアスが大きいと言われています。日本株ばかりに投資したり、通貨は円だけを保有するなどです。

ホームカントリーバイアスの陥りやすい要因としては、次のようなことがあります。

・自国の企業ならよく知っている
・自国の企業や製品の成長を期待する
・海外市場がわからない。言語の壁がある
・為替リスクがない

米国株で考えてみます。米国株が他国より良好なリターンがあれば問題ありません。ところが米国株式よりも良好なリターンを提供した株式市場は多数ありました。

2019 年の米国株式の過去 20 年間のトータルリターンは、46 か国中で 24 位でした。直近 20 年間では、米国株式より上位にある株式市場に投資をしていたほうが収益は上がったのです。こうしたホームカントリーバイアスのデメリットは、自国がベターな選択肢とならなかったときに顕在化します。

● 国別の株式投資リターンランキング

20 年間のトータルリターン（2019 年 12 月 31 日時点）

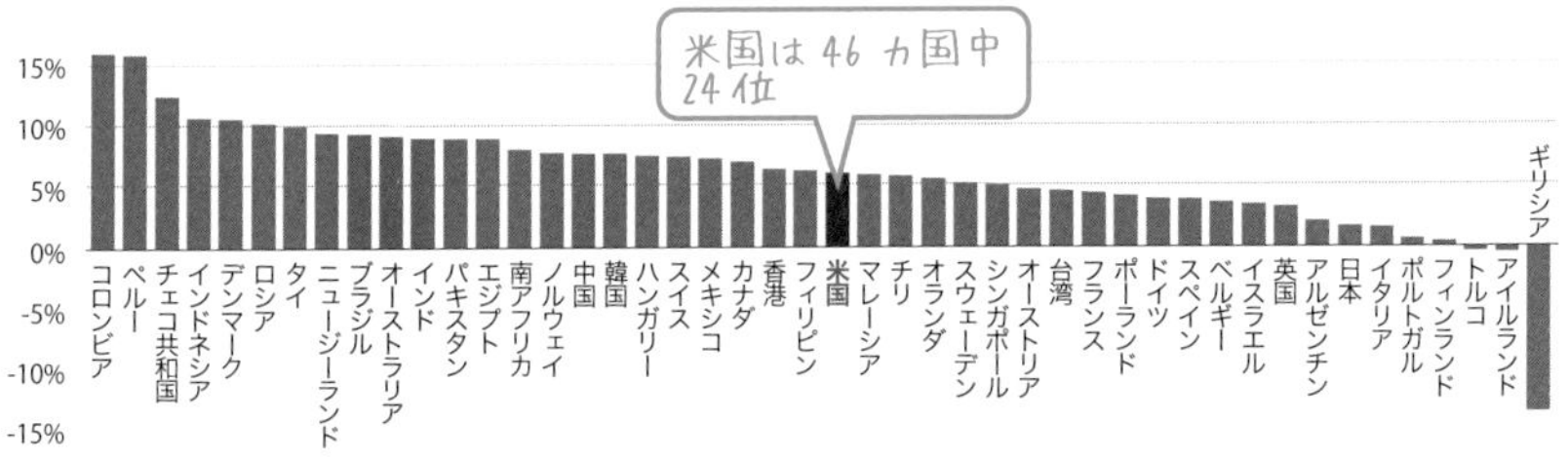

FRANKLIN TEMPLETON : SIX BARRIERS TO INVESTMENT SUCCESS より

日本人が日本の株式市場を当然のように投資対象とする場合、株式市場が右肩上がりであれば、問題ありません。国際分散投資をしてリスク分散をはかることが、ホームカントリーバイアスの解消にもなります。もちろん、米国株を購入することもその一助となります。

Episode 4

米国企業の経営者は、報酬を株でもらう

米国企業の社長やCEOの報酬は、日本企業の日本人社長と比べると多額なことで知られています。元日産CEOのカルロス・ゴーン氏の報酬に、みなさん驚いた記憶があるでしょう。2019年3月期の有価証券報告書によるとゴーン氏の役員報酬は16億5200万円です。

これで驚いてはいけません。米企業トップの報酬はさらに上を行きます。

デロイト・トーマツ・コンサルティングの2018年調査によると、**米国CEOの報酬総額の中央値は15.7億円**で、日本企業の社長・CEOの報酬中央値1.4億円と比較すると約11倍となっています。

1978年以降、米国企業のCEO（最高経営責任者）の報酬は増え続け9.4倍にもなっています。これはインフレ率考慮後の米国株投資リターンを上回っています。

また2010年代をみると、米国CEOの報酬における中長期インセンティブ（株式報奨やオプション付与）が占める割合は70%前後で推移し、**年収の大部分を株式が占めています**。

米国企業ではCEOの報酬は、企業内の報酬決定委員会が決めますが、報酬は増加する一方で歯止めはかかっていません。

米国企業のCEOの報酬は、業績連動報酬やストックオプションが多くを占めるので、常に株価、業績を上げ続けなければなりません。

CEOは経営をしながら**株主としての視点**も持ち合わせているので、**株主還元には積極的**ですし、株価を下げるような企業方針をとることは難しくなっています。

CEO報酬中央値の5カ国比較　(2018年　単位：千円)

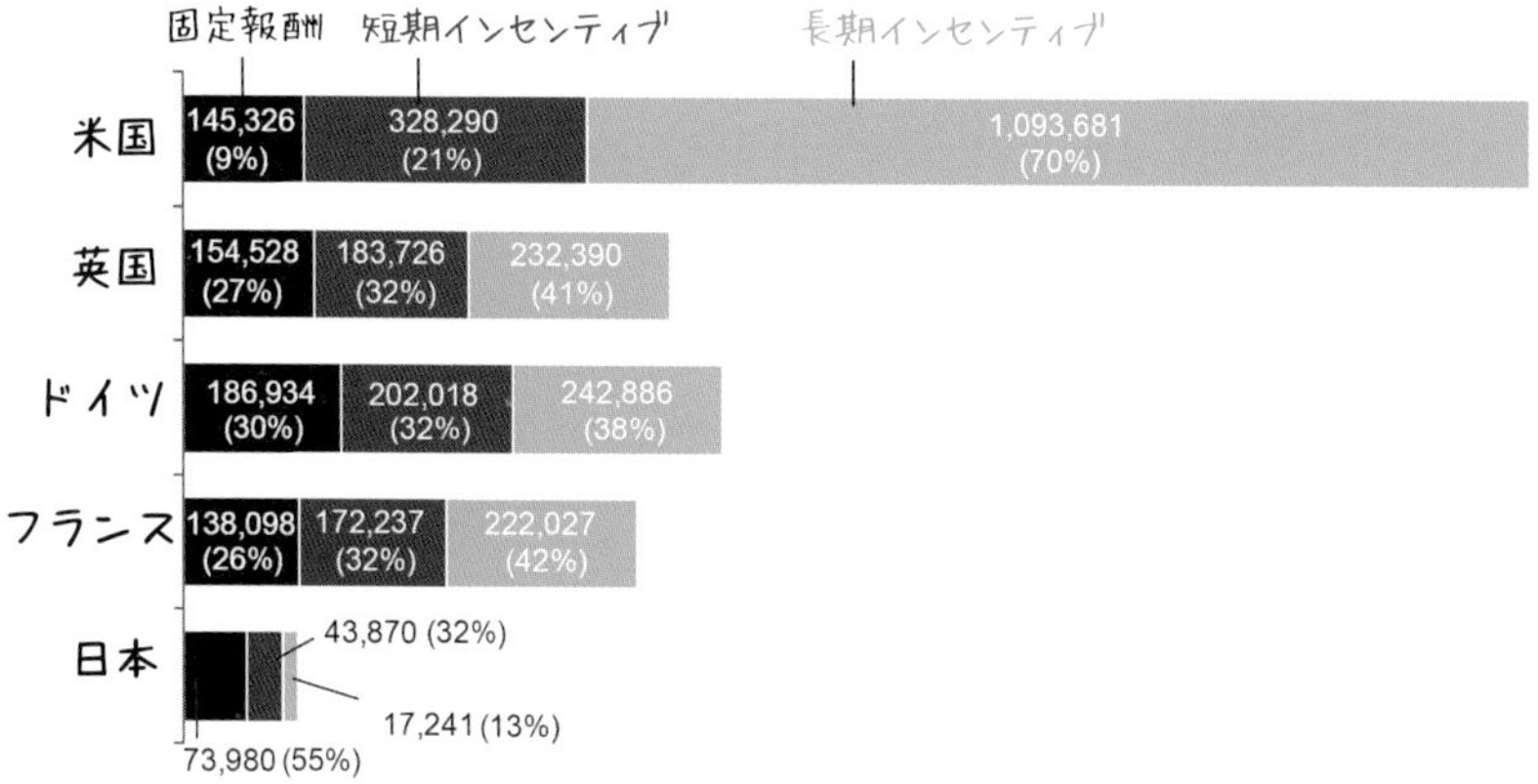

デロイトトーマツ　2018年度 日・米・欧の社長・CEO報酬水準比較より

2時限目

アーリーリタイアのための私の米国株投資スタイル

株式だけではない、
すべての投資に
対する私の考え方
をお伝えします！

01 アーリーリタイアしたい！米国株投資がそれを実現させる

1 私の投資計画について

米国株投資を開始するにあたり、私がどのようなプロセスを経て投資計画を作っているのか、自身の経験を踏まえて紹介しましょう。

２０２０年の資産運用計画は、バンガード社のホームページ（「バンガードについて」―「投資哲学」の「日本の投資家の皆さまが成功する投資家になるためのバンガードの４つの基本原則」）を参考に、下の表のような形で目的、目標を作っています。

● 著者の 2020 年の投資計画

目的	家族の人生を豊かにすること
目標	2027 年迄に、年間不労所得を 500 万円にする アーリーリタイアが可能な状態になる
前提条件や制約	不労所得は、金融資産から 250 万円、 非金融資産から 250 万円を前提とする
金融資産への拠出額の目標	200 万円以上／年
金融資産における資産配分の目標	株式 90%、債券 10%
パッシブかアクティブか	パッシブ投資 75% 以上
リバランスの方法	1 年 1 回

2 アーリーリタイアのための米国株投資

投資をするうえで大切なのは、その**目的と目標が明確に設定**されていることです。

なぜ投資をするのか、その理由を明確にしておかないと継続的に行うのがむずかしくなります。予想外の出来事が発生したり、困難な場面に遭遇したとき、ゴールや道筋が見えていないと道に迷ってしまうからです。

株価が暴落し持株の評価額が半分になったとき、事前に予定されていた投資行動を淡々と行える人はなかなかいません。

私は目的と目標を次のように設定しました。

目的 **家族の生活を豊かにすること**
目標 **47歳までにアーリーリタイアすること**

● **著者のブログ（https://america-kabu.com/）**

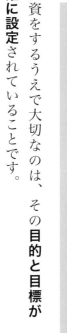

この目標は35歳のときに立て、投資成果をブログで公開しています。

投資プロセスと結果をあえてブログに公開するのは、次の理由からです。

❶アーリーリタイアを宣言し、その達成を証明したい
❷アーリーリタイアを目指す人の手本になりたい

私は35歳のときに、47歳でアーリーリタイアをすると決意しました。現在は40歳ですが、それを達成するための手段として会社に勤務をしながら、米国株投資とその他不動産投資などを行っています。22歳から働き始め、25年間本業を継続するとちょうどリタイアする47歳になります。

また、公的年金をもらうためには25年間は掛ける必要があるという受給資格が当時はあったことも、25年間を区切りとした理由の一つです。

3 アーリーリタイアとFIREムーブメント

アーリーリタイアというのは**定年前に退職する**ことです。リストラなど会社からの要望で退職を迫られることもありますが、通常は**自分から積極的に退職後のライフプランを設計し**30〜50代で退職するのがアーリーリタイアです。

退職後に自分で会社を興したり、フリーランスになるなどは、**脱サラ**という言葉のほうが当てはまります。

米国で流行するＦＩＲＥムーブメント

米国ではＦＩＲＥという言葉が流行しつつあります。ＦＩＲＥは（Financial Independence, Retire Early）の略です。つまりＦＩＲＥとは、**経済的自由を獲得し、早期退職をするという生き方**です。

米国ブログのMr.Money Mustacheなどが発端となり、米国ミレニアル世代に広まっています。ミレニアル世代というのは広義の意味では２０００年代に成人・社会人になる世代を指し、狭義には１９８１〜１９９６年に生まれた人と定義されています。

英語でＦＩＲＥは、「クビ・解雇」といった意味ですが、これを逆手に取り、ＦＩＲＥ（Financial Independence, Retire Early）として、会社員生活から自主的におさらばする意味にアイロニーも込めて転用した言葉です。

ちなみにＭＳＮの調査によれば、**アメリカのミレニアル世代のうち67％が早期退職**を望んでいます。

日本では定年延長や70歳まで働こうという報道が見られますが、その反動で近いうちにアーリーリタイアの希望者が増えてくるかもしれません。

そうした人の参考になれたらよいな、と思いながら私はアーリーリタイアを目指しながら米国株投資をし、その過程をブログで公開しています。

02 米国株と会社からの収入を両立させる投資術

1 金融資産と非金融資産に分けよう

私は資産運用において、資産を金融資産と非金融資産に分け、金融資産のメインとなる**米国株投資**、そして、非金融資産のメインとなる**人的資産（仕事からの収入）**のバランスが大事だと思っています。

金融資産は、株式や債券、投資信託、生命保険など**換金性、流動性の高い資産**です。一方、非金融資産とは、金融資産以外の家計が所有する動産、企業で言えば在庫などがそれにあたります。

非金融資産を大きく３つに分けると、**実物資産、人的資産、その他資産**になります。

● 金融資産と非金融資産の具体例

金融資産	非金融資産
現金・預金	住宅などの有形固定資産（不動産、家具、自動車）
株式、投資信託	人的資産（仕事、年金、相続）
債券、生命保険	その他すべて（宝石、絵画等収集品）
商品券、小切手	

実物資産というのは実際に見たり触ったりでき、なおかつ市場価値をもっている資産のことです。具体的には**不動産や住宅、耐久消費財としては自動車や家具**などが挙げられます。

非金融資産の2つ目のカテゴリは**人的資産**です。**人的資本**とも呼んだりしますが、仕事から直接**収入を獲得する能力**のことを指します。さらに仕事に紐づいた形で企業年金や社会保障などを組み合わせて人的関連資産とします。

三つ目の**その他資産**には、あらゆるものが含まれます。宝石だったり、ワインやウィスキー、絵画や切手などの**収集品**などが該当します。

株式投資に関する情報では金融資産のみを対象としたものが多いですが、私は専業ではなく働きながらの兼業投資家ですから、**自身が稼ぐ力を資産運用のスコープに入れた方が良い**と考えています。

非金融資産の中の**人的資産**は年齢とともに減少していきます。定年になれば年金、そして相続だけになり

● **金融資産は年齢に比例して増えていく**

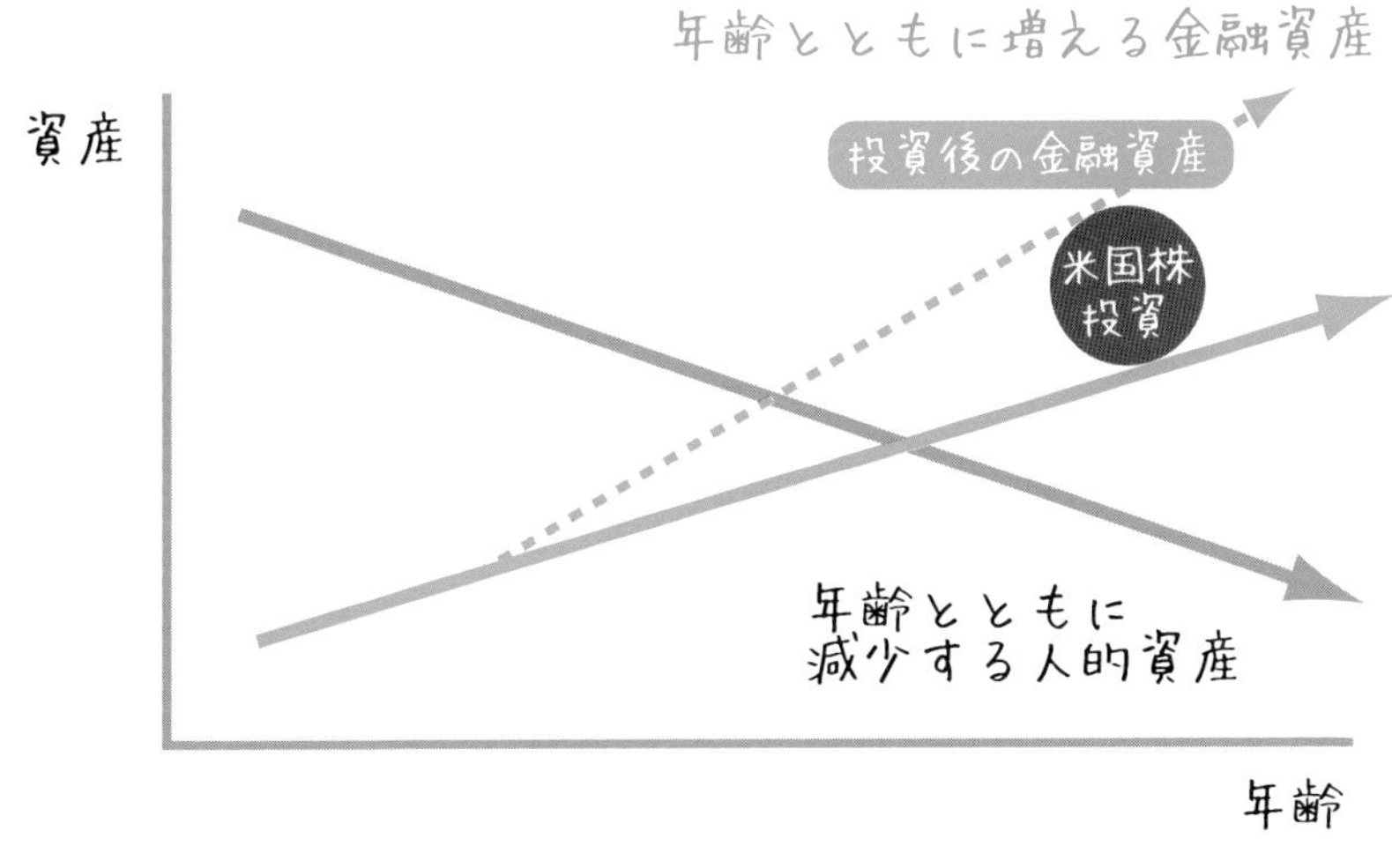

ます。一方、金融資産は20代の若いうちから貯蓄や投資に励めば右肩上がりに増えていきます。

若いうちから金融資産を効率的に増やしてすことができれば、仕事に振り回されることなく経済的な自由を獲得でき、アーリーリタイアにより近づくことになります。

2 仕事と投資の両方で成功するという選択

人的資産とは、生涯所得ベースで測定することができます。

将来において稼ぐと予想される収入を、リスクを考慮した上で現在の価値として評価することに他なりません。個人の株価のようなものです。

米国株への投資を開始した時点で私が保有する資産は、圧倒的に**仕事からの収入に依存した**形となっていました。仕事からの収入で暮らしていくことは現在の社会では当たり前のことです。また、仕事の成功は「やりがい」「生きがい」につながります。

仕事で収入と満足の両方を得ながら、アーリーリタイアをめざして**投資も同時に進め金融資産を増やしていく**、これが私の方針となりました。仕事に集中できない投資であれば、やらないことにしています。

人的資産（会社からの収入）を資産形成要素の一つとして考え、その上で金融資産を増やすために米国株への投資も始めました。

DCF法で人的資産を計算してみた

35歳のときに47歳でリタイアする目標を立てた際、**DCF法**を使って簡易的に人的資本がいくらなのかを計算してみました。

DCF法とはディスカウント・キャッシュ・フローの略で、**企業や不動産などの収益資産をもつとき、資産が今後生み出すキャッシュフローを予測し、それを現在価値に割り引いて求める方法です。**

DCF法で企業価値を求める際には、「事業」と「事業以外の資産」に分けて考えます。

「事業」では、「将来キャッシュフローの現在の価値」を割引計算によって算出し、合計して現在の価値と考えます。

「事業以外」のほうは、借入金や現在保有している金融資産などをその資産単体の時価で評価します。

● 米国株投資開始時の家計資産の特徴

資産名	金融資産	不動産	耐久消費財	人的資産	人的関連資産
実例	米国株	都内ワンルーム	自家用車	仕事	年金
市場性	高い	やや高い	やや高い	かなり低い	なし
関連コスト	微小	管理費など	維持費	生活費全般	微小
将来的な価値の変化予想	上昇する	低下する	低下する	低下する	低下する
直接的なキャッシュフローの例	配当金	家賃収入	なし	給与	年金収入

この考え方を人的資本に当てはめて

> **・事業（キャッシュフロー）＝手取り年収－生活費**
> **・事業以外（キャッシュフロー以外）＝退職金＋年金＋福利厚生など**

のような計算方法で行います。

米国株投資を始めた当初は、手取り年収から生活費を引いた手元に残るキャッシュフローは250万円程でした。まだ子どもが小さく教育費などがかかっていなかったのです。将来的に教育費や生活費が上乗せとなっても年収アップで賄うという前提で、この250万円のキャッシュフローを維持する場合、12年間で合計3000万円のキャッシュフローが獲得できます。

これに株式投資とほぼ同じ程度の6％の割引率を当てはめてみると、現在価値は2184万円となりました。

この金額に退職金や年金などを加えた数値が、**私の人的資本の価値**です。キャッシュフローから計算できる**人的資本は年齢とともに減っていき**ます。高齢に向かう時期からは、人的資本以外の債券などのような比較的低リスクな資産への投資も検討しています。

企業の価値

DCF法

事業の価値

将来のキャッシュフローを割引計算して評価

＋

事業以外の価値

資産単体の時価で評価

家計の場合

キャッシュフロー

手取り年収 － 生活費

＋

キャッシュフロー以外

退職金 ＋ 年金
＋ 福利厚生など

手取り年収から生活費を引いて、6%割り引いて、現在価値を出します。そこに退職金、年金を加えると人的資本の価値が求められます！

03 支出を把握・管理して、生活防衛資金を確保しておこう

1 家計支出を把握しコントロールすることが投資の第一歩

家計の管理は、家計簿をつけて**年間支出を把握**することが大切です。

私の場合は**マネーフォワードＭＥ**という個人用家計簿アプリを活用し、**支払いや入金を可視化**しています。

クレジットカードやスマホ決済などのキャッシュレスを積極的に使うようにし、銀行口座も紐づけることで、マネーフォワードが自動的に家計簿を作成し、お金の出入りの管理が手間をかけず

● マネーフォワードＭＥ

にできてしまいます。

米国株を始めた後の2015～2016年にかけて、我が家の家計支出は年間約500万円でした。この500万円を基準に、米国株への投資から得られる年収の目標を設定しました。

毎月のおおよその支出額が把握できれば、不要な支出を控えて支出をコントロールできるようになり、そうしたことが投資、そしてアーリーリタイアへの第一歩だとわかってきます。

投資の前に生活防衛資金を確保しましょう

生活防衛資金とは、**収入がまったくなくなった状態でも生活していける資金**です。

私の場合、生活防衛資金として、およそ**2年分の生活費**を確保しました。不況によるリストラや怪我や病気で寝たきりになり無収入になっても、2年間は困らずに現状の生活が送れるだけの資金を準備しました。

一般に投資の世界でいわれる「数か月分」の生活防衛資金ではなく、2～3年分と多めに保有することにしています。

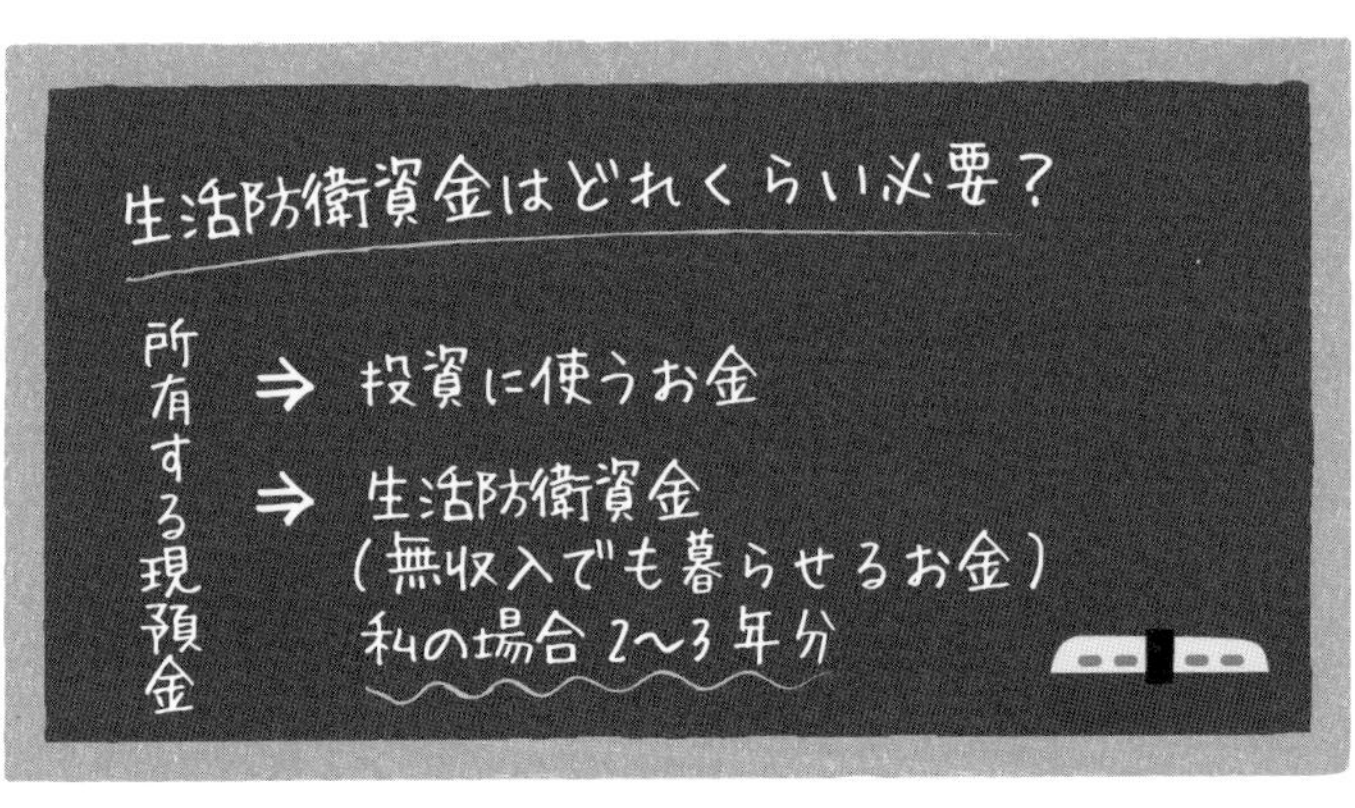
生活防衛資金はどれくらい必要？
所有する現預金
⇒ 投資に使うお金
⇒ 生活防衛資金
（無収入でも暮らせるお金）
私の場合 2～3年分

04 簡単な取引記録で同じ過ちを防ぎましょう

1 簡単な記録から反省⬇失敗をプラス方向に

知識不足や心理的な不安、なんとなく取引したい気分などから、よく考えず状況判断なしに**安易な売買で大きな損失**を出してしまうことがありませんか。

株価が大きく下落したときに慌てて投げ売りしてしまったり、高値のときにバスに乗り遅れるなとばかりに飛びつくなど、後から考えると反省材料にしかなりません。

こうした安易で未計画な売買を防ぐために、私は**簡単な取引記録をつける**ことにしています。

1取引が横1行で、約定日、売買銘柄、単価、株数、手数料、

取引の簡単な記録をつけると、同じ失敗を繰り返さなくなります。
失敗が強い投資家をつくっていくのです。

取引合計額、購入理由、そして私がベンチマークとしている**米国高配当ETF（VYM）の終値**です。

これは証券会社からダウンロードできる情報に、購入理由を一言加えただけのものです。

２０１９年分を参照すると、この１年間は配当再投資が中心であり投資元本の入金は少なかったのだな、とか、売買手数料って意外とたくさん支払っているのだな、とか振り返ることができます。

取引記録を振り返ると、改めて投資の未熟さや進歩が見えてきます。そして、安易な売買を未然に防ぐセーフガードとなっています。

● **簡単な取引記録をつけ、失敗や成功を思い起こし次の取引につなげます**

約定日	取引	ティッカー	単価	株数	手数料	合計額	売買理由	VYM終値
5月	Buy	VYM	85.9	15	6.26	1294.76	定期購入	85.66
5月	Buy	SPYD	36.91	100	17.93	3708.93	定期購入	83.66
6月	Buy	ABBV	68	30	10.2	2050.2	配当再投資	86.5
7月	Buy	DIA	270.65	1	1.31	271.96	配当再投資	88.09
7月	Buy	MO	49.83	4	0.97	200.29	配当再投資	89.21
8月	Buy	VHT	171.8	20	16.69	3452.69	BMY、UNH入れ替え	86.64
8月	Sell	UNH	248.55	-6	7.24	-1484.06	VHTへ	86.64
8月	Sell	BMY	45	-30	6.56	-1343.44	VHTへ	86.64
8月	Buy	RDS.B	59.96	15	4.04	903.44	前回売却より下落	86.64
8月	Buy	SPYD	37.5	5	0.9	188.4	配当再投資	84.51
8月	Buy	QQQ	183.43	1	0.89	184.32	配当再投資	85.29
8月	Buy	VHT	167.59	1	0.81	168.4	配当再投資	85.21

Episode 5

米国株で便利なスマホアプリ（2）

米国株投資の取引ができるスマートフォンのアプリを２つ紹介します。

iSPEED（楽天証券）

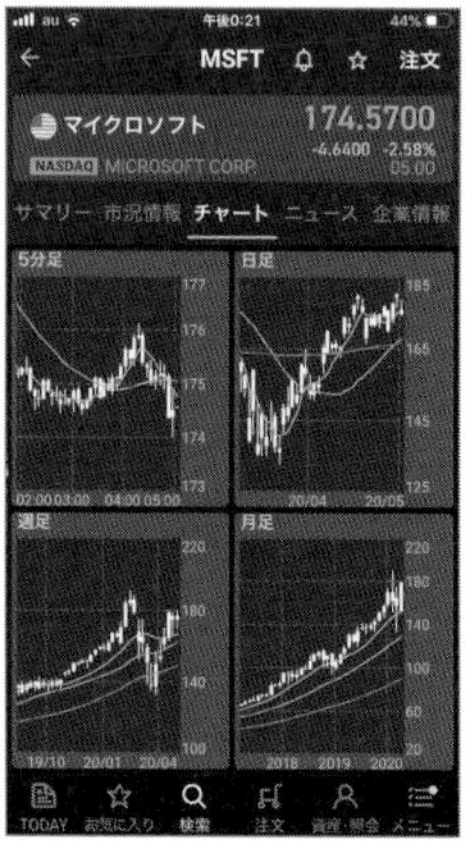

2020年４月待望の楽天証券のiSPEEDアプリが米国株に対応しました。

企業情報、業績・予測、ニュース、銘柄情報（株式分割·併合等）すべてを無料で見ることができます。

特に、競合比較は要チェック。気になる銘柄が出てきたらライバル企業にどういった会社があるのか、その財務状況はどうかということが一目で分かります。

なお、リアルタイムの株価表示は有料で、通常は15分遅れの表示となります。

また、日本株と一元管理できるのも他社アプリにはないメリットです。

トレードステーション米国株 スマートフォン（マネックス証券）

マネックス証券が提供するスマートフォン用の米国株専用のアプリです。

無料でリアルタイム株価が表示され、様々なチャートが表示できます。そしてアプリがサクサク動き、操作性は良好です。

株価チャートは月足、日足、480分足、240分足、60分足が見られますし、30種類近い指標を追加表示することができる優れものです。

特に米国株のトレードをしたい人にはおすすめですね。銘柄リストの登録数に制限がないので、気になった企業をチェックするときにも有用です。

3時限目
プロに負けないインデックス投資

NYダウやS&P500などの株価指数に連動するインデックス投資はプロの運用に勝ります！その訳とは？

01 ほったらかしのインデックス投資がプロの運用に勝てるのはなぜ？

1 インデックス投資は安くて楽ちん

インデックスには、「索引」「見出し」とか「指数」「指標」という意味があります。インデックス投資といった場合は、後者の**指数**を表しています。米国株ではＮＹダウやＳ＆Ｐ５００、ＮＡＳＤＡＱ総合指数などが指数です。日本では日経平均やＴＯＰＩＸがインデックスです。

こうした**株価指数（インデックス）と同じ値動きを目指して運用**することを、**インデックス投資またはパッシブ投資**と言います。

インデックス投資は、株式等の指数に基づいて運用するので、情報収集、その人員の手間がかかっていません。後述するアク

	インデックス投資	アクティブ投資
方針	・指数に連動して運用	・市場平均を上回ることを目指して運用
メリット	・わかりやすい ・銘柄分散できる	・市場平均を上回るリターンの可能性がある
デメリット	・コストが安い ・市場平均を上回るリターンは期待できない	・コストが高い

ティブファンドに比べ**手数料が安い**のが特徴です。

そのため、**つみたてNISA**や、**iDeCo**などで掛け金を運用して将来給付を受けるタイプの私的年金制度（216ページ）では、運用商品としてインデックス型の投資信託が人気となっています。

そのなかでも、特に**米国株の指数に連動した投資信託**が大人気です。

株式投資といえば通常はトヨタ、アップルといった個別の会社の株の取引が主流です。**インデックス投資**は、S&P500の**すべての会社の株をパッケージにして購入**するようなものです。

個別株を購入するとなると、企業の財務情報や業績を調べて今後の予測をしたり株価情報のチェックが欠かせません。

インデックス投資は、1つの指数、特定の地域、特定の市場等に連動しているので、一度選んで購入してしまえば、後はたまに価格を見る程度で済んでしまうので、とても**楽ができる投資**です。

個人投資家の多くは、投資の専門知識を有しておらず、毎日の勤務もあり生活のなかで投資に割く時間が十分とれません。

投資の初心者の方は、個々の会社の情報を集めず、毎日の株価を気にせずに済む**積立によるインデックス運用のできる米国のETFや投資信託から始めるのをおすすめします**。

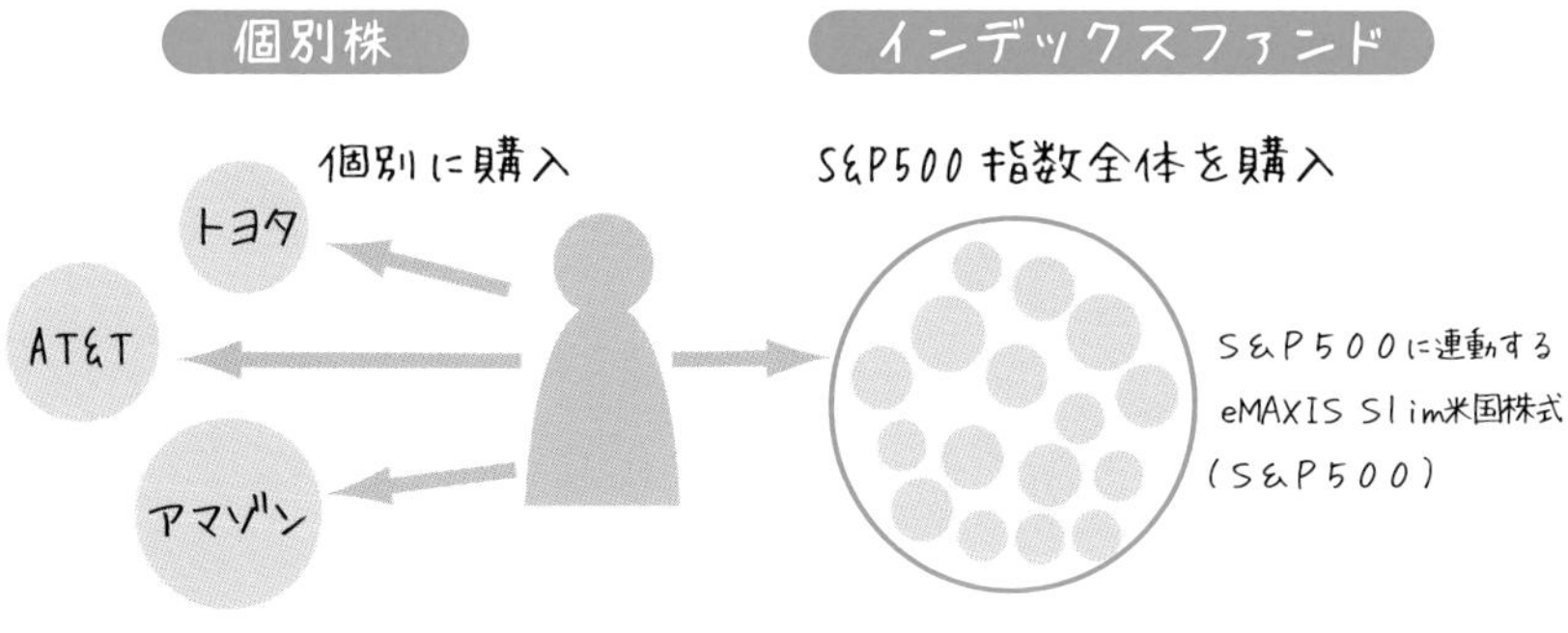

2 効率的市場仮説に基づくインデックス投資

インデックス投資は、「**現在の株価には、将来に対する情報がすべて織り込まれているの**で、銘柄の選定や売買のタイミングから**市場の平均以上の実績を得ることは不可能**」とする**効率的市場仮説をバックボーン**としています。

簡単に言うと「株価の情報は皆が平等に知っていて、それが株価に反映されているものなので、市場を出し抜こうとするのは無理！」ということです。

それは次の2つの仮説から成り立っています。

- **株価形成は効率的であり、市場平均を上回ることはできない**
- **マーケットタイミングを計って儲けることはできない**

この仮説に従うと、専門的な敏腕ファンドマネージャーが選んだ銘柄で構成するアクティブファンドは、**インデックス型の市場平均には勝てない**ということになります。この仮説には賛否両論あり、仮説自体も証明されたものではありません。

この効率的市場仮説によって、株価指数に連動するインデックスファンドやＥＴＦ（上場投資信託）が登場し今や人気商品となっています。

3 アクティブ運用は長期では不利

アクティブ運用は、投資の専門家であるファンドマネージャーが決めた運用方針のもと、株、債券、その他の有価証券を選別し**投資対象を設定する投資信託**です。インデックス運用は指数連動ですが、アクティブ運用は指数などの**市場平均を上回る成績を目指します**。

たとえば、米国株で運用する場合の代表的なインデックス（指数）であるS&P500やNASDAQ総合指数などのインデックスをベンチマークとして、それを上回る成績を目指します。

そのために、プロの専門家が情報収集しながら運用先を選別するため、コストがかかるので**手数料が割高**になっています。

アクティブ運用を行う投資信託の大半がインデックスファンドに負けているのが事実です。

大型総合銘柄を対象にしたアクティブ運用の場合、ベンチマークであるS&P500に負けているファンドの割合を運用期間別に見ると、下表のようでした。

運用期間が長くなるほど、インデックスファンドが有利となっています。単年度で見ても69%のインデックス運用がアクティブ運用をしのいでいます。

● 運用期間が長いほどアクティブ運用が不利

運用期間	S&P500に及ばないアクティブ運用の割合
1年	69.86%
3年	70.74%
5年	78.52%
10年	88.05%
15年	89.83%

S&P500 Dow Jones Indices LLS. より
（2019年6月30日時点）

02 インデックスの積立が究極の分散投資

1 安定的なリターンをもたらす分散投資とは？

分散投資とは、1つの資産や銘柄だけに投資せず、**投資対象を多様化させ価格変動のリスク（リターンの振れ幅）を低減**させ安定したリターンを実現する手法の1つです。

1つの銘柄にすべて投資してしまうと、その銘柄の価格が下がると資産全体が打撃を受けます。その会社が倒産してしまったら株の価値はゼロになってしまいます。

銘柄や資産に分散しておけば、**損失は限定**できます。

値動きの異なる複数の商品に分散しておけば、1つの商品価格が低下しても、他の商品がそれをカバーし、安定的な収益がもたらされます。

分散投資は、企業の財務やさまざまな情報を得るために時間を割けない人や、面倒な人向きの投資と言えます。

分散投資には、次のような分散方法があります。

- **商品の分散（株式、債券、不動産、コモディティ）**
- **地域の分散（国内、海外、米国、欧州、アジア等）**
- **時間の分散（積立で定期的に一定額を投資：ドルコスト平均法）**

あらかた気づかれたと思いますが、商品の分散、地域の分散は、**インデックス型の投資信託やETFを購入すると自ずと、扱う資産クラスのなかで商品や地域が分散されます**。

S&P500に連動するeMAXIS Slim 米国株式（S&P500）を購入しておけば、S&P500全体に分散され、さまざまなセクター（業界）に投資したのと同じ効果が得られます。

また、後ほどドルコスト平均法のところでふれるように、投資信託やETFを**積み立てていくことで、時間の分散**がはかれます。

インデックス型投資信託やETFを購入すれば、インデックス内で分散され、複数のインデックスでさらに分散がはかれます。

また、積み立てることにより時間の分散となります。

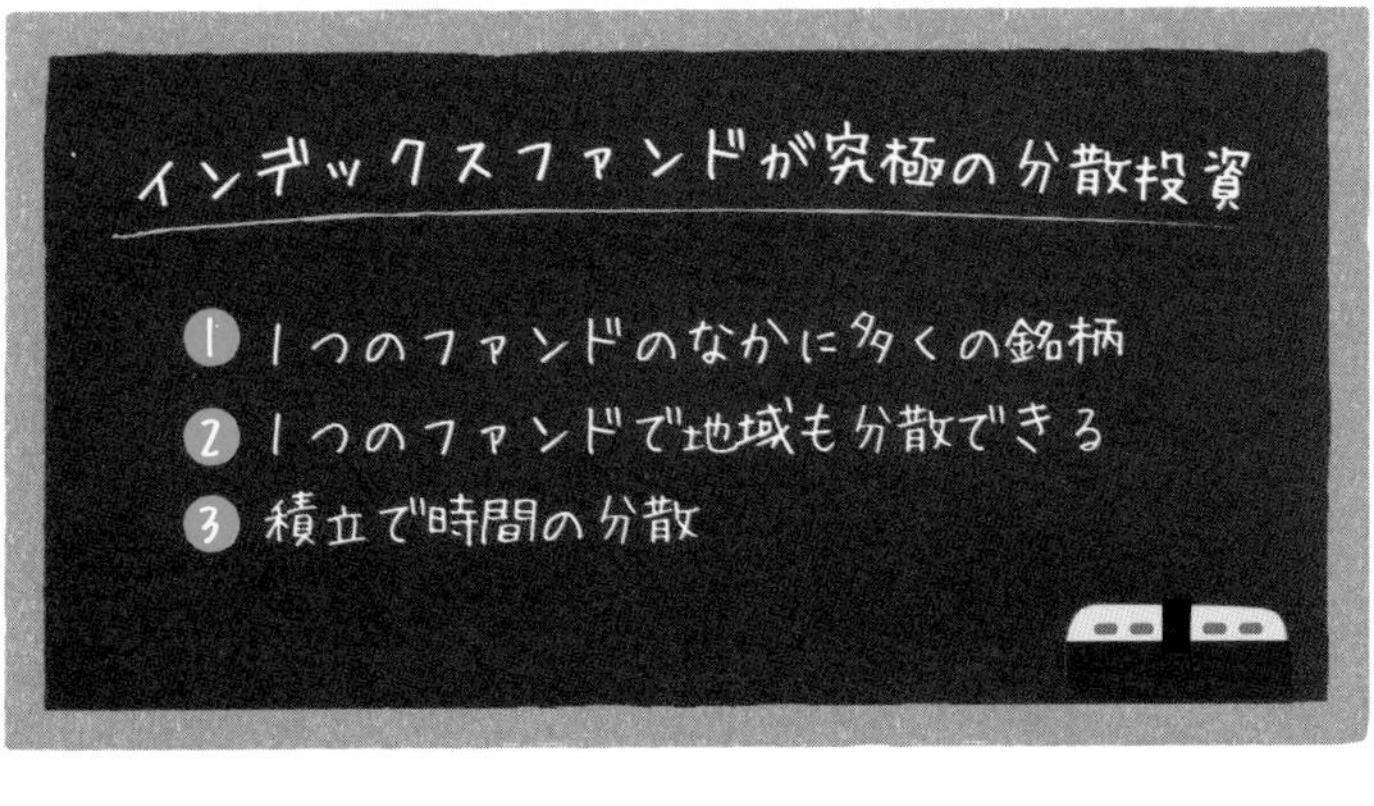
インデックスファンドが究極の分散投資
1 1つのファンドのなかに多くの銘柄
2 1つのファンドで地域も分散できる
3 積立で時間の分散

2 分散投資をするメリット・デメリット

資金が小額の投資初期から分散を行うと、リスク（振れ幅）が小さくなるため、短期的に大きな投資リターンを得られません。一方、損失率を小さくできるメリットもあります。分散投資には次のような長所・短所があります。

長所

- ポートフォリオのリスク（振れ幅）を軽減できる
- 市場のボラティリティ（振れ幅）に対する備えができる
- 長期的に高いリターンを得ることができる

短所

- 短期的な利益が小さくなる
- 管理に時間がかかる
- より多くの取引手数料、手数料が発生する

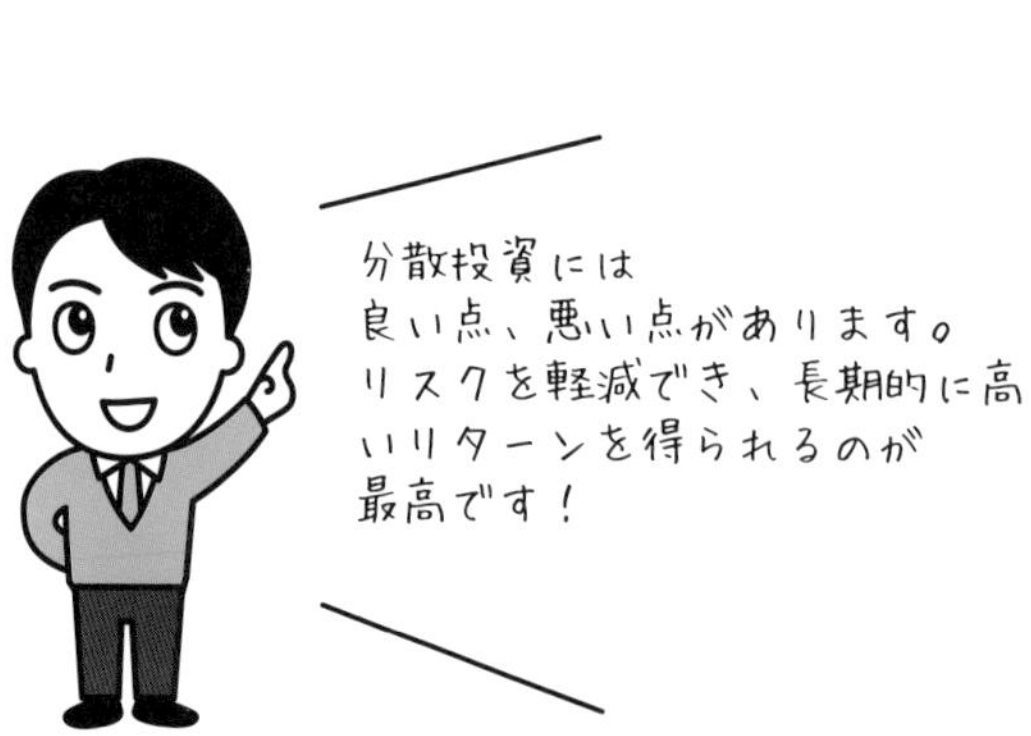

分散投資には
良い点、悪い点があります。
リスクを軽減でき、長期的に高いリターンを得られるのが
最高です！

3 どのように分散させると効果的か？

分散投資では、**資産同士の類似性、**つまり**相関関係が低ければ低いほど、ポートフォリオのリスク（リターンの振れ幅）は低下し、分散投資の効果が強く出せます。**

たとえば米国株と米国債ならば、株価が下がると債券価格が上がるという**逆相関の関係**にあるので、分散度合いが大きくなります。

マイクロソフト社の株とアップル社の株を組み合わせた場合は、IT業界のプラットフォーマーとして**同類なので分散の効果はあまり期待できません。**

分散は、景気や相場に順方向、逆方向に動く銘柄や、**値動きが逆に動く銘柄を組み合わせるのが定石**です。

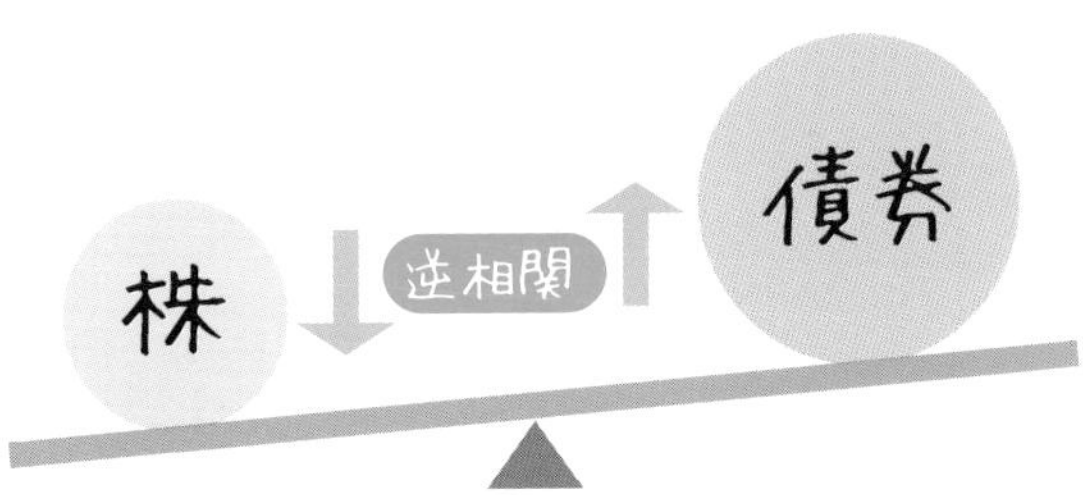

株価が低下すると債券価格が上がる

03 資産の分散のしかたが最も大事！アセットアロケーション

1 アセットアロケーションって？

長期運用、分散投資をする際は、**アセットアロケーション（資産配分）**を決めることが重要です。

アセットアロケーションとはその言葉の通り、運用する資産（アセット）を国内外の株、債券など、どのような割合で配分（アロケーション）して投資するのかを決めることをいいます。

「**卵は1つのカゴに盛るな**」という有名な投資の格言があります。これは、カゴを落とすと全部の卵が割れてしまいますが、複数のカゴに分けておけば、1つの

● アセットアロケーション（資産の配分）

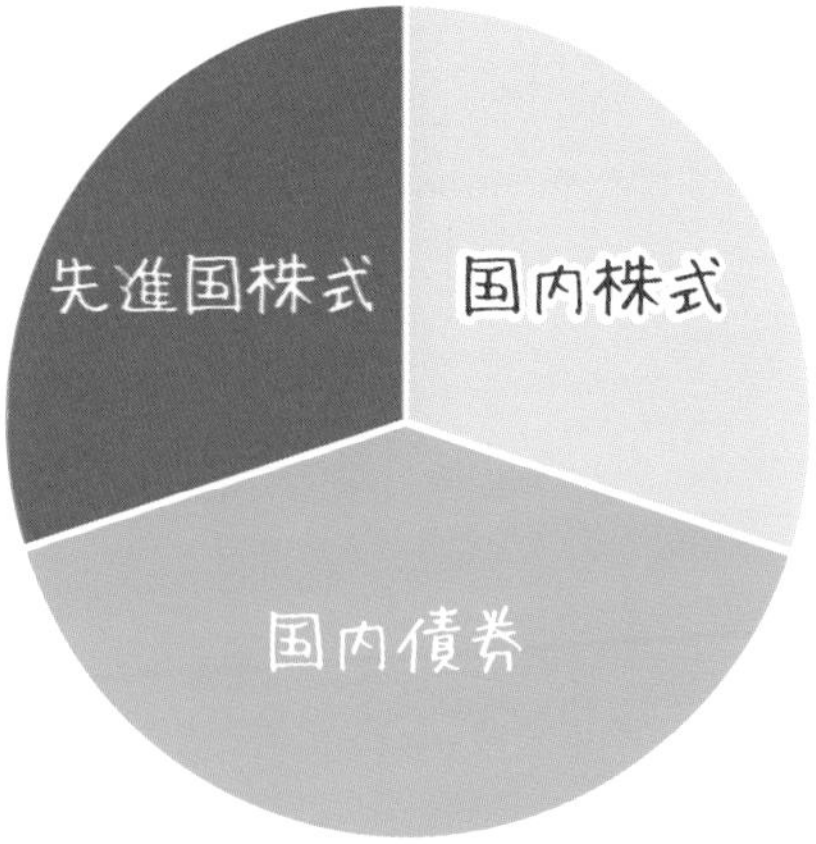

カゴを落としても他のカゴの卵が救われるという、**リスク分散の大切さ**を説いたものです。

アセットアロケーションの第一の利点は**リスク分散**です。

株と債券のように、**レートが反対方向に動く資産に分けておく**ことにより、株価が暴落しても債券価格が上がり、暴落時のリスク（リターンの振れ幅）は緩和されます。

2 アセットアロケーションとポートフォリオの違いは？

ポートフォリオとは紙ばさみの意味です。かつて米国では有価証券を紙ばさみに挟んで保管していました。転じて保有資産の構成内容や保有銘柄の一覧をポートフォリオと呼ぶようになったと言われています。

アセットアロケーションが資産配分割合だけを指すのに対し、ポートフォリオという言葉がどこまでの範囲を指すのか明確には決まっていませんが、**資産配分割合に加えて具体的な投資銘柄リストまでを含めたもの**を指すことが多いです。

- アセットアロケーション：**資産の配分割合**
- ポートフォリオ：**資産の配分割合 ＋ 各資産でどんな銘柄を持っているかのリスト**

3 銘柄やタイミングより資産配分が大事

銘柄選択や投資のタイミングよりも、アセットアロケーションがポートフォリオのリターンに最も影響を与える、と1986年にブリンソン等が「Determinants Of Portfolio Performance」（ポートフォリオ・パフォーマンスの決定要因）の研究論文を発表しました。

この研究では、米国の大規模な年金基金を対象としてポートフォリオのリターンを

❶ 資産配分
❷ 銘柄選択
❸ 市場タイミング

の3要素に分解して、それぞれの影響度を分析したのです。その結果、リターンの変動量の9割がアセットアロケーションで説明されることがわかりました。**銘柄（ファ**

● アセットアロケーションとポートフォリオの違い

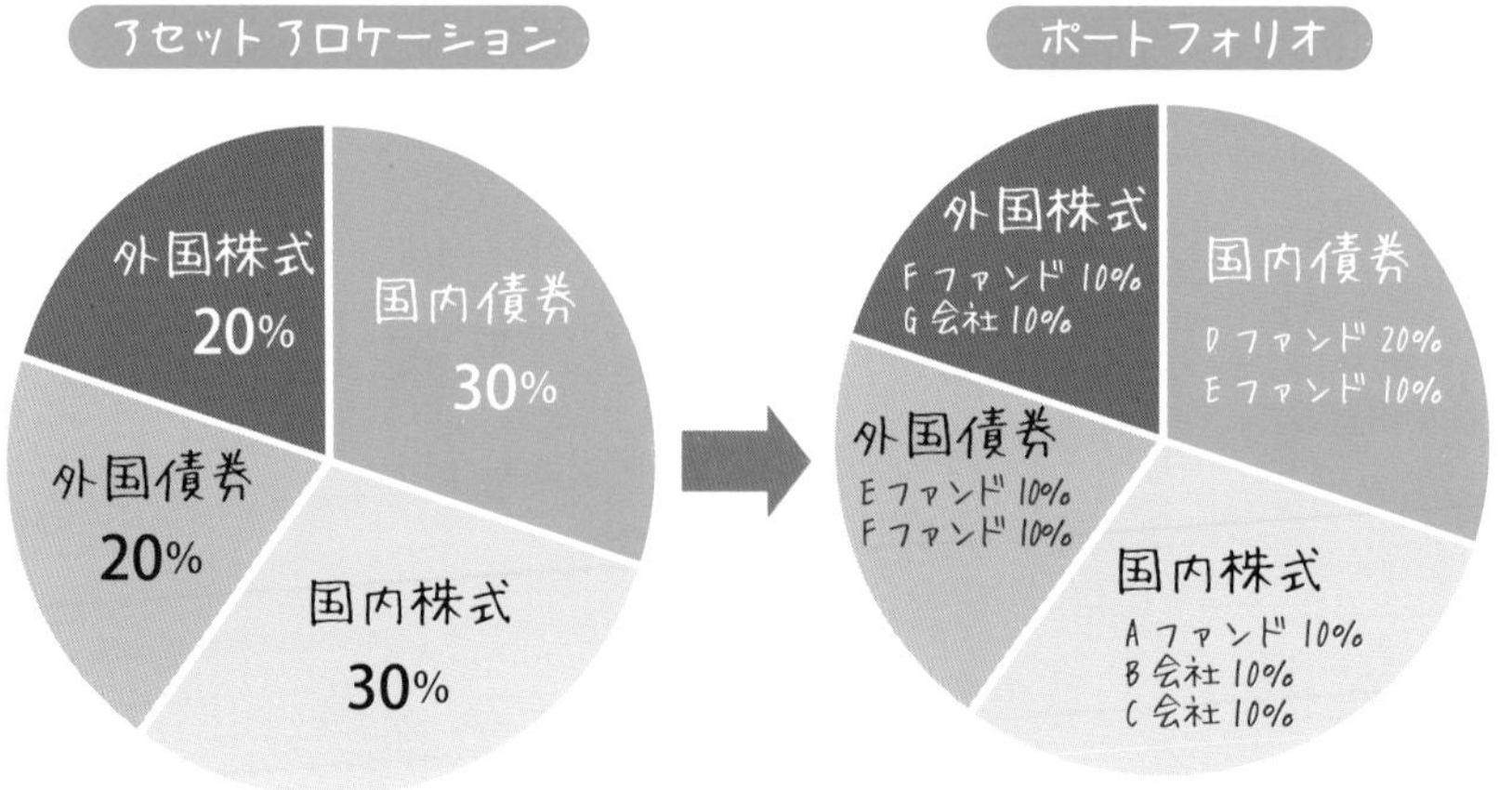

ンド）の選択よりも、さまざまな資産（アセット）の特徴を把握し、**自分に合ったより良い資産配分を決めること、が重要である**ということです。

また、この内容とほぼ同様の結果が他の複数の研究からも明らかとなっています。こうした研究が多数あることが、米国株投資の強みとも言えます。

個人投資家といえども、外国株式、国内債券といったそれぞれの**資産の比率に十分に気を配るべき**です。資産額、収入、年齢などに応じ、リスクをとれる人は株式を多めに、リスクを低くしたい人はより保守的に債券や現金の割合を増やします。

資産に占める株式の割合を簡単に求めてみる

年齢によってもアセットアロケーションの配分比率は変わってきます。**若年層ほど株式比率を高め積極的に、逆に年配の方ほど債券比率を高くしローリスクの配分**にします。

投資額に占める株式の割合を求めるには下の式が有名です。

たとえば30歳の人だったら株式比率は70～90％程度ですし、50歳の人だったら50～70％が目安の数値となります。

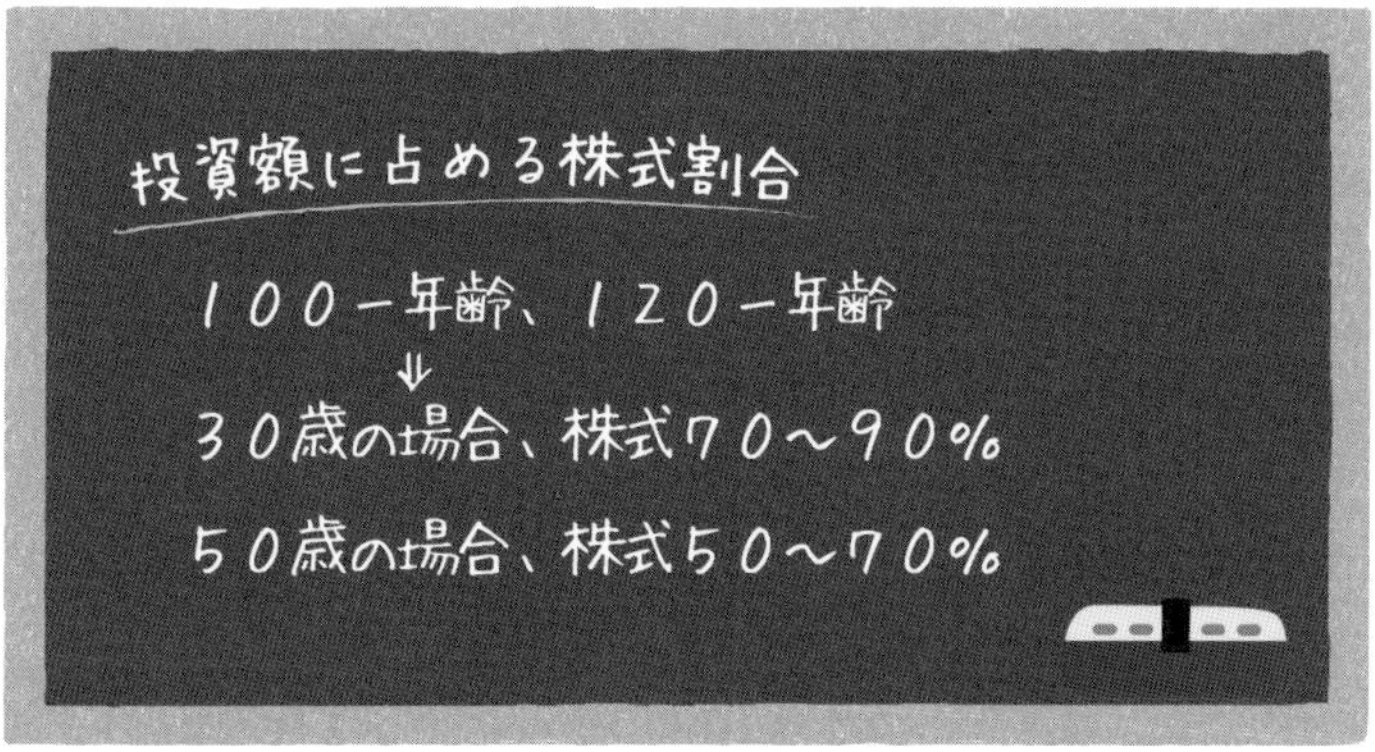
投資額に占める株式割合
100－年齢、120－年齢
⇓
30歳の場合、株式70～90％
50歳の場合、株式50～70％

04 投資信託のしくみと手数料の見極め方

1 投資信託ってどんなもの？

信託とは、「自分の大切な財産を、信頼できる人に託し、自分が決めた目的に沿って大切な人や自分のために運用・管理してもらう」という制度です。

投資信託（ファンド）とは、投資家から預かったお金を1つの資金としてまとめ、運用の専門家であるファンドマネージャが株式、債券、不動産などの資産市場に投資・運用します。そして運用からの収益を分配金として投資家に還元するという金融商品です（次ページの図）。

日本株だけを組み入れた商品ならば「**国内株式型**」投資信託となります。外国株式だけを組み入れるなら「**外国株式型**」投資信託になり、債券や不動産など異なる資産を組み合わせた「**バランス型**」の投資信託もあります。

投資信託といっても、何千種類とあり、その中に組み込まれた銘柄などによってリスクとリターンが大きく異なります。

投資信託から**発生する収益**には、投資信託を売却したときに発生する「**売買差益**」、定期的に支払われる「**分配金**」があります。運用がうまくいかなかった場合には売買差損となり、銀行預金のように元本は保証されません。

収益が支払われる際には、税金や手数料が引かれるので、この手数料が安い投資信託を選ぶのが大事です。

2 投資信託の手数料はいくら?

投資信託は、**販売会社、運用会社、信託銀行**によって運営されています。

もちろんタダで運用をしてくれるわけではありません。投資信託では、運用を託すことによる次の費用がかかります。

❶ 購入時手数料

投資信託を**購入したときにかかる費用**で販売会社に払

● 投資信託のしくみ

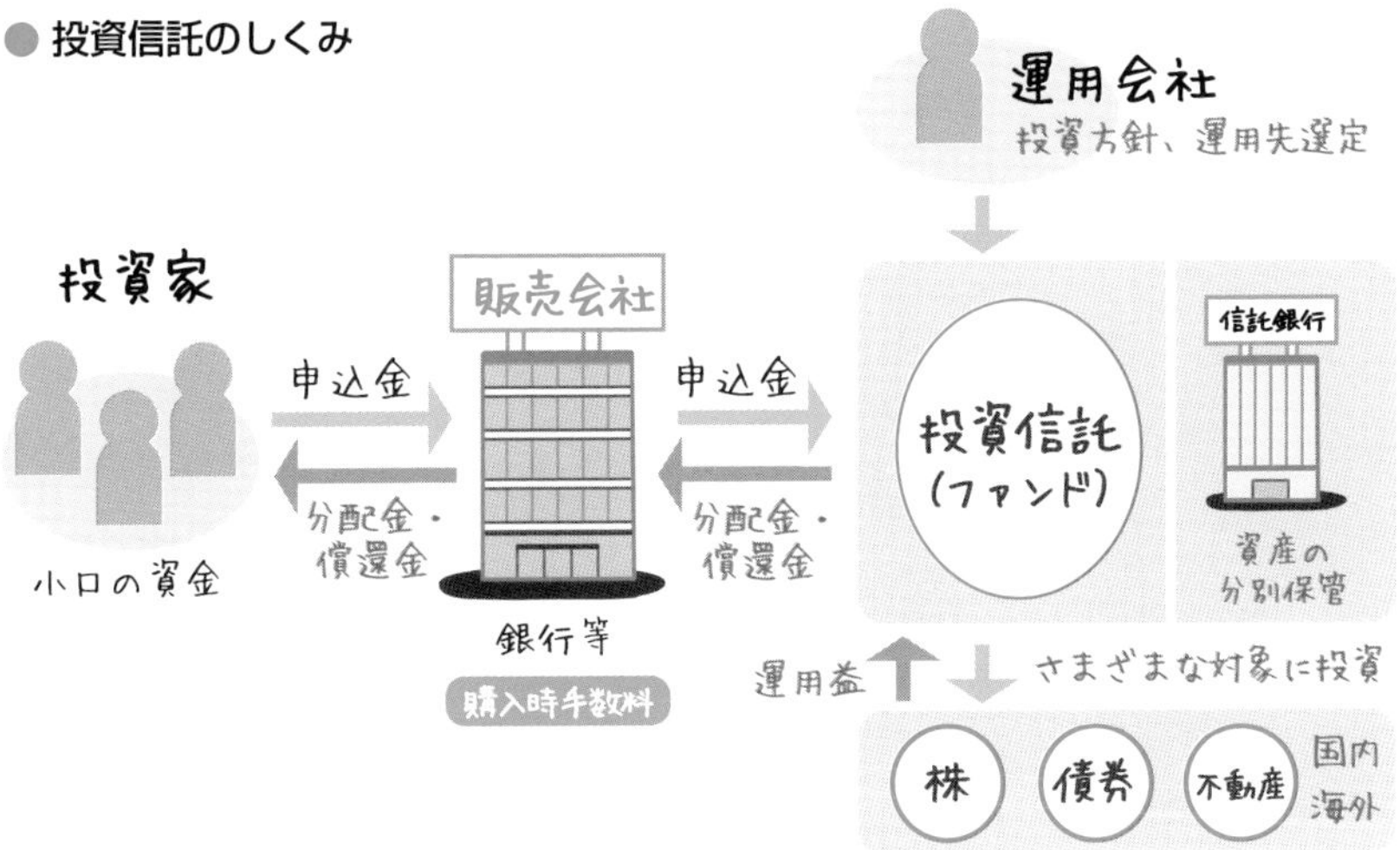

います。０〜３％程度です。購入するときの手数料がかからない投資信託を**ノーロードファンド**と言います。

❷ 信託報酬（運営管理費用）

投資信託を**保有している間に日々かかる費用**です。年率でいくら支払うのかなどは目論見書などに記載されています。運用会社・販売会社・信託銀行の３者で配分されます。

ベンチマークよりも好業績を目指すアクティブファンドの場合は、運用にファンドマネージャの人件費が多くかかっているので、手数料は高めです。指数に連動するパッシブファンドは運用の費用が少なく、手数料は安くなっています。

❸ 信託財産留保額

解約時の基準価格にかかる手数料で、約０〜０・５％程度です。

- **監査報酬（決算ごとにかかる監査費用）**
- **販売委託手数料（運用の結果発生する費用）**

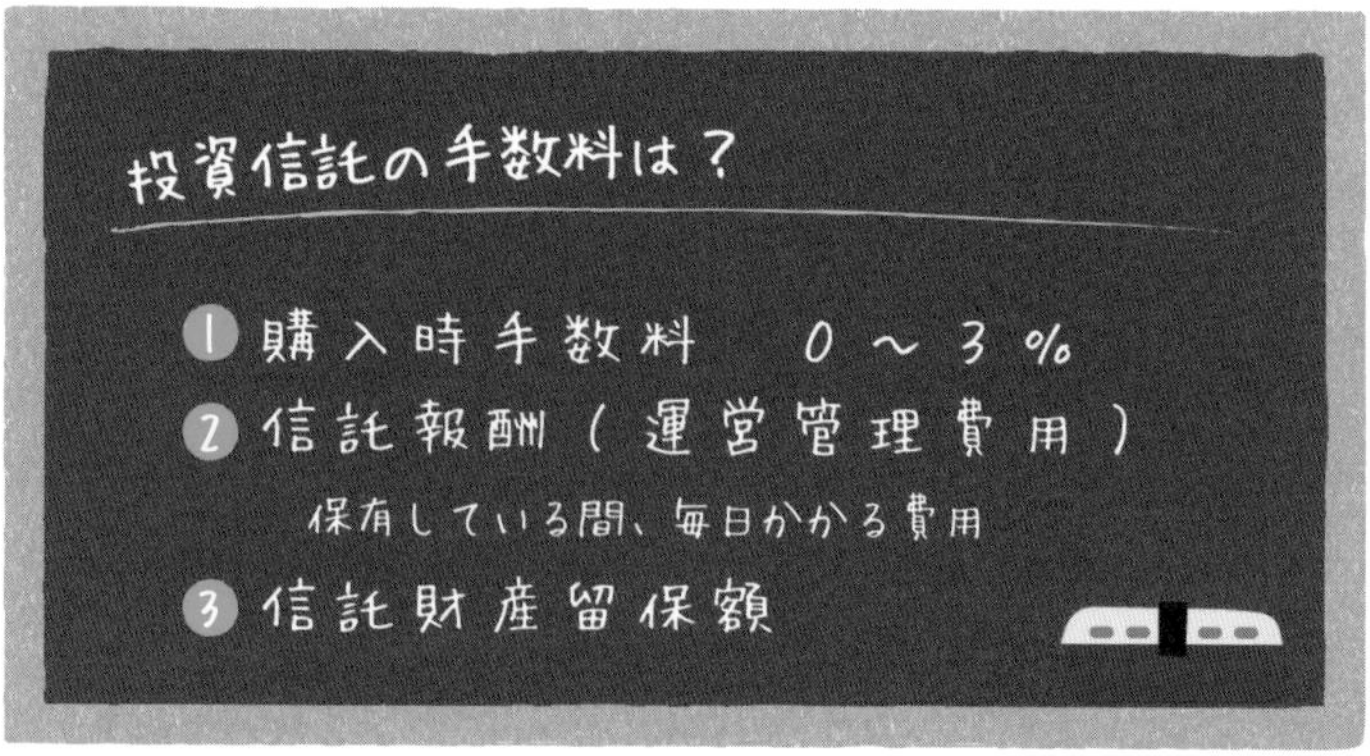
投資信託の手数料は？
1 購入時手数料 0〜3%
2 信託報酬（運営管理費用）
保有している間、毎日かかる費用
3 信託財産留保額

投資信託は安い手数料を最優先に選ぶ！

販売手数料をロードと呼び、購入時の販売手数料がかからない投資信託が**ノーロードファンド**です。注意したいのは、手数料が無料といっても、**購入時の手数料が無料**になるだけで、信託報酬など他の手数料はノーロードには含まれていません。

ノーロードだからといって一概に安価と評価するのは間違いです。同じ投資信託であっても、販売会社（証券会社・銀行など）によっては購入時手数料がかかる場合とかからない場合があるので要注意です。

これまでは、手数料の安いのがETF、高いのが投資信託という評価でしたが、最近では、次のような**手数料が格安のインデックスタイプの米株の投資信託**も出てきました（２０２０年５月時点）。

- eMAXIS Slim 米国株式（S&P500）
  0.0968％　買付手数料なし
- SBI・バンガード・S&P500インデックス・ファンド
  0.0938％　買付手数料なし
- 楽天・全米株式インデックス・ファンド
  0.162％　買付手数料なし

05 ＥＴＦは株と同じように売買できる上場投資信託

1 ＥＴＦは上場している投資信託です

上場しているＥＴＦは株と同じように買える

投資信託は株式や債券と同様に**有価証券の一種**です。この証券を**証券取引所に上場したものがＥＴＦ**（Exchange Traded Funds）です。

一般的に投資信託という場合には、非上場型の投資信託を指し、**上場型の投資信託をＥＴＦと言います**。

非上場の投資信託は、毎日1回、基準価格が決められるのに対し、ＥＴＦは東京証券取引所や米国のＮＹＳＥなどに上場しているので、株式と同様に時々刻々と**価格が変動**し、証券会社から**リアルタイムで購入**することができます。

ETFは1日に何度でも取引できます

証券取引所に上場されている投資信託のETFは、株式と同様に取引開始から取引終了時間まで**いつでも売買が可能**です。

売買するときの価格は、株価と同じように**市場で取引されている値段**です。また、1日に複数回の売買ができます。

他方で**投資信託は1日1回だけの購入・解約**となっています。

投資信託は上場されていないので、買いたい投資家と売りたい投資家の間の取引ではなく、ファンドに資金が出し入れされたうえで、ファンド内で株式や債券で売買されているのです。

投資信託の基準価額は1日を通じて変動することはありません。**直近の終値によって算出**された基準価額が適用されるのです。

● ETFは上場した投資信託（ファンド）

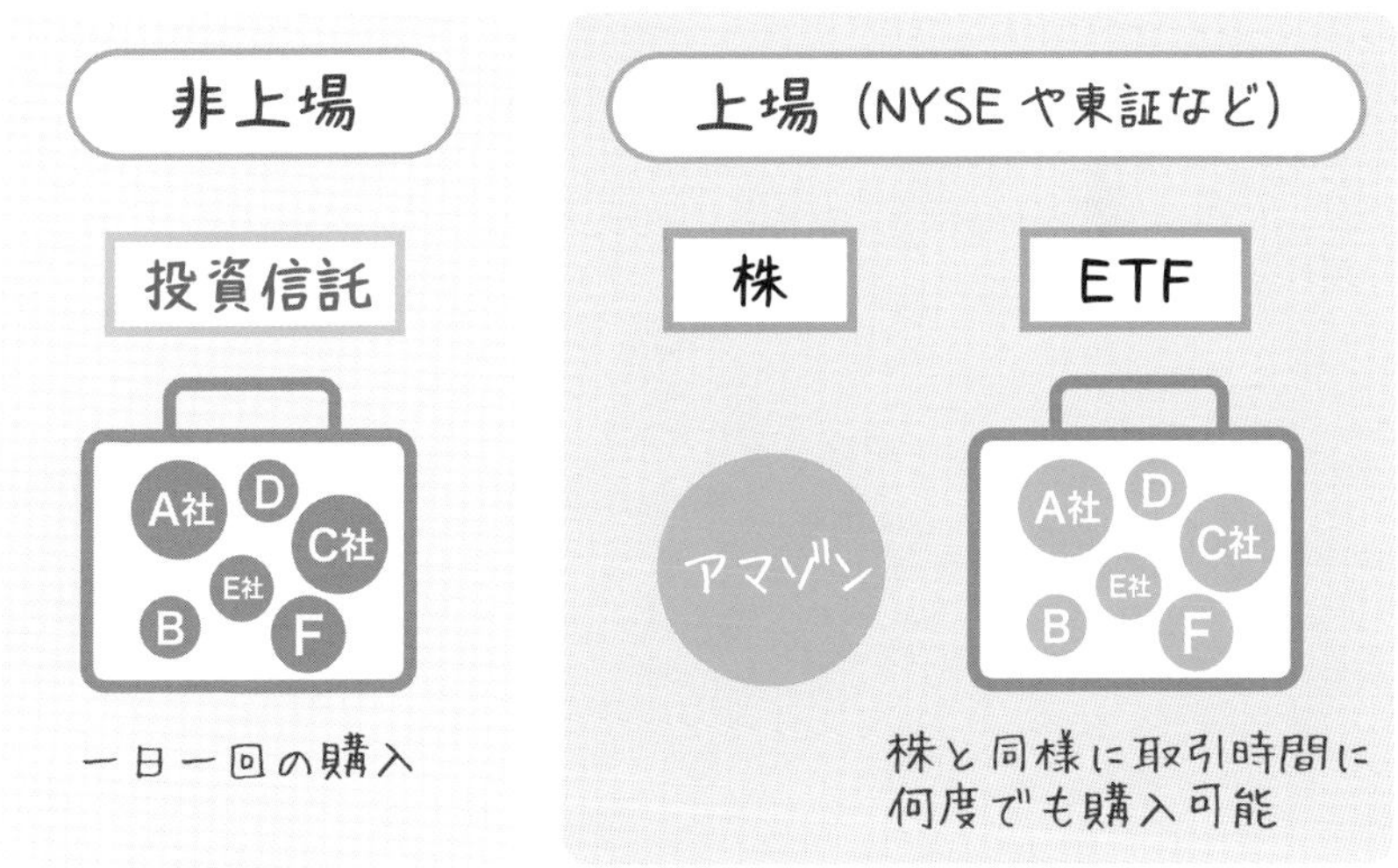

2 投資信託かETFか、どっちがいいの？

米国株を対象とした投資信託を考える場合、次のような特徴を覚えておきましょう。

- **投資信託：投資に手間をかけたくない人、月々の積立投資金額を設定したい人、つみたてNISAを利用する人**
- **国内上場ETF：日本円で米国株投資をしたい、手数料を抑えたい人**
- **海外上場ETF：米ドルで米国株投資をしたい人、分配金をドルで受け取りたい人、これから米国個別株にも挑戦したいと考えている人**

しくみ上の違いがあるものの、2018年に開始された**つみたてNISA**制度の開始を皮切りに、米国株を対象とした**低コストな投資信託が増え**、投資信託とETFの手数料の差は小さくなってきています。

ETFは毎月の積立設定ができる証券会社はわずかです（SBI証券が定期買付サービスが可能）。また、ETFは、**分配金を自動的に再投資するよう設定できない**デメリットがあります。

一方、投資信託では毎月定額を口座から引き落とす自動積立の設定ができます。手間がかからず楽なのは、米国株のインデックスに連動する投資信託です。

これから米国株投資をしてみようと思う人は、まず投資信託、特にインデックス（S&P500のような株価指数）に連動する投資信託から始めてみるのがいいでしょう。

楽天・全米株式インデックス・ファンドのような米国ETFのVTI**に連動する投資信託**を購入すれば、**つみたてNISA**が使えます。**特定口座も使える**ので税金で悩む必要がなく、初心者の方は投資信託の購入がおすすめです。

また、**米国ETF**では**配当に米国の税金**が10%かかり、さらに日本での税金がかかる**二重課税**が生じます（外国税額控除により解消可能）。米国の指数に連動した国内投資信託や国内ETFだと2020年1月から開始された**二重課税調整制度**が使え二重課税が解消できます（203ページ参照）。

3 投資信託・ETFを選ぶ3つの方法

2020年時点で広く一般的に販売されている投資信託は、約6000種類もあり、どれを選んだらよいか悩んでしまいます。効率的に投資信託やETFを選ぶ方法を覚えておきましょう。

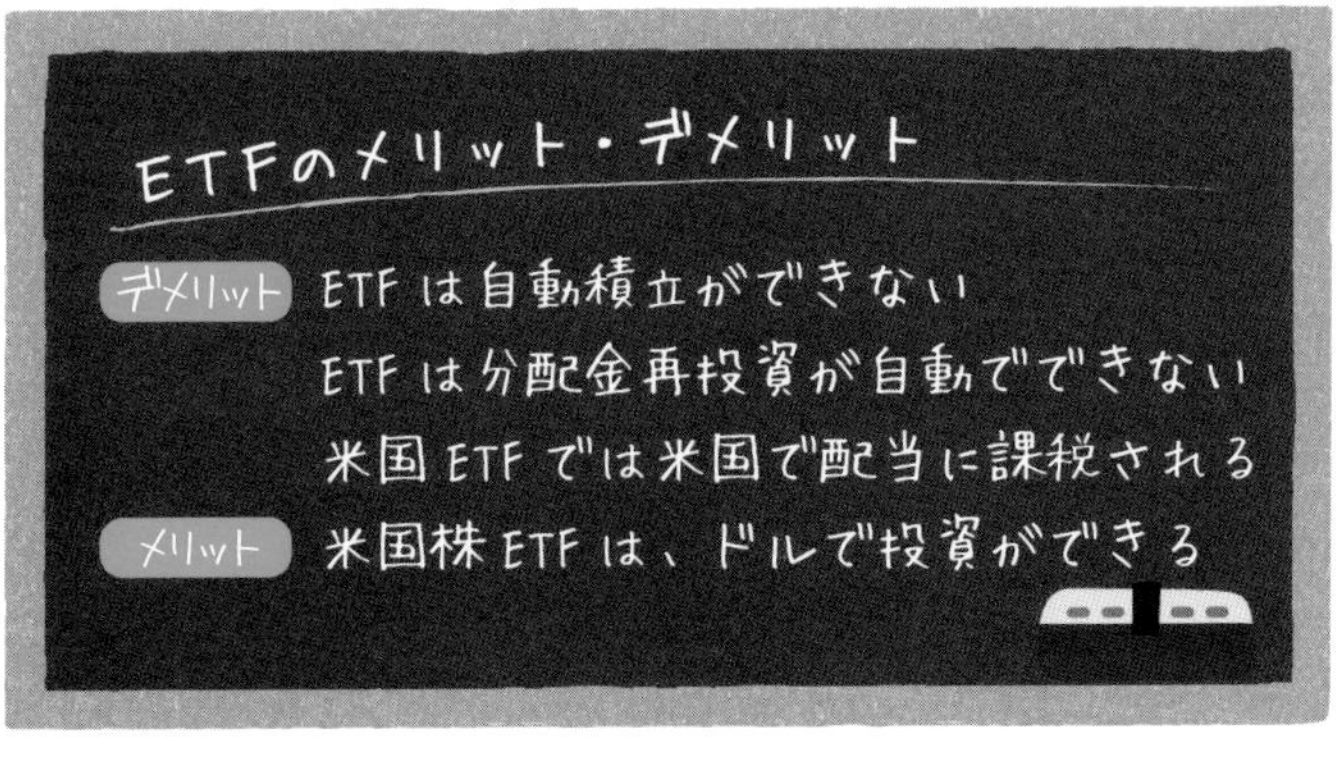
ETFのメリット・デメリット
デメリット
ETFは自動積立ができない
ETFは分配金再投資が自動でできない
米国ETFでは米国で配当に課税される
メリット
米国株ETFは、ドルで投資ができる

❶ 投資信託はどういう基準で選ぶ？

投資信託には、テーマに沿ってファンドマネージャが選んだ銘柄や商品が割合を変えてパッケージされています。**どのベンチマーク（米国全体、S&P500、債券、地域など）を投資対象とするのか**を、リスク分散も勘案して、あらかじめ決めておきましょう。

また、投資信託は**運用残高が大きいもの、具体的には30億円以上のファンド**を選びましょう。これは**繰上げ償還リスクを回避**するためです。繰上げ償還というのは、予定していた期日よりも早く運用をやめてしまうことを言います。

運用額や口数が少ない人気のない投資信託は、販売会社や運用会社にとってもメリットはありません。そのため繰上げ償還がされることがあります。

繰上げ償還されると運用が終了するので、強制的に解約させられて現金化されてしまいます。ある程度の規模がある投資信託を選んでおけば安心です。

また、**低コストなファンド**を選ぶことが大事です。

同じ投資信託であっても購入時手数料がかかったりかからなかったりします。特にネット証券と対面型の証券会社や銀行窓口では手数料が大きく違うので要注意です。

また、同じベンチマークを対象とした投資信託でも、商品によっては信託報酬が異なっていることがあります。同じベンチマークならば、コストが安い投資信託を選びましょう。

その分だけ投資家が得られる利益が大きくなり、長期投資でその差はかなり大きくなります。

- ✓ どのベンチマークの投資信託に投資するかを決める
- ✓ 運用残高の大きい投資信託を選ぶ（30億円以上を目安）
- ✓ 低コスト（信託報酬）のファンドを選択する

② つみたてNISAの対象商品から選ぶ

金融庁は、つみたてNISA対象商品として**指定インデックス投信：156本**、**アクティブ運用投信等：18本**、**国内上場ETF：7本**をリストアップしています（2020年4月1日時点）。海外ETFはリストにありません。

投資信託を選ぶなら、金融庁のお墨付きの**つみたてNISAの対象商品リスト**をチェックしてみましょう。

③ 投信ブロガーが選ぶ！ Fund of the Yearから選ぶ

投資信託について一般投資家の目線からブログを運営する投信ブロガーたちが選ぶ**Fund of the Year**のファンドは、証券会社の営業的な側面がなくおすすめできます。

● 金融庁：つみたてNISAの対象商品

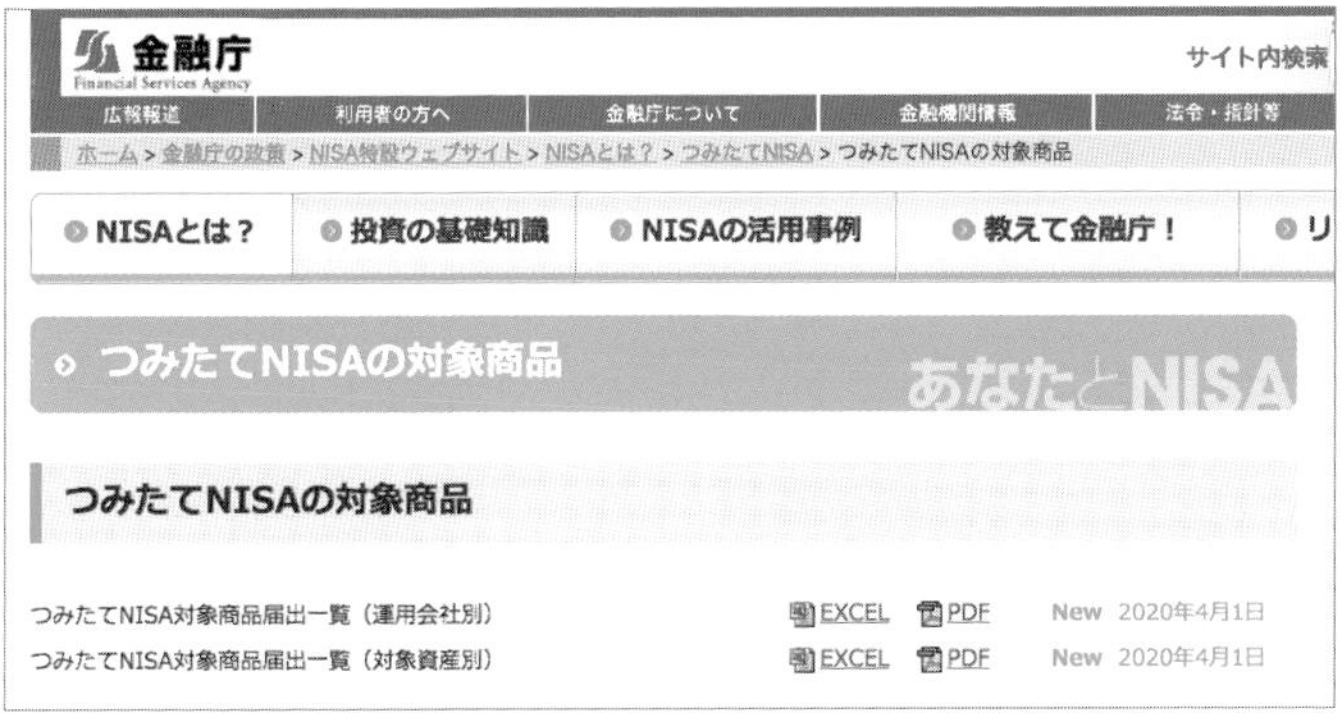

https://www.fsa.go.jp/policy/nisa2/about/tsumitate/target/index.html

Fund of the Yearは、自分たちにとって本当に良いと思える投資信託を投信ブロガーが投票で選び、それを広めることで「自分たちの手でよりよい投資環境を作っていこう！」というものです。

利益相反なしに、その時点で**最良の投資信託がリストアップ**されていると言えます。

２００７年以来、毎年開催されており、２０１０年代のランキング第１位は下表のとおりです。つみたてＮＩＳＡの開始から、米国株のＳ＆Ｐ５００に連動する低コストの投資信託が発売されており、ランキング上位に名前を連ねています。

投資信託に投資をすることを決めたら、「**投信ブロガーが選ぶ！ Fund of the Year**」のサイトをのぞいてみることをおすすめします。

また、**証券会社の投資信託のサイト**では、さまざまな基準のランキングで投資信託を選ぶことができるので、参考にしてみましょう。

● 人気ブロガーによって選ばれるFund of the Yearの受賞推移

暦暦	商品名	ベンチマーク	商品区分
2010年	STAM グローバル株式インデックス・オープン	世界株式	投資信託
2011年	CMAM外国株式インデックスe	先進国株式	投資信託
2012年	Vanguard Total World Stock ETF(VT)	世界株式	ETF
2013年	Vanguard Total World Stock ETF(VT)	世界株式	ETF
2014年	＜購入・換金手数料なし＞ニッセイ外国株式インデックスファンド	先進国株式	投資信託
2015年	＜購入・換金手数料なし＞ニッセイ外国株式インデックスファンド	先進国株式	投資信託
2016年	＜購入・換金手数料なし＞ニッセイ外国株式インデックスファンド	先進国株式	投資信託
2017年	楽天・全世界株式インデックス・ファンド	世界株式	投資信託
2018年	eMAXIS Slim 先進国株式インデックス	先進国株式	投資信託
2019年	eMAXIS Slim 全世界株式（オール・カントリー）	世界株式	投資信託

4時限目
積立・長期投資を可能にする投資の考え方

4時限目では、
米国株の長期投資で
安定的にリターンを得る
ための投資の考え方や
戦略・戦術を学び
ましょう！

01 複利は人類最大の発明！

1 複利マジックってすごい！

投資で**「複利効果」「複利マジック」**という言葉を聞いたことがあるでしょうか。これこそが資産運用を成功へと導いてくれる**時間を使った長期投資の要です。**

米国ＥＴＦや投資信託を購入すると、収益の配当金（ＥＴＦでは分配金）が支払われます。これを**元本に組み入れて運用**するのが**再投資型（複利）**と呼ばれる運用方法です。

これは会社経営でも同じです。税金を引いた当期の利益の一部は、配当として投資家に還元します。さら

● 100万円を5%で運用すると（単利と複利の違い）

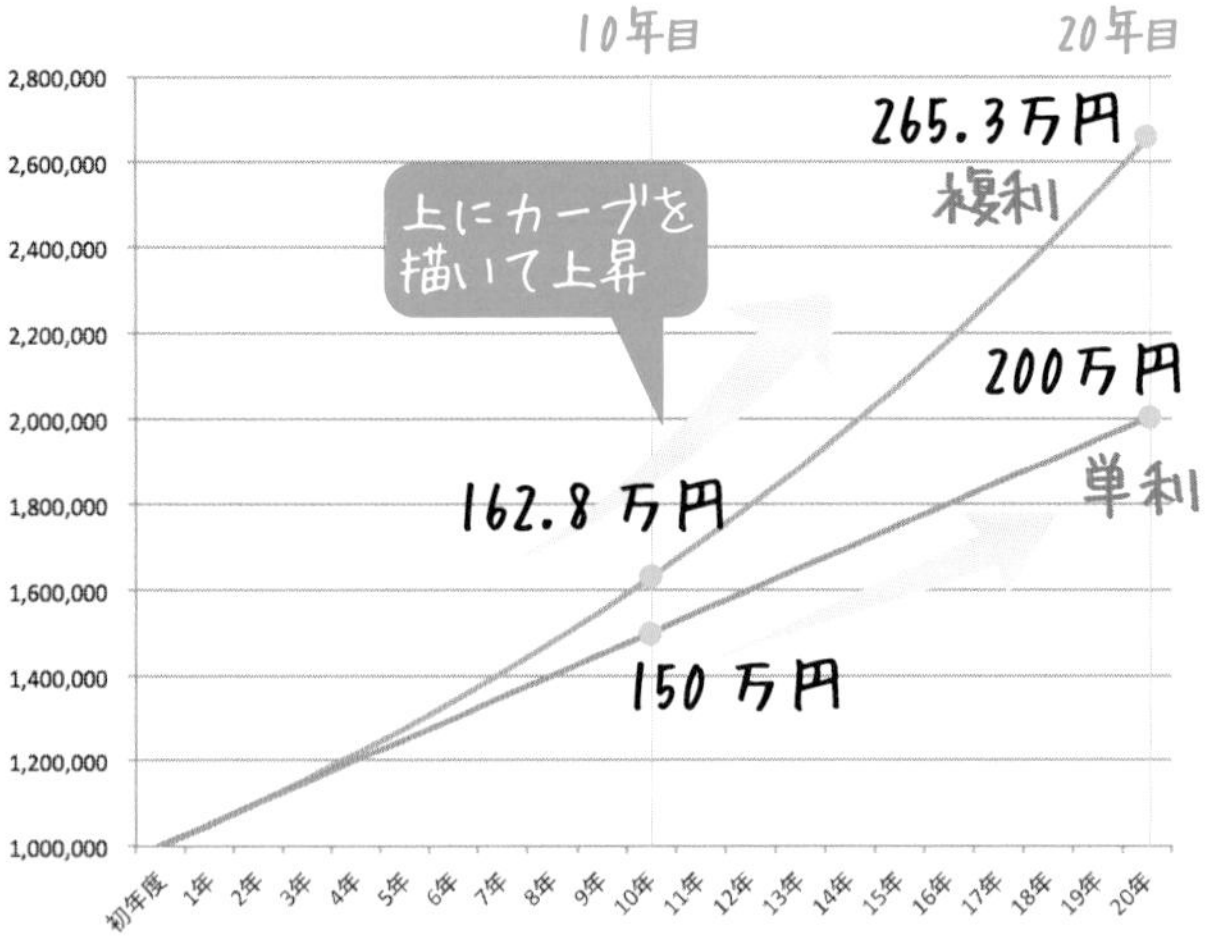

に残った利益は会社に留保されます。会社に留保した利益は再投資をし、その投資からさらに利益が生まれます。

再投資型の複利での運用は、雪だるま式に利息が増えていき、**投資期間が長くなるほどその効果が出ます。**

＊なお、国内証券購入の米国ＥＴＦでは、分配金の再投資は自動的には行われず、自分で分配金をＥＴＦに組み入れる必要があります。その際には**分配金はドルで受け取る**ようにしてください。

一方、**単利**（再投資はしない）で運用すると、配当は**元本に組み入れずに**毎年元本に対してだけ配当が支払われます。元本が一定であれば、毎年同じ額の配当が支払われることになります。

ここに**１００万円**があります。**５％の利回り**で運用すると、１年後に５万円の利益が出ます。この５万円を次の年の運用に含めるのが**複利**です。

２年後には１１０万２５００円です。それ以降、10年目、20年目の資産額は前ページのグラフを見てください。単利では直線的に資産が増えますが、複利の場

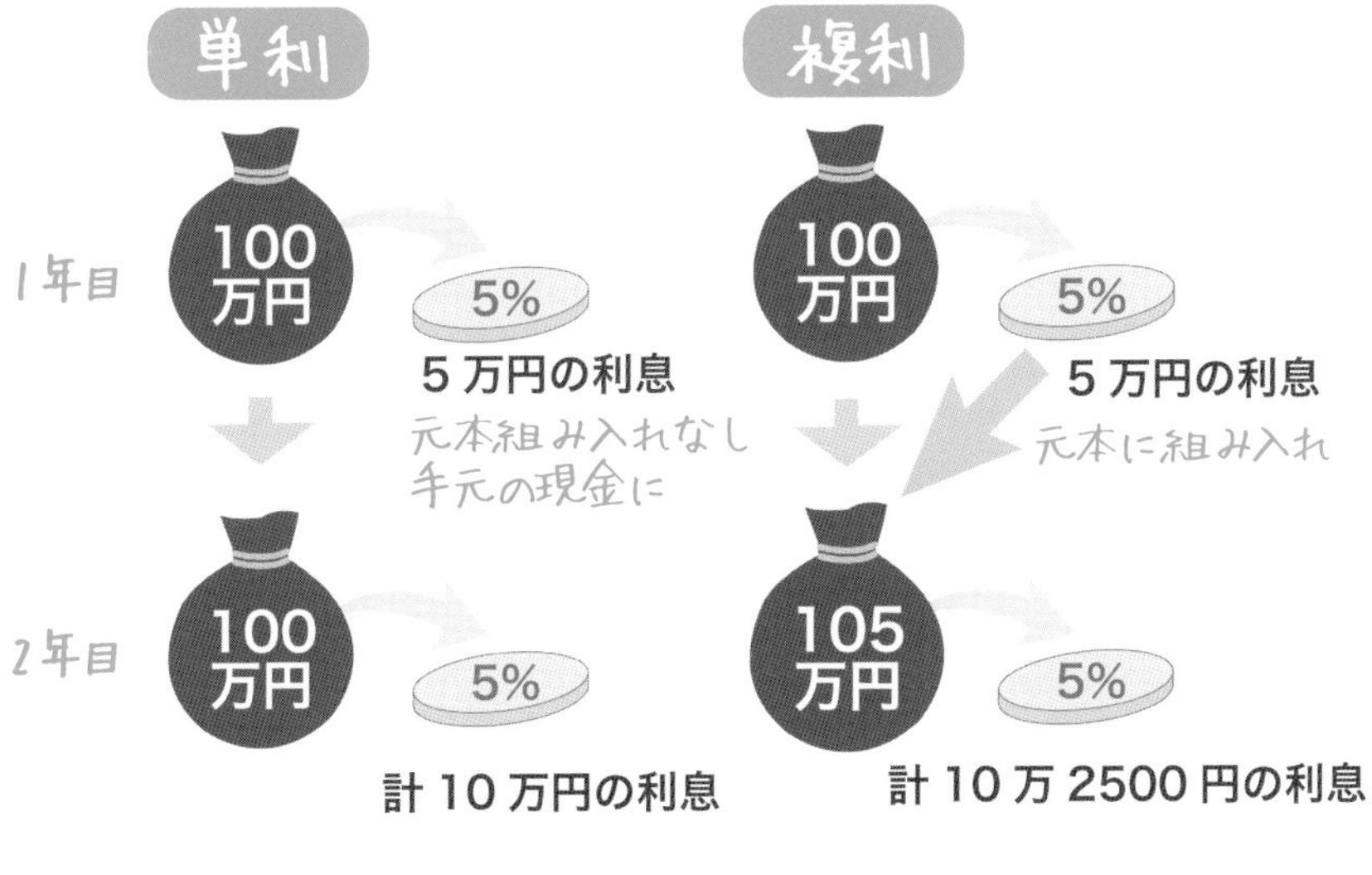

合は上にカーブを描いて増えていくのがわかります。

単利と複利では10年で12・8万円、20年目で65・3万円の差ができます。

長期運用に適した米国株は、複利マジックを体感することができる格好の投資対象と言えます。

2 資産が倍になる年数がわかる72の法則

複利の計算式で便利な**72の法則**というのがあります。これは72を年率リターンで割ると、**2倍になるまでのおおよその年数がわかる**という優れものです。

2倍になる年数 ＝ 72 ÷ 利回り

たとえば年率7％ずつ増えていくとすると、72÷7で約10年間で資産が倍になるということです。

5％だと72÷5で14・4年、3％だと72÷3で24年となります。

逆に、**年数から利回りを算出**することもできます。

利回り ＝ 72 ÷ 2倍になる年数

10年で倍にしたい場合、72÷10で7・2%の利率、20年で倍にしたい場合、72÷20で3・6%の利率で運用するべき、となります。

こうした72の法則のような式を使って複利を皮算用するときは、利回りを見て「毎年この程度のリターンが得られる」と考えるのではなく、10年、20年といった長期の平均リターンがその利回りとなるということです。年度ごとに見ると、リターンには大きなばらつきがありますが、長期では平均化された利回りになります。

3 複利運用の落とし穴

複利運用は、投資期間の**リターンの利回りがプラスであることが大前提**です。投資した期間のリターンの利回りがマイナスだと複利の効果がマイナス方向に出て、大きな損失が出てしまいます。投資信託やETFで運用した場合、必ずしもプラスのリターンが得られるとは限りません。

たとえば、5%のリターンが5年、マイナス5%のリターンが5年続くと、元本の100万円はいくらになるでしょうか。

プラスリターンが5回で、マイナスリターンが5回なので、とんとんと思った方が多いかもしれません。しかし、計算してみると、98万7562円と減ってしまいます。

このように複利運用する場合には、**プラスのリターンが得られる可能性の高い投資商品を選ぶことが必須**となります。

毎年の利回りの順序が変わると心理的な負担が違います

複利利回りの平均が同じ値でも、年率の利回り順序が変わるだけで、投資をしている期間では感じ方は大きく変わります。次頁の表は、**2000年初めにS&P500に100万円投資し、2019年末まで保有していた場合**のシミュレーションです。

20年後の2019年には324万円にまで増えていますが、最初の10年間で元本の100万円を上回っている年は2回だけです。

一方、2019年から2000年への投資の年をさかのぼるようにしてみると、最初から最後の324万円まで初期投資額100万円から含み損になった年はありません。

20年間の最終的なリターンが同じであっても、投資を継続できたかどうかという視点で見ると、20年間の投資スパンの前半で含み損が続くと心理的な負担は大きく、投資を継続できない人も出てくるかもしれません。

長期投資はリターンのぶれや20年経過してみないとわからず、**短期的な損得で考えないようにして米国株投資に臨む**ことが大事です。

20年間という長い期間だと
前半で長い間損失が続くと
心理的にきつくなります。
長期投資の場合、短期的な
損得で考えないようにする
のが大事です！

● S&P500の年率リターンと、期初に100万円を投資した場合のシミュレーション

2000年から開始

西暦	S&P500のリターン	評価額（万円）
2000	-9.10%	91
2001	−11.89%	80
2002	−22.10%	62
2003	28.68%	80
2004	10.88%	89
2005	4.91%	93
2006	15.79%	108
2007	5.49%	114
2008	−37.00%	72
2009	26.46%	91
2010	15.06%	105
2011	2.11%	107
2012	16.00%	124
2013	32.39%	164
2014	13.69%	186
2015	1.38%	189
2016	11.96%	212
2017	21.83%	258
2018	−4.38%	247
2019	31.49%	324

2019年から過去にさかぼった場合

西暦	S&P500のリターン	評価額（万円）
2019	31.49%	131
2018	−4.38%	126
2017	21.83%	153
2016	11.96%	171
2015	1.38%	174
2014	13.69%	198
2013	32.39%	262
2012	16.00%	304
2011	2.11%	310
2010	15.06%	357
2009	26.46%	451
2008	−37.00%	284
2007	5.49%	300
2006	15.79%	347
2005	4.91%	364
2004	10.88%	404
2003	28.68%	520
2002	−22.10%	405
2001	−11.89%	357
2000	-9.10%	324

2000年から開始した場合は、評価額が元本を上回るのは
2006、2007年の2回だけで、最初の10年はひたすら耐える展開です。

02 長期投資に必須の積立投資 ドルコスト平均法

1 ドルコスト平均法とは？

ドル・コスト平均法とは、**一定の金額を毎月または四半期などの定期の期間ごとに、長期間にわたり同じ投資対象を同じ金額ずつ買い続ける**いわゆる**積立投資**です。

たとえば、S&P500に連動した投資信託を毎月2万円ずつ買い付けるといった投資方法です。

同じ金額を定期的に購入していくので、**価格が低いときの購入量が多くなり**、価格が高いときの購入量は少なくなります。

このように毎月、同じ量を購入する方法より、価格が低いときに多く、価格が高いときは抑えめに自動的に調整され、**1株**

貯蓄の少ない二十代、三十代の方は、
長期にわたり定額で積み立てを
していくのが、合理的！
驚くほど手間がかからずに資産運用

の購入単価が平均化されます。

インデックス型の投資信託やＥＴＦなどを購入するときに、同一金額の金額を毎月継続的に投資し、**高値で買ってしまうのを避け、安値で買いそびれてしまうことも回避できる究極の時間分散投資方法**です（下図参照）。

もちろん積立投資をしたからといってリスクが減るわけではありません。投資のパフォーマンス（リスクとリターン）は、アセットアロケーション（88ページ参照）に依存する部分が大きいからです。

買付時の手数料がある場合は、分割投資よりも**一括で投資したほうが手数料は少なく**て済むことも覚えておきましょう。

● 定額購入（ドルコスト平均法）と定量購入の平均単価の違い

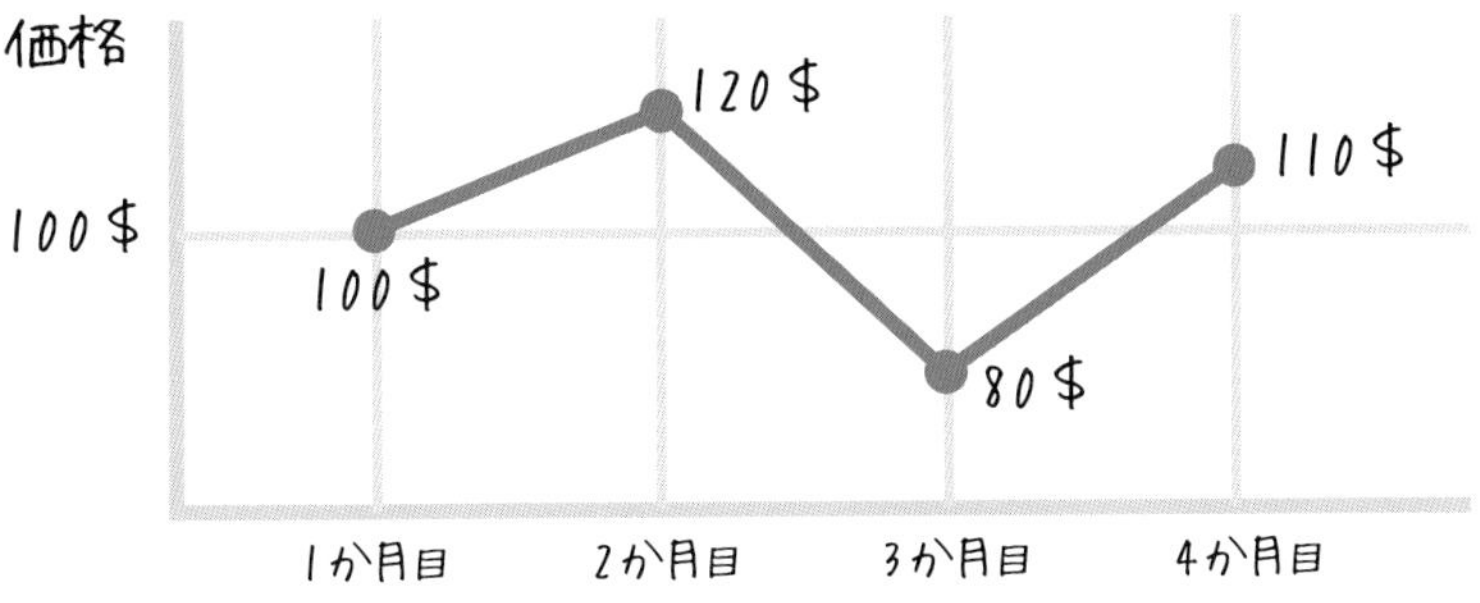

ドルコスト平均法

	1か月目	2か月目	3か月目	4か月目	平均購入単価
毎月300＄	300＄	300＄	300＄	300＄	
購入株数	3株	2.5株	3.75株	2.7株	300＄

定期で同額購入

	1か月目	2か月目	3か月目	4か月目	平均購入単価
毎月3株	3株	3株	3株	3株	
購入額	300＄	360＄	240＄	330＄	307.5＄

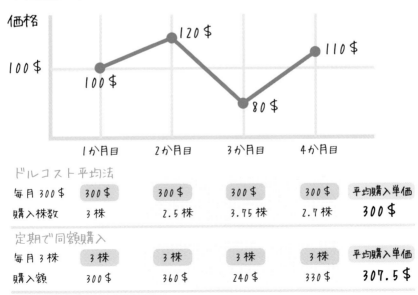

03 投資で使われるリスクとリターンの意味って？

1 リスクを把握すれば暴落も怖くない

長期運用をするうえで、ぜひ覚えておきたいのは、資産運用の結果としての**リターン（収益）**と、その**リスク**についてです。

２０２０年2月からの株価大暴落（コロナショック）はまだ記憶に新しいです。積立により長期運用していく場合、どれくらいの暴落に堪えられ、それに備えておいたらいいでしょうか？

これを測る尺度が**リスクとリターン**です。

ある投資信託やＥＴＦを購入した場合、**どれくらいの収益が確保**でき（リターン）、このような**暴落がどれくらいの確率で起こるのか**（リスク）。この関係を理解し、どれだけのリスクに堪えられるかを決めておくことが長期投資には欠かせません。

投資の世界でリスクとは「収益の振れ幅」

リスクの意味は2つあり、**1つ目は資金を失う可能性（危険性）**、**2つ目は資産価格やリターンのボラティリティ（振れ幅）**です。たとえばコインを投げるとしましょう。

> **❶ 表が出たら100万円貰える、裏が出たら20万円支払う**
> **❷ 表が出たら200万円貰える、裏が出たら10万円貰える**

どちらのケースがリスクは大きいと思いますか？

> **A リスク（資金を失う可能性）が大きい ⇒ ❶**
> **B リスク（リターンの振れ幅）が大きい ⇒ ❷**

❶と答えた方は、**資金がマイナスになることをリスク**と考えます（**危険性**）。

❷と答えた方は、**リターンの振れ幅が大きいことをリスク**と捉えます（**投資でのリスク**）。

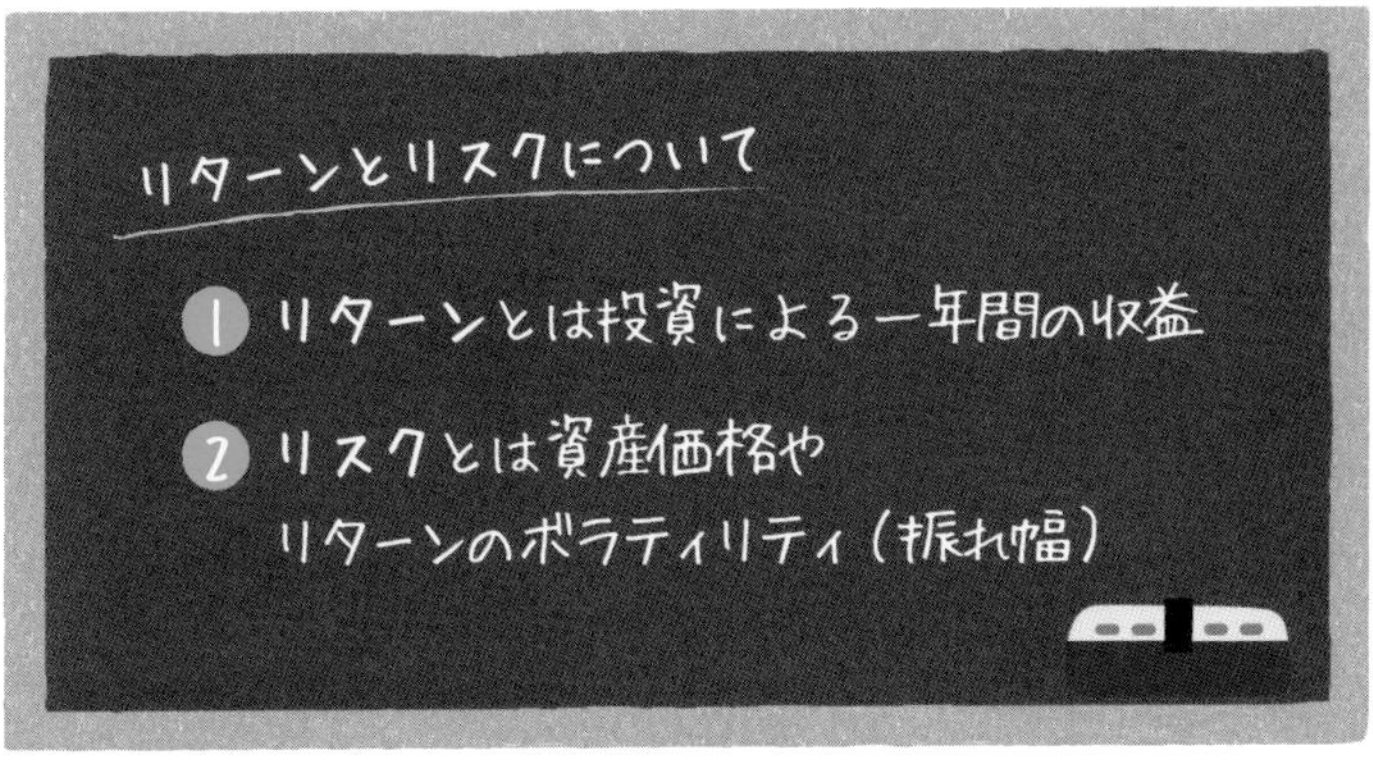

投資の世界では、リスクとはマイナスになることだけでなく、プラスになることも含んだ**「リターン（収益）の振れ幅」**のことを言います。リスクは**ボラティリティ**という言葉でも代用されます。

リスクは、具体的な銘柄の過去のリターンから求めることができ、Ｗｅｂサイトで簡単に調べることができます。（Ｓ＆Ｐ５００の場合、１２０ページ参照）。

リスクの要因には、景気変動リスク、為替変動のリスク、金利変動のリスク、カントリーリスク、流動性のリスクなどがあります。

期待リターンとは将来の獲得が予想される収益率

リターンは**年率**で計り、**1年に何パーセント儲かったか（損したか）**ということです。

期待リターンの**「期待」**というのは、**実現する可能性が最も高い**という意味です。○○％のリターンが欲しいな、という願望ではなく、**実現可能な収益率**です。

期待リターンは、あくまで将来の予想ですから、実際には

● リスクとは収益の振れ幅をいいます

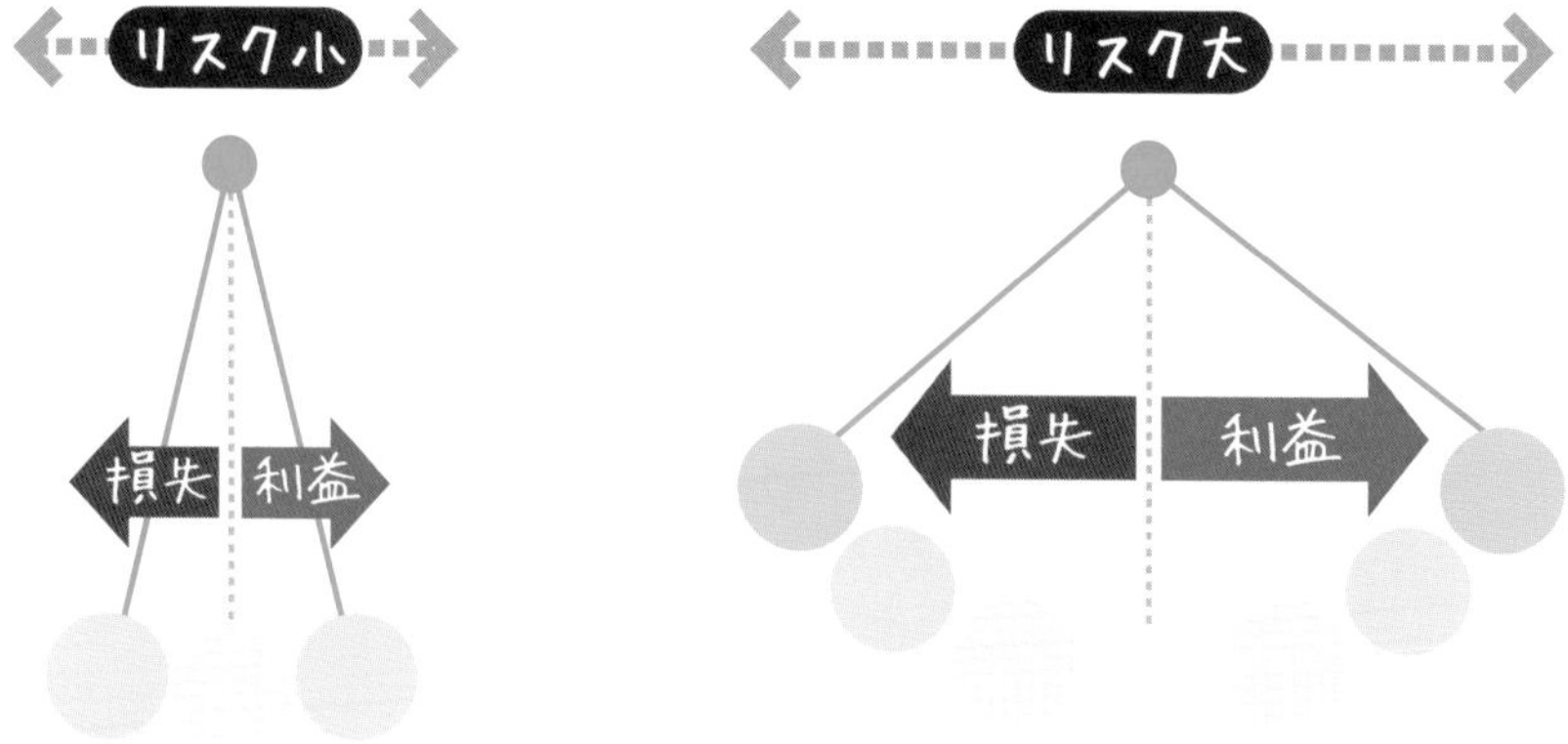

大きく損失が出たり、大きく利益が出たりします。これがリスクです。

2 期待リターンとリスクを簡単な例で理解してみよう

繰り返しますが、リスクとは、期待されるリターンの振れ幅（ボラティリティ）です。収益が高い年もあれば、低い年もあります。その**バラツキが起こる頻度は標準偏差で表す**ことができます。

具体例で見てみましょう。A君とB君が、100点満点のテストを100回受けたとします。

A君：100回すべて50点（平均50点）
B君：50回は0点、50回は100点（平均50点）

A君が次にテストを受ける場合、**期待される（実現する可能性が最も高い）点数は何点**でしょうか？

答えは50点です。過去100回とも50点だったからです。この期待される点数（50点）は、かなり高い確率で実現しそうです。

ではB君の場合は？　B君の平均点は50点なので、

次回に期待される（実現する可能性が最も高い）点数は同じく50点です。

しかし過去にB君は0点か100点しかとったことがないので、**次回の点数のリスク（振れ幅）は大きくなります**。

どのくらいのリスク（振れ幅）があるかというと、

A君：50点 ± 0点
B君：50点 ± 50点

この±の後ろにある数値がリスク（振れ幅）であり、標準偏差とも言われます。

リスク＝振れ幅＝標準偏差ということですね。

では、B君はどれくらいの確率で50点±50点をとれるのでしょうか？

期待される（実現する可能性が最も高い）点数が、振れ幅の範囲内に、どのくらいの確率で収まるのかという点です。

統計学を用いると、この確率を求めることができます。

- 1×標準偏差（1σ《シグマ》）に収まる確率は68・3％
- 2×標準偏差（2σ）に収まる確率は95・5％
- 3×標準偏差（3σ）に収まる確率は99・7％

B君は期待される点数が50点、リスク（振れ幅＝標準偏差）は50点です。

次回の点数は50点±50（1×50点）の範囲内、つまり0点〜100点の間に68・3％の確率で収まると計算できます。

50点±100（2×50点）の範囲内つまり−50点〜150点の間に95・5％の確率で収まります。

テストは100点満点ですが、100点満点でないと仮定したほうが考えやすいです。

これが**リスク（振れ幅＝標準偏差）**の基本的な考え方です。

● 振れ幅の範囲内に入る確率

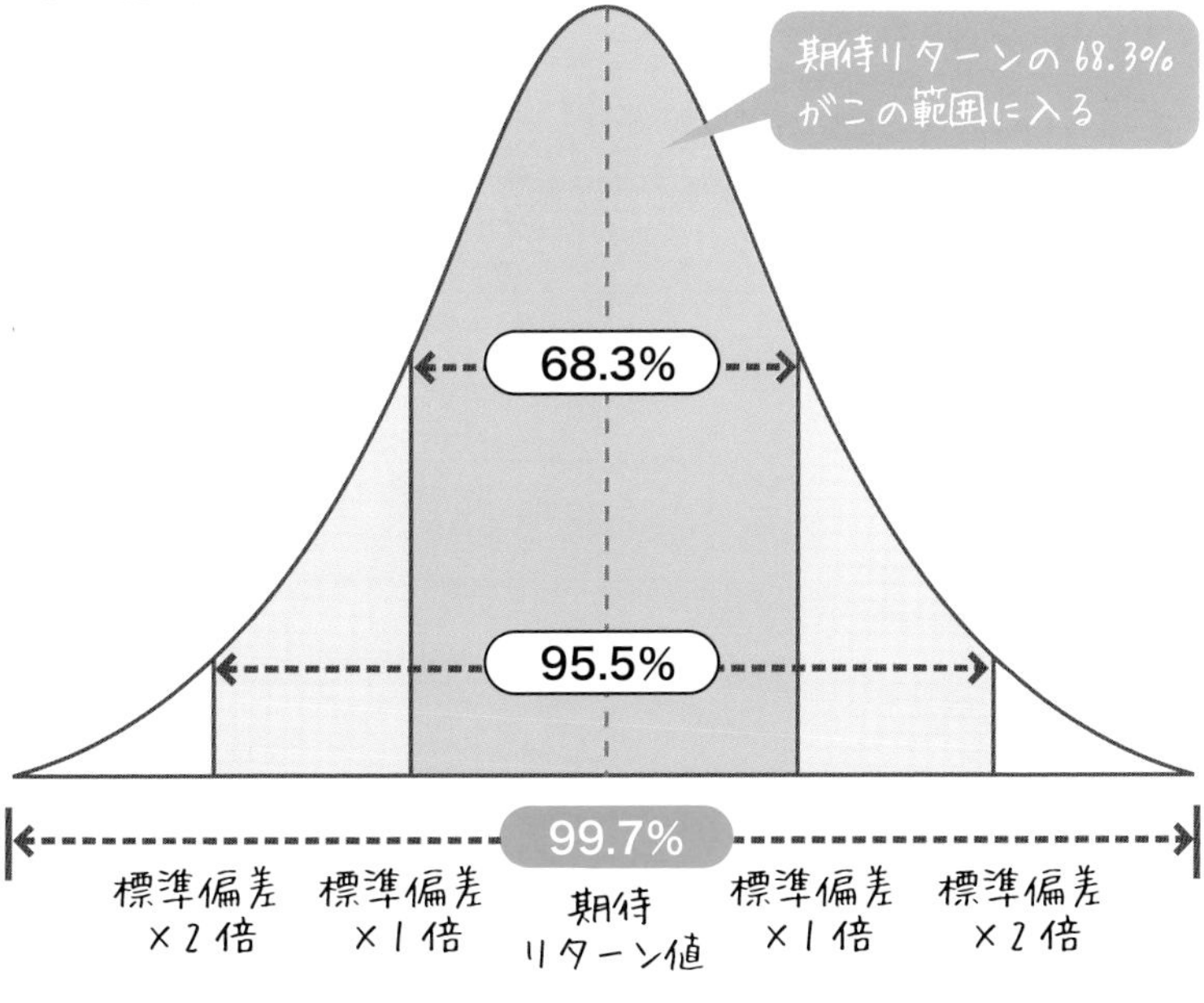

投資商品の期待リターンとリスク

投資の世界ではマイナスにもプラスにも満点がないので、リスクがどの程度なのかを把握することはとても重要です。

期待リターン5％、リスク10％の商品は次のように表します。

- リスク10％ **（－5％～＋15％の範囲）に68・3％の確率で収まる**
- リスク20％ **（－15％～＋25％の範囲）に95・5％の確率で収まる**
- リスク30％ **（－25％～＋35％の範囲）に99・7％の確率で収まる**

と表すことができます。

これを標準偏差のグラフで見ると左ページのようになります。

● 期待リターン5%、リスク10%の商品の場合

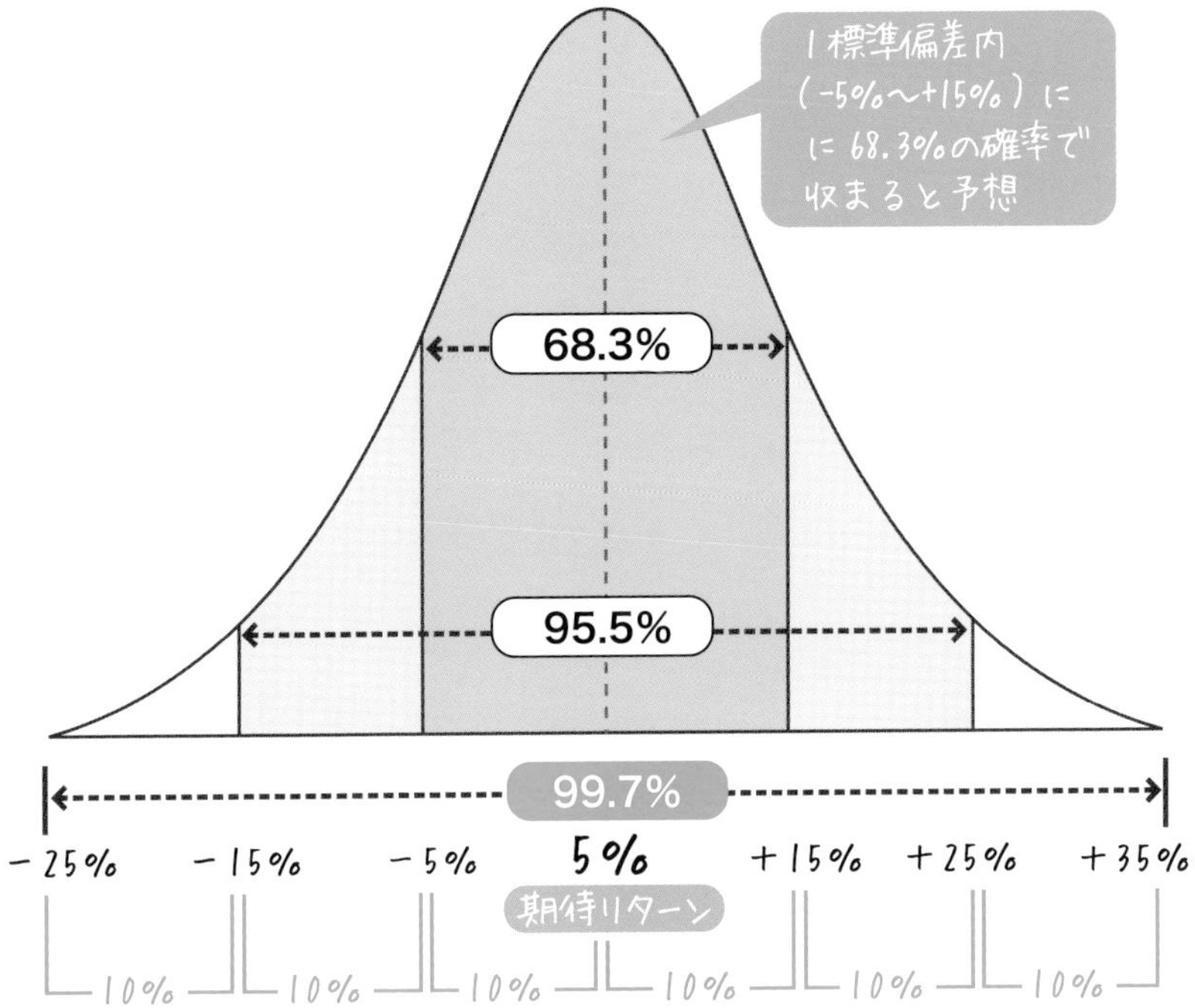

04 米国株投資の期待リターンとリスクを調べてみよう

ここまでで、期待リターンとリスクの意味を学びました。どちらも過去のデータから計算することができます。

「**わたしのインデックス**」(https://myindex.jp/)というサイトでは、株価指数だけではなく、いろいろな投資信託やETFのリスク・リターン情報を入手することができます。

ここで米国株インデックスのひとつ、**S&P500のリターンとリスク**を調べる方法を紹介します。運用期間によって、リターンとリスクの数値が大きく異なっています。S&P500の配当込・円建てのリターンとリスクは期間ごとに次のようになります(2020年2月末時点)。

30年間の運用 ⇓ リターン8・6%、リスク18・2%
20年間の運用 ⇓ リターン5・7%、リスク18・3%
10年間の運用 ⇓ リターン14・5%、リスク17・7%

STEP 1 上にあるバーボタンの「株価指数（インデックス）」→「主要インデックスのリターン」をクリックします。

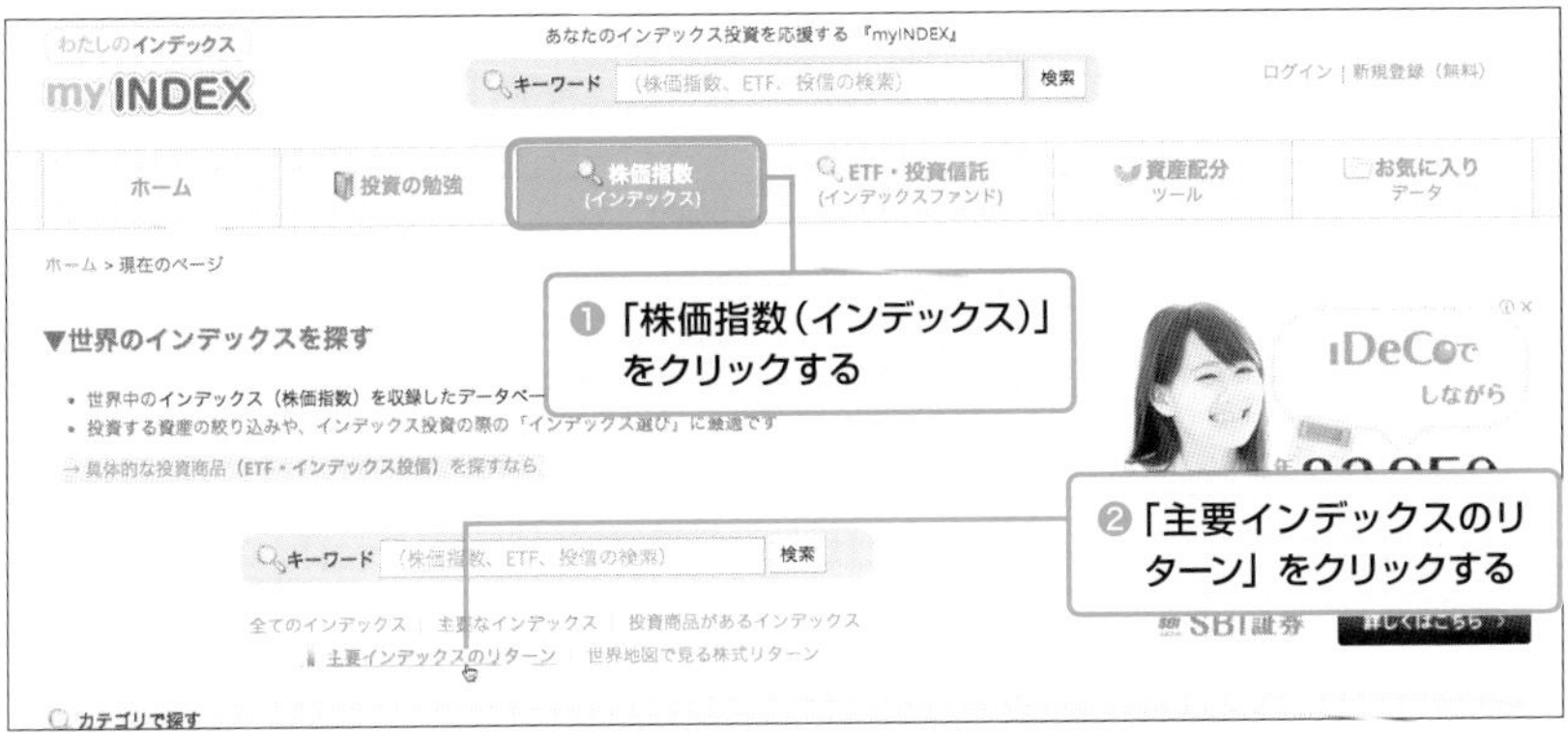

STEP 2 ここから、「S&P500（配当込み）（円）」をクリックすると、リターンとリスクが表示されます。

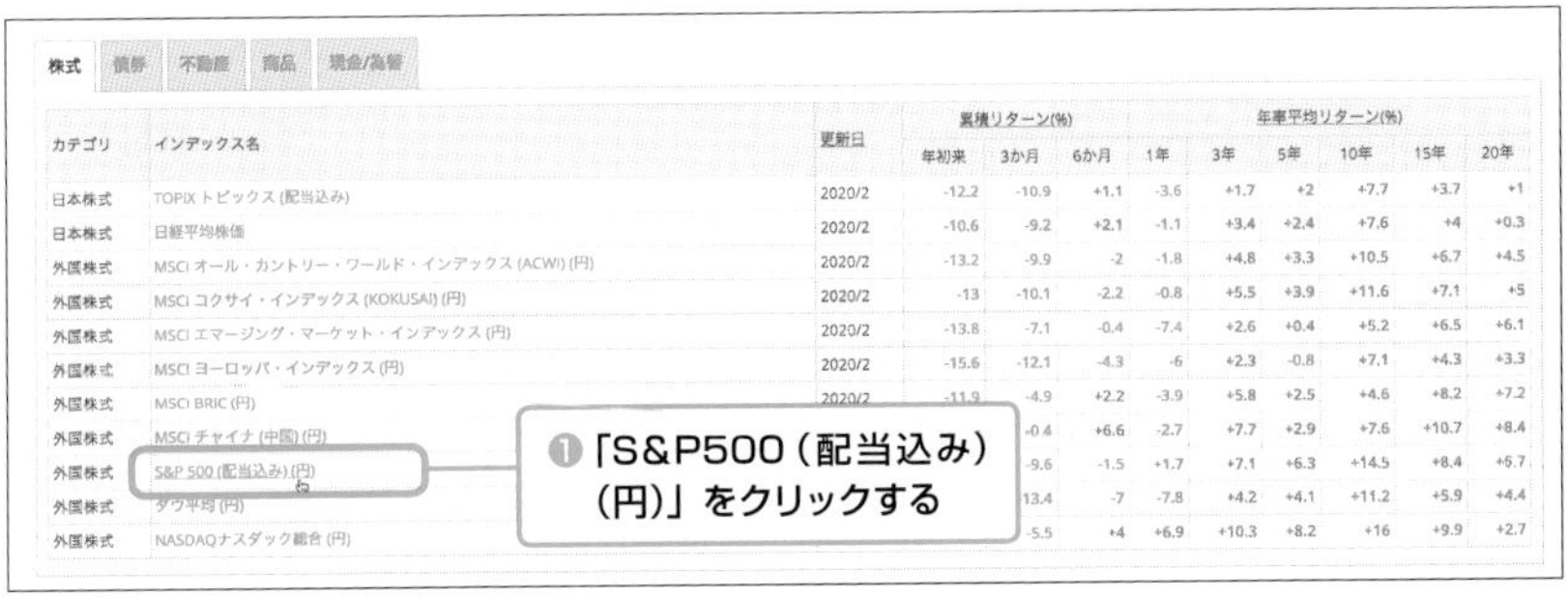

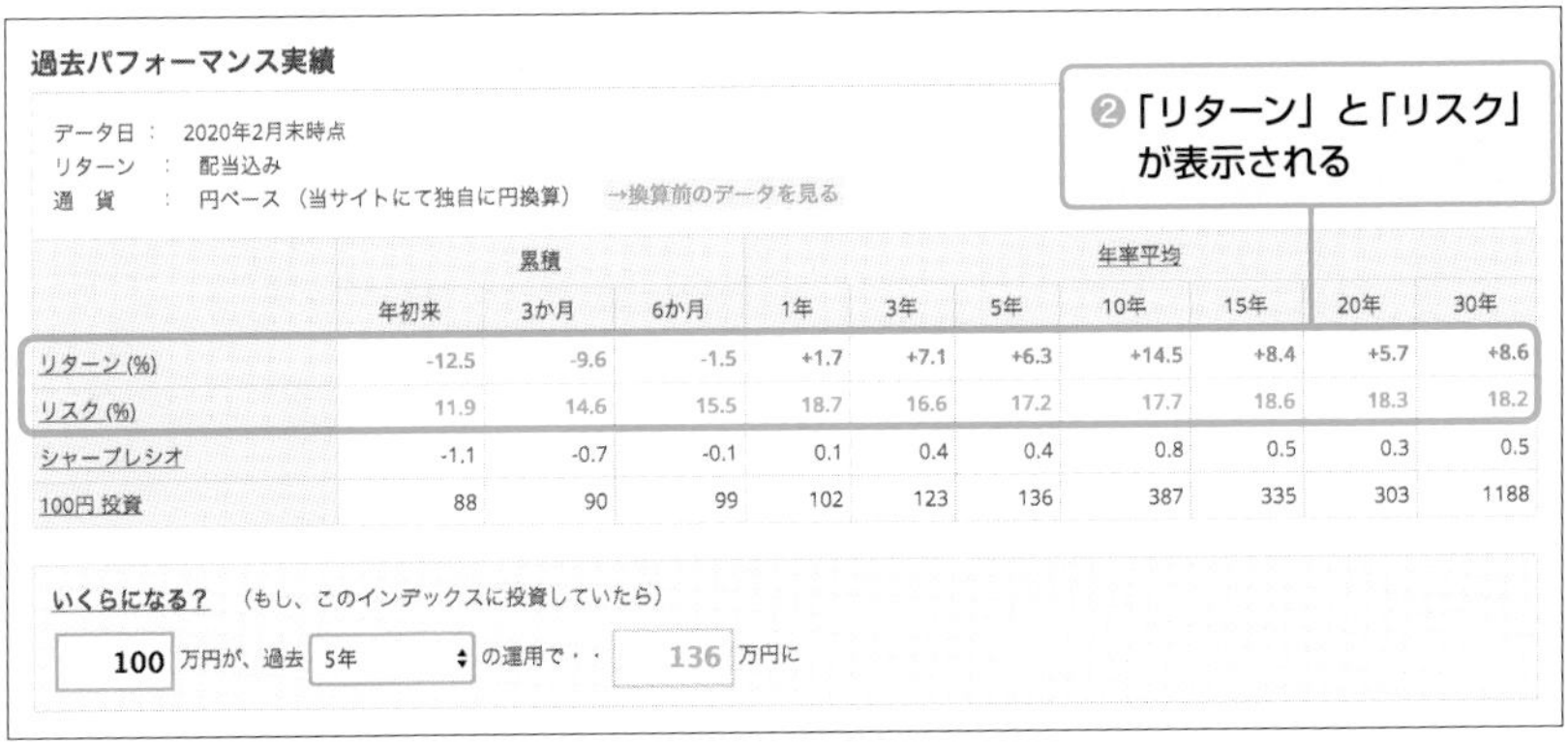

05 どれだけの損失に堪えられる？ リスクの許容度はどれくらい？

1 S&P500への投資のリターンとリスクの設定

リスクとリターン、期待リターンについて説明してきました。

投資を行っていくうえで、いったい、どれだけの損失に堪えられるか、つまり、自分だったら、**これくらいの損失なら心配いらない**、それにあたる損失とは具体的にどれくらいでしょうか。

私の場合、過去のデータを参照して、より保守的に考えて次のようにリスクとリターンを設定して投資を行ってきました。

リターンを10％小さく ⇓ 6％程度
リスクを10％大きく ⇓ 20％程度

たとえば1年以上の期間をとったS&P500配当込（円ベース）の投資リターンを見ると、最低値だったのは20年間運用した場合で6・5%です（2020年1月時点）。

ここからリターンをさらに10%小さく見積もって、**期待リターンを6%**（6・5%×0・9≒6%）と設定しています。

逆にリスクが大きかったのは15年間の運用で、18・3%でした。ここに10%の上乗せをしてリスクは20%（18・5%×1・1≒20%）と設定します。

つまりS&P500への投資では、期待リターンを6%、20%のリスク（振れ幅）と設定しています。

この数値から、68・3%の確率で6%±20%に収まると計算できます。1000万円を投資した場合、68・3%以内の確率で次のリターンとリスクとなります。

リターン **平均で1060万円**
リスク **年度によっては860万円（140万円の損失）、1260万円（260万円の収益）**

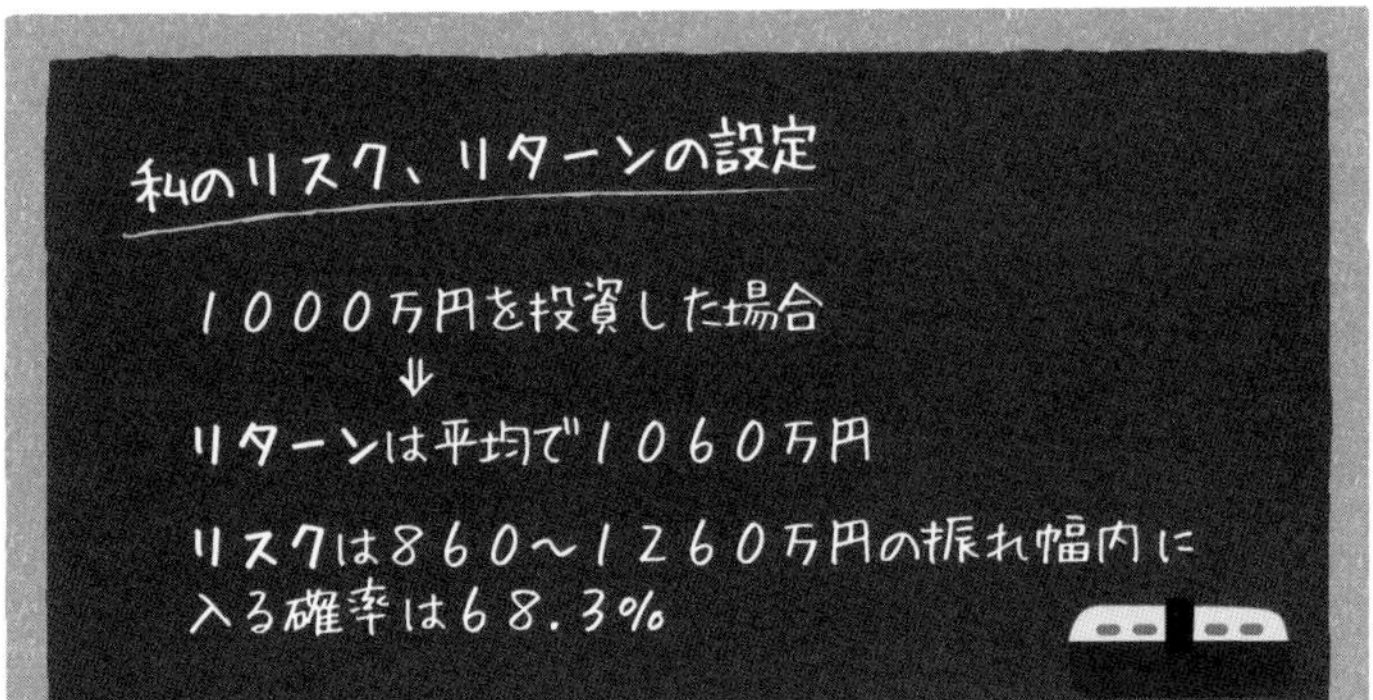
私のリスク、リターンの設定
1000万円を投資した場合
⇓
リターンは平均で1060万円
リスクは860〜1260万円の振れ幅内に入る確率は68.3%

こんなふうに考えて投資をしているわけです。

さらに、リスクが2倍となる標準偏差2σ（20％×2）だと95・5％以内には収まります。これは**4・5％の確率で1000万円が1年後に660万円未満になったり1460万円以上になる**ことがあるということです。

リスクが3倍の3σでは99・7％の確率で6％±60％になります。**0・03％は1000万円が1年後に460万円未満になってしまう**、ということを想定してやっていることになります。

米国株投資を今後100年間続けた期待リターン

今後100年間のリターンを予測してみます。

標準偏差の考え方を使って、おおよそですが

- ・1σに収まる確率は約68％
- ・1σ～2σに収まる確率は約27％
- ・2σ～3σに収まる確率は約4％
- ・3σ以上に収まる確率はゼロコンマ数％

となります。

● 標準偏差による確率密度

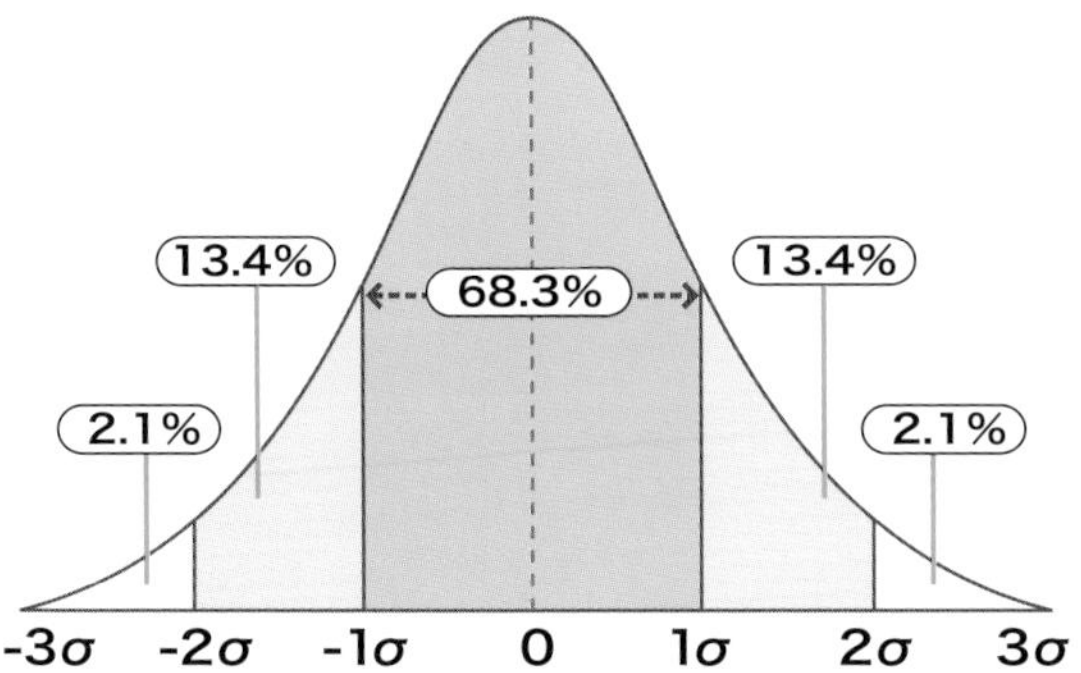

米国株投資（S&P500）を今後100年間続ける場合、期待リターンを6％、リスク20％として、100年間の損益の程度の分布を予想すると、

68年間は、－14～＋26％
27年間は、－14～34％　または　＋26％～46％
5年間は、－34％～54％　または　＋46％～66％
極まれに、それ以上のマイナスまたはプラス

のようになります。

100年のうち5年間、言い換えると20年に1回は年間リターンが最悪－54％になります。

こうした計算をもとに、1年の間に金融資産がだいたい半分になっても堪えられるかどうか、という最悪の事態を想定して米国株投資をしています。

100年に一度の大暴落に出くわしたら、54％より大きな下落を覚悟する必要があるのです。

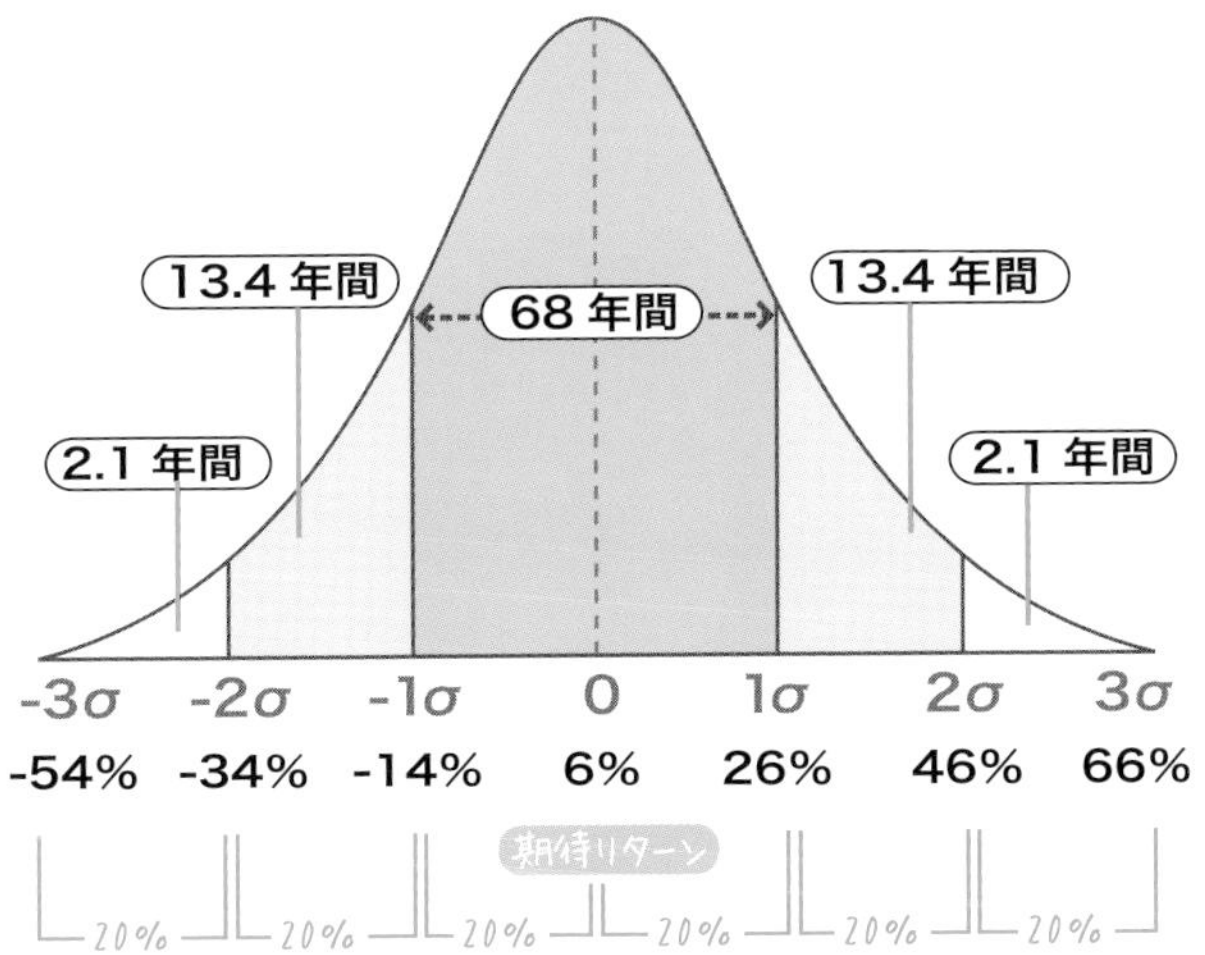

06 長期投資ほどリスクが小さくなるのはなぜ？

1 長期になるほどリターンは平均化される

長期のリターン（収益率）は、1年より2年、さらに5年、10年、20年とより長い期間になるほど、**年率リターンの振れ幅は平均化されて小さくなっていきます。**大きなプラスは少なくなりますが、大きなマイナスになることもなくなります。

年率リターンの振れ幅は小さくなっていく一方、**長期運用した後の損益の絶対金額の振れ幅は逆に大きくなる**ので要注意です。

- **リスク（年率リターンの振れ幅）は小さくなる**
- **運用結果の絶対額の振れ幅は大きくなる**

たとえば100ドルを投資した後、下図にある先進国株式のリターンの実績を例にして算出してみます。

1年後：最高167ドル（＋67％）最低53ドル（－47％）
5年後：最高305ドル（＋25％）、最小77ドル（－5％）
10年後：最高405ドル（＋15％）、最小82ドル（－2％）
20年後：最高965ドル（＋12％）、最小219ドル（＋4％）

長期運用をするとリスクは小さくなります。しかし運用結果の**絶対額のリスク（振れ幅）は、長期運用をすればするほど大きくなる、**つまり大きな収益が得られることは覚えておきましょう。

● 先進国株式の投資期間別のリターン（1985年から直近まで）

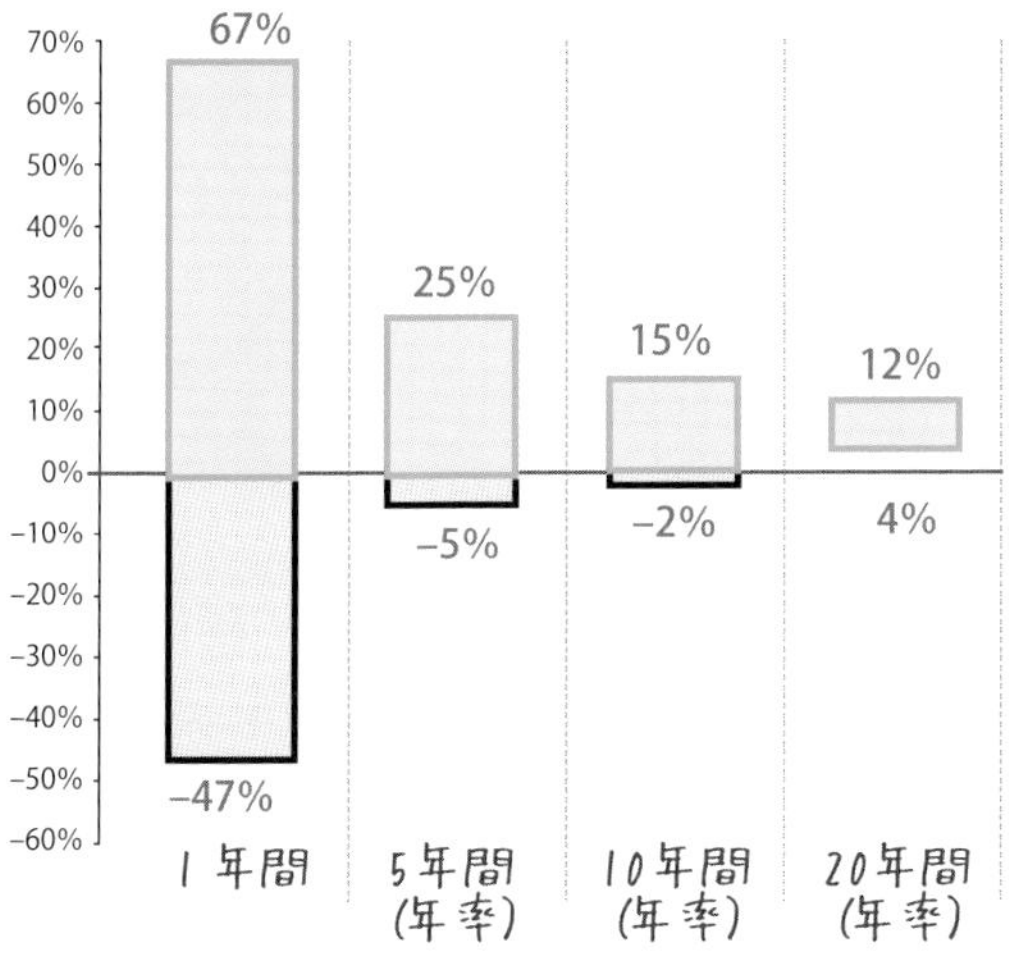

出典：JPモルガン Guide to the markets
注：使用している指数は「MSCI World Index」。データは2019年12月31日時点で取得可能な最新のものを掲載。

07 コア・サテライト戦略で低リスクとリターンの両取り

1 コア・サテライト戦略って?

コア・サテライト戦略とは、**保有する資産を長期かつ安定的に運用するための中核**（コア）となる商品と、**リスクテイクし高いリターンを目指して積極的に運用するサテライト**（衛星）となる商品に分けて運用する投資手法です。

この2つをバランスよく組み合わせることで、最大限のリターンと低リスクを同時に実現します。盤石《ばんじゃく》なコア商品があるのを前提に、サテライト商品でリスクを取ります。たとえば一攫千金を狙った個別株を狙うなどの冒険ができます。

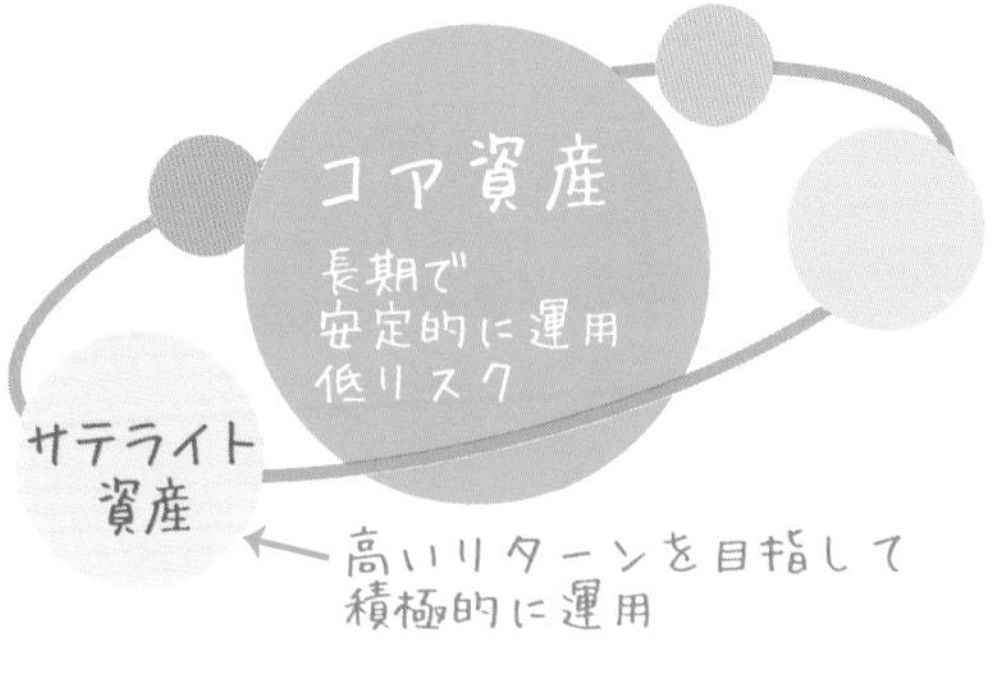

2 インデックスETFをコアに

私の場合は、**インデックスファンドやETFをコアに、個別株をサテライト**に運用しています。**割合的には、75：25**となっています。コアに組み込んでいる商品は、インデックスETFでは

● **VTI**（バンガード・トータル・ストック・マーケットETF）
米国株式市場の投資可能銘柄のほぼ100％をカバーする指数に連動する商品
● **QQQ**（インベスコQQQトラスト・シリーズ）
ナスダックの時価総額上位100銘柄で構成されるナスダック100指数に連動する商品

インデックスではないものの、**スマートベータ**という新しい指数に連動するETFでは

● **VYM**（バンガード・米国高配当株式ETF）
米国株式市場の高い配当利回りの銘柄で構成される指数に連動する商品

サテライト資産には、**ハイリスク・ハイリターン**のアクティブ投資信託などの冒険できるものを選びます。また、海外の個別株、REIT、IPO銘柄なども選択肢となります。

08 積立投資はいつ解約すべき？

米国インデックスを中心とした長期の**積立投資はいつ始めたらいいでしょうか？**　答えは「**いますぐ**」です（早ければ早いほどいい）。

一方、出口戦略、つまり**どのタイミングで積立投資を取り崩すのか**については、考えてなかったり、どうしていいかわからない方も多いようです。出口戦略についても、買う前にある程度は計画しておいたほうがよいでしょう。

長期投資でお金がたまったけど、いつ現金にしたらよいでしょう？
今から考えておく必要がありますね。

1 定年時に現金化する

理想を言えば、できるだけ**積立投資を長期間継続する**ことが良い結果をもたらします。とはいえ現実的には、人生のどこかの時点で、資産を取り崩し現金化して消費にあてるときがきます。交通事故、病気などで突然出費が必要になるかもしれません。

長期投資の目的が退職後の生活費用＝年金の場合は、**退職後に必要に応じて取り崩していけばよい**でしょう。

積立投資は定期的な収入がある人に適している運用方法であり、**退職によって毎月の給料がなくなったときをゴール**とする年金としての考え方です。

2 4％ルールに従って毎年取り崩す

米国の**FIREムーブメント**（67ページ参照）の考え方の基盤に**4％ルール**というものがあります。

保有する**資産を年間4％ずつ取り崩しても、30年間は資金は枯渇することがなく生活を維持できる**というものです。定額ではなく定率による資産取り崩しです。

2003年にフィリップ・クーリーらによって発表された報告では、4％の資産取り崩しを30年間続けたとしても、資金が枯渇しない確率を株式と債券の運用比率を変えて計算しています（下図）。

● 30年運用した場合の資金が枯渇しない確率

	引き出し率		
資産配分	3%	4%	5%
株式100%	97%	88%	75%
株式75%＋債券25%	96%	84%	67%
株式50%＋債券50%	98%	81%	53%

A comparative analysis of retirement portfolio success rates: simulation versus overlapping periods より

資産の50%を株式に配分しておけば、4%の取り崩し率を30年間維持できる確率が高いのです。この報告はアメリカのインフレ率を考慮し、債券の利回りが高かった時代の結果です。

これからの適切な資産取り崩し率は、国や投資先、年齢、収入などの条件で変わりますが、4%ルールはひとつの目安となります。資産形成においても、資産取り崩しにおいても、アセットアロケーションは重要であるわけです。

なお、米国での資産取り崩しは主に利子や配当金で構成され、元本は減損しないので、4%の取り崩し率は安全であると考えられています。**米国株による出口戦略は、定率の4%ルールが王道**であることは覚えておきましょう。

3 3000万円の資産運用「毎月14万円」の取り崩しが継続できる運用方法

次の図は、65歳で株価ピークまであと1年のときに3000万円の運用を始め、「毎月14万円」ずつ取り崩したとすると、何年でなくなるかを運用ケースごとに算出しています（J.P.Morgan Guide to the markets 2020.2Q日本語版による試算）。

シミュレーションの期間は、2006年10月31日〜2020年3月31日までです。

つまり2007〜2009年にかけてのサブプライムローン問題、世界金融危機、リーマンショックを経て、その10年後にコロナショックに遭遇したというケースです。

まったく運用しない場合には、17年で3000万円を使い切ることになります。2020年3月31日（162カ月経過）時点では残金732万円です。

他方、同じ開始時期で、先進国株式100%だったり、先進国株式50%&先進国国債50%の運用をしたケースでは、より多くの資産が残っていることがわかります。

ここから導き出せる答えは

「**大暴落に2度も襲われると仮定**しても、運用をしない場合に比べて、**運用したほうが3000万円の資金を使い果たすタイミングを先延ばしにできる**可能性が高い」ということです。

＊なお、毎月14万円は、『令和元年度生活保障に関する調査（(公財）生命保険文化センター）』において、「経済的にゆとりのある老後生活を送るための費用として、老後の最低日常生活費以外に必要と考えられている金額の平均（月額で14・0万円）」を参考にしています。

● 株価ピークまで「あと1年」のときに、3000万円の資産運用を始め「毎月14万円」を取り崩し続けた場合どうなったか？（試算）

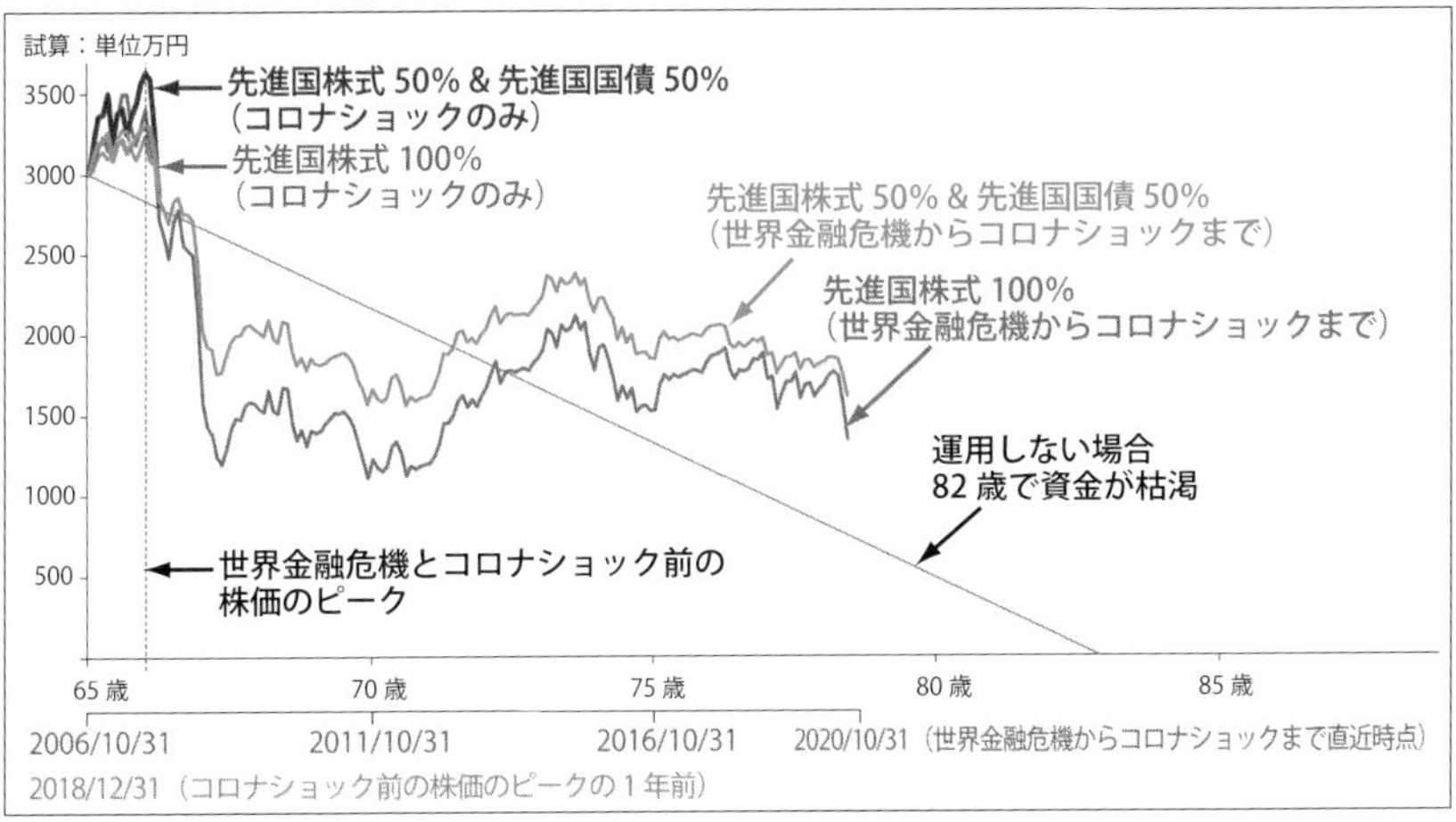

出典：J.P.Morgan　Guide to the markets 2020.2Q 日本語版より

09 大暴落が来た！ 逃げるか、継続するか？

1 株価ピークの0～13カ月後、不況が来る

景気は好況と不況を繰り返します。**好況の後には必ず不況が来ます**。

左ページの表は、第二次大戦後、米国での11回の景気後退期の株価ピーク期、景気後退の始まり、株価ピークからの下落率、株価の最大下落率をそれぞれ示しています。

景気後退が始まる0～13か月前に株価がピークをうち、その後、株価が下落し景気後退が始まっているのがわかります。

景気後退が始まる前の株価下落率の平均は7・9%でした。しかし株価が7・9%下落したからといって景気後退が始まるわけではなく、株式市場に臨んでいる人の多くが、景気サイクルを気にし始めるにすぎません。

2 イールドカーブの長短逆転は不況の前兆

米国の10年債と2年債の金利差が逆転する現象（**逆イールド**）は**リセッションの前兆**と見なされています。

債券には利息が付きますが、**償還期限の短い債券は利回りが低く、償還期限の長い債券利回りが高い**のが一般的です。

ところが将来の利下げが見込まれ長期債の人気が高まると債券価格は上がり、債券利回りは低下します。これが行きすぎると長期債の利回りが短期債の利回りより低くなることが起きます。

この現象が景気悪化の予兆として

● 米国の株価・景気のピークと景気後退期

景気後退	株価のピーク	景気後退の始まり	株価ピークの先行期間	株価ピークから景気後退までの下落率	株価指数の最大下落率（12ヵ月）
1948～49年	1948年5月	1948年11月	6か月	–8.91%	–9.76%
1953～54年	1952年12月	1953年7月	7か月	–4.26%	–9.04%
1957～58年	1957年7月	1957年8月	1か月	–4.86%	–15.32%
1960～61年	1959年12月	1960年4月	4か月	–8.65%	–8.65%
1970年	1968年11月	1969年12月	13か月	–12.08%	–29.16%
1973～75年	1972年12月	1973年11月	11か月	–16.29%	–38.80%
1980年	1980年1月	1980年1月	0か月	0.00%	–9.55%
1981年～82年	1980年11月	1981年7月	8か月	–4.08%	-13.99%
1990～91年	1990年7月	1990年7月	0か月	0.00%	–13.84%
2001年	2000年8月	2000年8月	7か月	–22.94%	–26.55%
2007～2009年	2007年10月	2007年12月	2か月	–4.87%	–47.50%
		平均	5.4か月	–7.90%	–20.20%

出典：Jeremy J Siegel, Stocks for the long run 5th edition

捉えられ、過去のデータもそれを裏付けています。

２０１９年３月に長短金利の差が０になり、その後プラスに転じるも、２０１９年８月には、米国債利回りが低下し、長短利回りが一時逆転**（逆イールド化）**しました。これは**景気悪化の予兆**として捉えられました。

そして、米国経済は、２０２０年中にリセッション入りする可能性が論じられています。中国武漢市を発生源とする新型コロナウイルスの欧州や米国への感染拡大により、ＮＹダウはリーマンショック以来の大暴落となり、ＷＨＯ（世界保健機関）によるパンデミックが宣言されました。米国の中央銀行ＦＲＢは政策金利を１％引き下げ、年０・00〜０・25％にすることを決定しました。２００８年のリーマンショック以来のゼロ金利の導入です。

さらに感染拡大で打撃を受ける米企業や地方

リーマンショックとコロナショック時のS&P500の比較

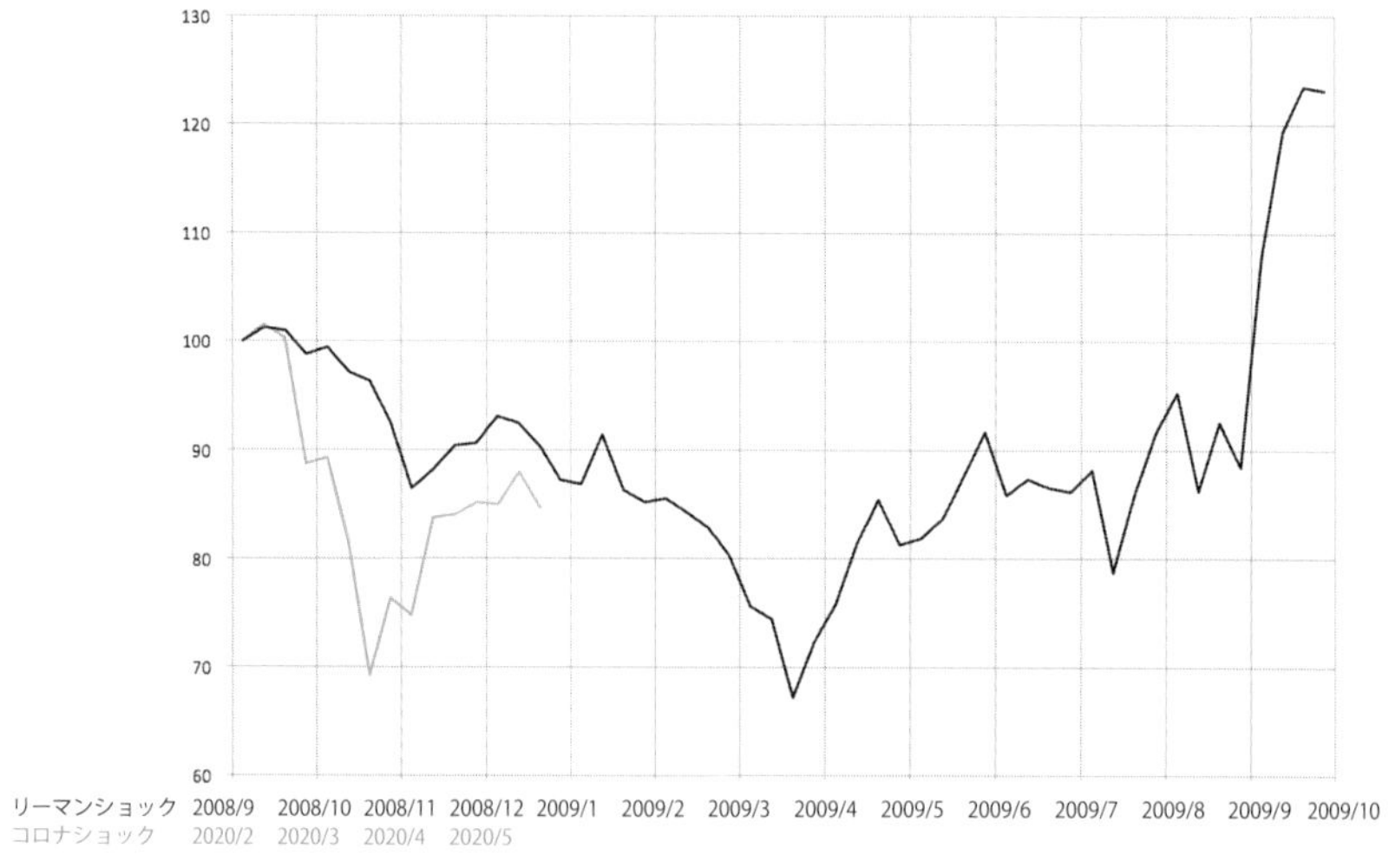

それぞれ2008/9月、2020/2月を100としてグラフ化

政府に最大2・3兆ドル（約250兆円）の資金供給を行うと発表しました。

執筆時点現在（2020年5月）では、米国が今年中にリセッション入りするかどうかは不明ですが、現実味を増してきています。

3 積立投資をやめたくなったら、始めた前提条件を思い出そう

積立投資は始めるのは簡単ですが、長期間にわたり続けるのが意外と難しい投資法です。

もし途中で多額の資金が必要になり積立投資を止めたくなったり、ゴールに到達していないのに売却したくなったりしたら、米国株を中心とした積立投資を始めた前提条件を思い出しましょう。

- ✓ **将来的に米国株式市場は成長していると信じている**
- ✓ **積立投資を続けられる収入もしくは資産がある**

不景気が来たり、株価下落が発生すると、積立投資をやめたくなる気持ちが生まれてくるはずです。とくに、**投資の初期に株価下落相場に遭遇した場合には、長い間の評価損を抱え、心理的な負担が継続する**ことになります。積立投資の開始時点でマイナスリターンの期間があったとしても、将来的にはプラスの投資収益になることが過去のデータが裏付けています。

投資目標に到達していない限りは、一時的にたとえ数年間にわたる評価損を抱えたとしても、積

立投資は継続することが正解なのです。

リスク許容度を上回る金額が大きすぎる投資で、積立投資を頓挫せざるをえない状況になってしまう方も多いです。また、積立投資を継続できるだけの定期的な収入や資産が不足している場合も同じように積立投資を挫折させる要因となります。

一時的に評価損を
抱えたとしても、
資金計画がしっかり
していれば、積立投資は
継続していくのが正解
です。

5時限目 米国の個別株やETFを買ってみよう

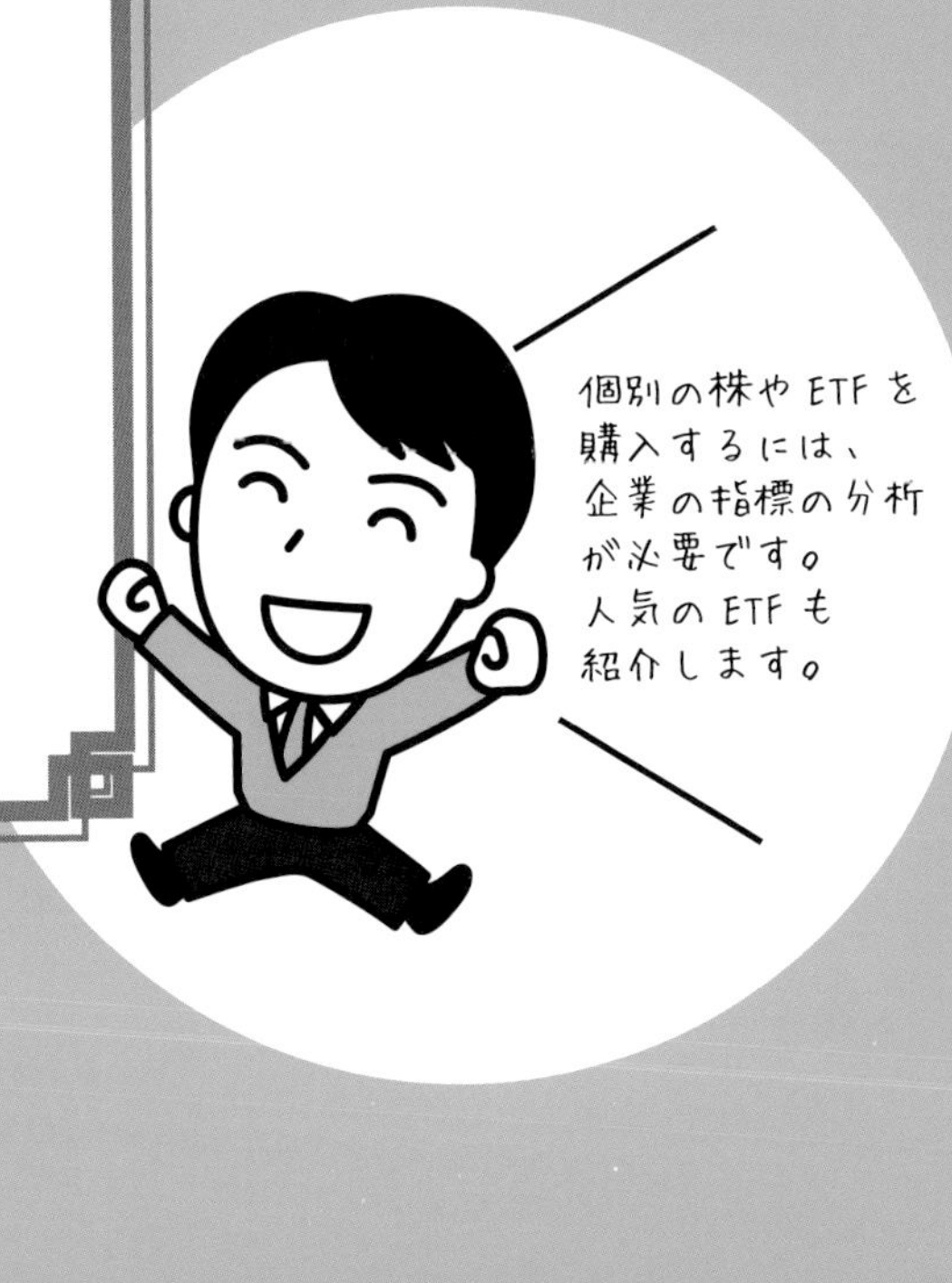
個別の株やETFを
購入するには、
企業の指標の分析
が必要です。
人気のETFも
紹介します。

01 米国の会社ってわかりますか？日本からはこうして買えます！

1 米国の個別株を買うならおなじみの会社を

米国の企業に投資をするなら、日本でもアップルやアマゾン、マクドナルドといった**おなじみの会社を選ぶ**のが、何を作って、どんなサービスをしているかわかるので、買いやすいと思います。聞いたことのない会社や噂に聞いた会社だと、調べるのに時間がかかり、アップルやアマゾンのように事業内容も明確にイメージできません。

日本に居ながらにして情報を入手しやすいですし、そもそも日本でも名前が知られているということは世界を相手にビジネスを展開していることの証です。

アップルやアマゾンなど、お馴染みの会社を選ぶのが、どんな会社かわかるので買いやすいですね。

アップル／グーグル／マイクロソフト／アマゾン
マクドナルド／コカ・コーラ／P&G／ディズニー
ナイキ／ジョンソン・エンド・ジョンソン

これらの会社はいずれも超優良企業です。日常生活で商品を購入したりやサービスを受けていたりする会社を投資対象にするのが、米国株投資初心者の方にはおすすめです。

本書は、インデックス投資で資産を増やす投資法を推奨しますが、この章では**個別株の分析方法や選び方、チャートの基本**などについて解説していきます。

インデックス投資信託やＥＴＦは、個別株と比較するとやはり地味で味気ない感じがします。知り合いや株仲間との会話でも、「テスラ買っちゃった」など、個別株のほうが盛り上がりますね。

ただし、個別株で収益を得るには、株価チャートが読める（テクニカル）、経済統計、企業の財務指標が読める（ファンダメンタルズ）ことが求められ、インデックス投資に比べるとハードルが高くなります。

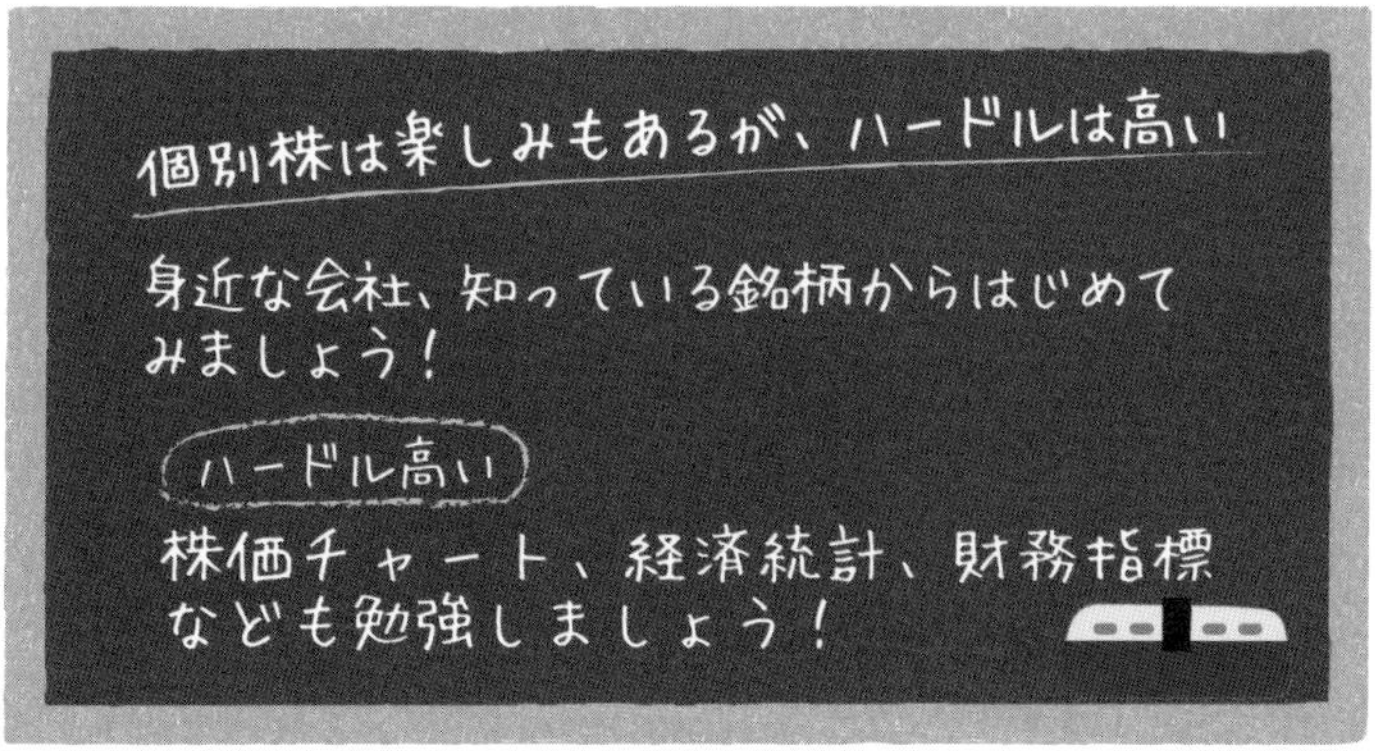
個別株は楽しみもあるが、ハードルは高い
身近な会社、知っている銘柄からはじめてみましょう！
ハードル高い
株価チャート、経済統計、財務指標なども勉強しましょう！

2 米国の4つの証券取引所

米国株は次の4つの証券取引所で取引されています。日本の証券会社を通じて購入できるのは、NYSEとNASDAQに属している会社がほとんどです。

また、おもだったETFはNYSE Arcaに上場しています。

NYSE（ニューヨーク証券取引所）

世界最大の証券取引所で、個別企業株を中心に、3200超の銘柄が上場しています。NYSE Arca、NYSE Americanと区別するため、**メインボード**（Main board）と呼ばれます。2016年にはLINEも上場しています。

NASDAQ（ナスダック証券取引所）

1971年設立の世界最大の**新興企業向け証券取引所**です。3000弱の銘柄が上場され、ハイテク企業の多くがこのナスダックに上場しています。アップル、マイクロソフト、アマゾンなどもNASDAQ市場で買えます。

NYSE Arca《アーカ》（旧アーキペラーゴ）

アメリカ初の電子証券取引所であるアーキペラゴが前身です。2006年にNYSEのグループとなり、NYSEからは独立し上場基準も異なり、電子取引所として運営されています。2013年以降はインターコンチネンタル取引所の傘下となっています。

NYSE American（旧アメリカン証券取引所）

1908年設立。アメリカン証券取引所（Amex）を起源とし、NYSE MKTを経て2017年にNYSE Americanに改称されました。小型株の取扱いに強みがあります。

3 日本の証券会社から米国株が買えるしくみ

日本の証券会社から米国株を簡単に購入できますが、証券会社は米国の証券会社を通じ、さらに米国の証券会社が証券取引所に買い付ける**海外委託取引**という方法で買い付けています（下図）

米国株の売却時には米国証券取引委員会に支払う**現地証券取引所手数料（SEC Fee）**がかかります。

東京証券取引所の外国部に上場している米国の会社の株を国内委託取引で購入することもできます。

また、**国内店頭取引**といって日本の証券会社が持っている米国株を顧客が直接購入する方法もあります（相対取引）。

● 米国株が購入できるしくみ

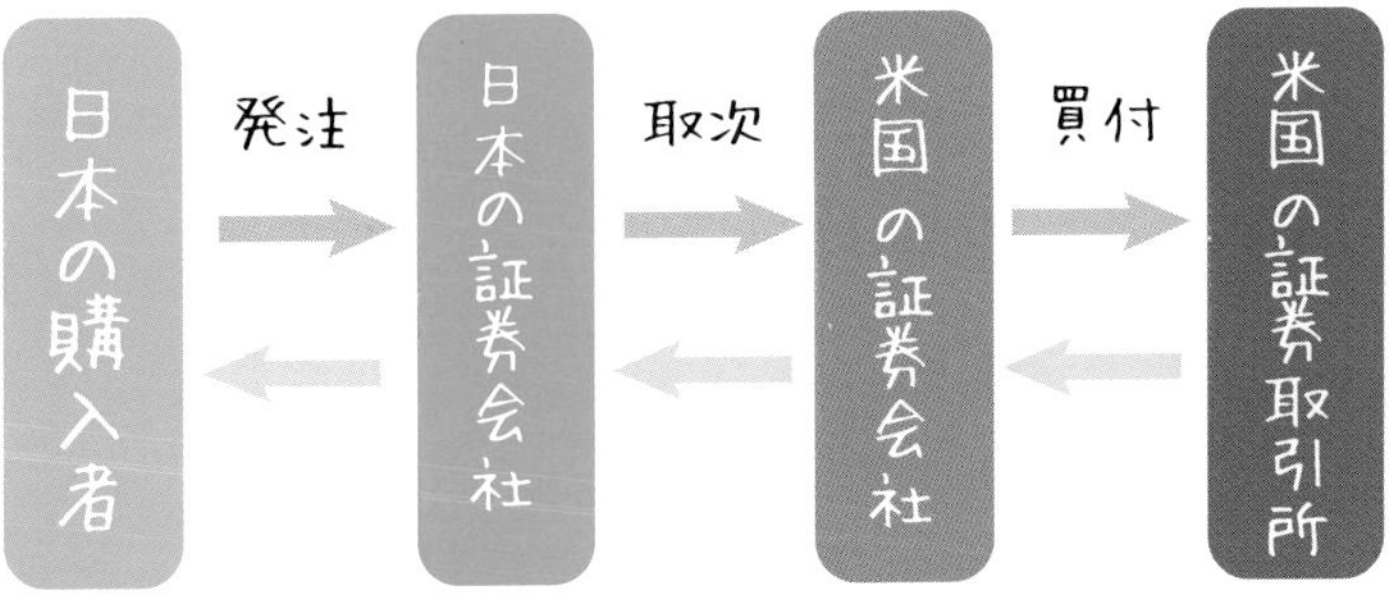

02 割安な企業を見つけるバリュー投資

バリュー投資とは、荒野からダイヤモンドを見つけ出すことに似ています。現在の株価が企業の**実際の価値を反映していない割安と考えられる銘柄を探し出して投資する手法**です。

バリュー投資家は、他の投資家が気づいていない、バーゲンのような株価で放置されているビジネスや銘柄を探し出します。

株式市場がその会社の価値に気がつき、適切に認識されたときに株価は上昇します。

バリュー投資は、投資による成長を重視していません。株価が高く評価されなくても、投資家はじっと耐え、配当金から利益をこまめに得ていきます。

1 バリュー株は下落しづらいがトラップもあります

バリュー株は、**割安株**とも言われます。会社の価値を評価して割安な株に投資するので、**株価は大きく下落しません。**

また、バリュー株は、売上や利益に比較して、株価は割安に放置されているので、高値でつかんでしまうリスクは防げます。ただし、割安なだけで実はさほどの価値がなく株価がいっこうに上がらない「**バリュートラップ**」に陥るリスクもあるので注意が必要です。割安とされるのは、投資家がその銘柄を評価していないということなので、成功しない売買が多いのです。

バリュー株は、売買タイミングを気にしなくてもよく、**割安な株を買ったらそのまま長期的に所有します**（Buy and hold only.）。

2 バリュー株を発掘するには

バリュー株とは、**現在の株価よりも割安に評価されている**株です。そのバリュー株を発掘するには、企業価値を指標をもとに算出し、それよりも安い価格で購入することです。

企業価値については、銘柄に関するさまざまな指標からスクリーニング等で判断する必要があります。各指標の解説については228ページ以降を参照してください。

バリュー株を見つけるためには、下図のような指標を基準とし

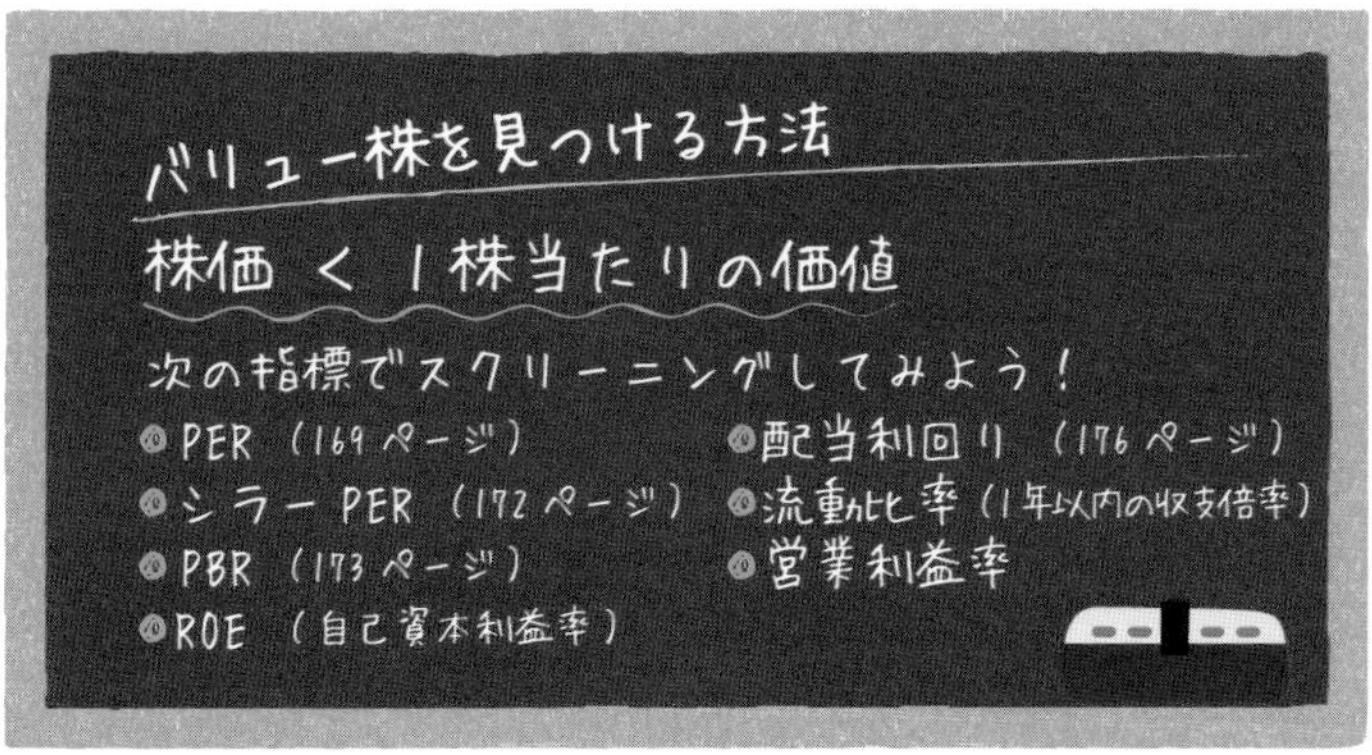

バリュー株を見つける方法
株価 < 1株当たりの価値
次の指標でスクリーニングしてみよう！
PER（169ページ）
シラーPER（172ページ）
PBR（173ページ）
ROE（自己資本利益率）
配当利回り（176ページ）
流動比率（1年以内の収支倍率）
営業利益率

て、スクリーニング（複数の指標でピックアップ）してみてください。米国株のスクリーニングツールは、SBI証券、マネックス証券、Investing.com、Trading view等で用意されています。

3 バリュー株に連動する米国ETF

個別のバリュー株を購入するためには、企業業績や財務状態等を調べて割安かどうかを判断しなければなりません。投資初心者にはかなり高いハードルです。こんなときは、バリュー株に連動するETFを購入すれば間違いありません。バリュー株に連動した米国ETFには次のようなものがあります（色文字はティッカー、2020年5月11日時点）。

SPYV　SPDR ポートフォリオS&P500 バリュー株式ETF（NYSE Arca）

S&P500銘柄で市場全体より割安とされる銘柄で構成され、バリュー株に連動して投資成果を上げるETFです。S&P500のうち75%の銘柄が組み込まれています。ウォーレン・バフェットが経営するバークシャー・ハサウェイが構成比率の1位となっています。信託経費率はかなり低いです。

- **ベンチマーク：S&P500バリュー・インデックス　組入れ銘柄数：395**
- **純資産総額：4・1（十億ドル）・経費率：0・04%・配当利回り：2・93%**

VTV バンガード・米国バリューETF（NYSE Arca）

VTVはバンガード社のバリュー株に連動するETFです。米国株式市場の大型バリュー株セグメントを網羅する、**CRSP USラージキャップ・バリュー・インデックスに連動**した値動きになります。こちらもバークシャー・ハサウェイが構成比率1位、2位がジョンソン・エンド・ジョンソンとなっています。

・ベンチマーク：CRSP USラージキャップ・バリュー・インデックス　・組入れ銘柄数：332
・純資産総額　47（十億ドル）　・経費率：0.04％　・配当利回り：3.1％

4 ウォーレン・バフェットが実践するバリュー投資

ウォーレン・バフェットさんを知っていますか？ 「投資の神様」や「オマハの賢人」と称される世界一の投資家です。

そんなバフェット氏は、企業の事業内容、長期的な業績、経営者の能力、そして割安な価格を重視し、長期投資を基本スタイルとするバリュー投資家とされています。しかも50年もの長期間にわたりS&P500を超える年率20％以上のリターンを獲得しています。

そんなバフェット氏の語ったとされる格言があるので、いくつか紹介します。

金持ちになるためには2つのルールを守りなさい。
1　絶対にお金を損しないこと。
2　絶対にルール1を忘れないこと。

投資というのはお金を増やすために実施します。しかし利益ばかりに目を奪われてはいけません。どうやって損失を回避するのか、その方法を日ごろから考え、実行していくことの大切さを思い出させてくれます。

「バリエーションを重視する」「自分の知っている企業を買う」「簡単にはなくならない強みを持つ企業に投資する」こうしたことを胸に刻み、バリュー投資をしてください。

分散とは無知に対するリスク回避だ。だから勝手知ったる者にとって分散手法はほとんど意味を成さない。広範囲な分散投資が必要となるのは、投資家が投資にうとい場合のみだ。50から75の銘柄管理は私の手に余る。ノアの箱舟の投資をすれば、結局は動物園みたいなありさまになるだけだ。私は数銘柄を大量に持つのが好きだ。

自分が知っていることと知らないことを明確にしておくことが大切です。バリュー投資では、他人が気づかない割安株へ投資をします。絶対の自信を持つ銘柄にだけ投資をしましょう。それが難しいなら、幅広く分散をした投資を選択するのです。

10％を短期国債に、90％を低コストのS＆P500インデックスファンド（お勧めはバンガードのファンド）に投資すべし。

ウォーレン・バフェット氏が会長を務めるバークシャー・ハサウェイは、毎年株主向けに「株主への手紙」を公表しています。2013年の「株主への手紙」でこのように書かれています。また、2014年の「株主への手紙」にも妻に残す信託財産をどう運用すべきかについて、このように書かれていました。

バリュー株の神様でさえ、このように専門家以外の人に勧めるのはS＆P500インデックスファンドだったというわけです。

個別株投資に迷ったら、S＆P500を基本に考えます。S＆P500への投資よりも良いと判断できる銘柄にだけ投資をすればよいのです。

03 ＩＴ系などの成長企業に投資するグロース投資

1 グロース投資は成長を目指す企業への投資です

グロース投資とは、他の企業（市場平均）よりも早く成長することが見込まれる企業に投資する手法です。「成長」というのは**売上、利益の増加**のことで、利益につながる売上やキャッシュフローの上昇が期待されています。

グロースすること、つまり成長することが最優先事項なので、企業は新たに従業員を雇ったり、設備に投資をしたり、企業買収をするような形で、拡大路線をとります。さらに大きく成長するため、稼いだ利益は**自社の成長のために再投資**をします。

そうした企業に投資するのがグロース投資です。

グロース株には、アマゾン、フェイスブックなどIT系の企業が名を連ねます。
どんどん投資して企業を大きくしていきます。

2 グロース株は配当が期待できない

グロース株は稼いだ**利益を配当として還元せず**、より拡大するため**自社の投資に回します**。配当が少ないのもグロース株の特徴です。

また、売上高や利益額に比べて**株価が高い**のも特徴です。これは投資家が、将来の成長、売上や利益の増加を期待しているからです。

グロース銘柄は**リスク（リターンや株価の変動幅）が高く**なります。投資家は大きな成長を期待していますが、この成長が実現しないときは、株価は急落する可能性があります。

逆に企業が成長することを見極めることができれば、リターンが非常に大きくなります。ただし、スタートアップ企業の場合には、**投資初期には株価が動かなかったり赤字に陥る**こともあるので、長期的な視点が必要です。

こうしたグロース株には下図のような多くのＩＴ企業が名を連ねています。

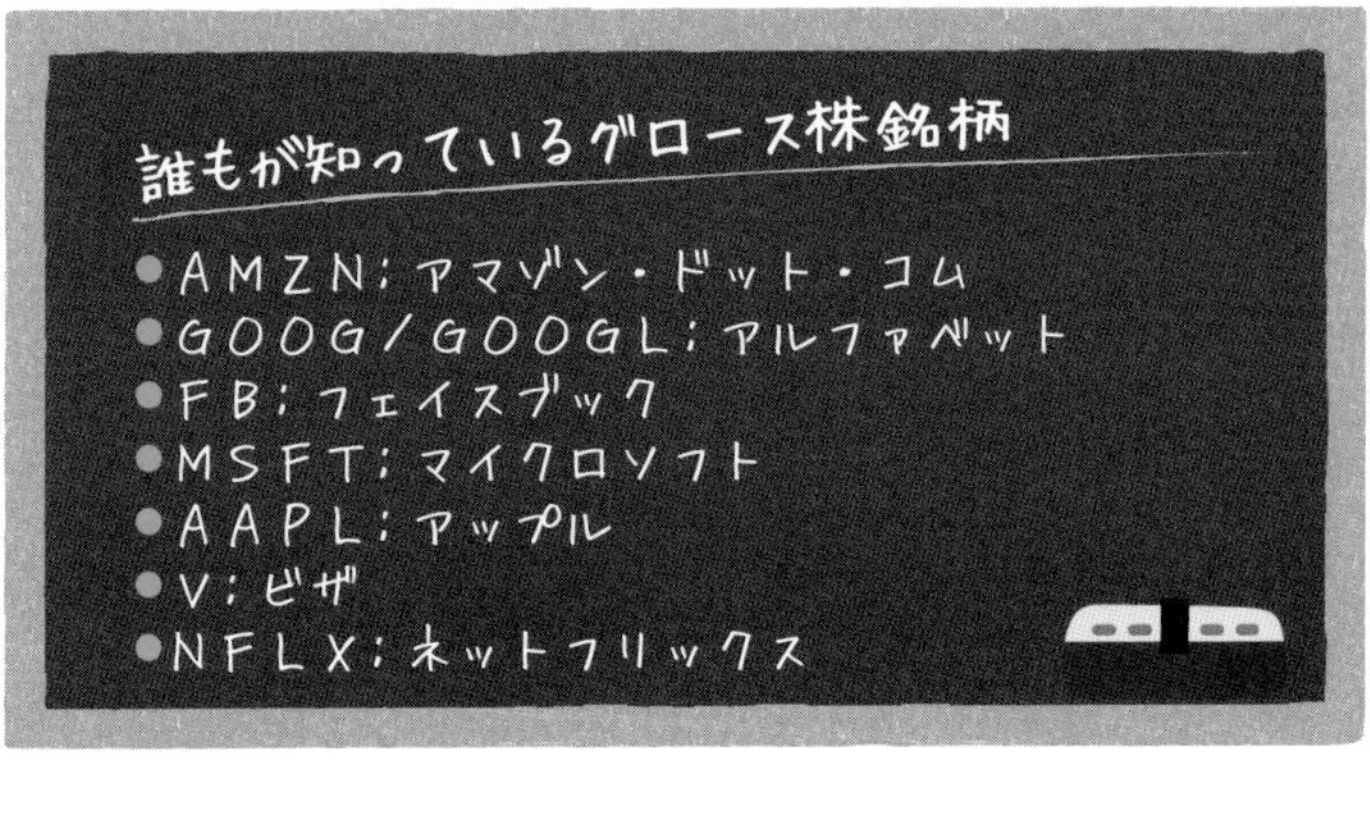
誰もが知っているグロース株銘柄
●AMZN：アマゾン・ドット・コム
●GOOG/GOOGL：アルファベット
●FB：フェイスブック
●MSFT：マイクロソフト
●AAPL：アップル
●V：ビザ
●NFLX：ネットフリックス

3 グロース株に連動する米国ETF

グロース株に連動するETFには次のようなものがあります。成長企業をまるごと買いたい場合はETFを買うのがいいでしょう（2020年5月11日時点）。

VUG バンガード・米国グロースETF（NYSE Arca）

CRSP USラージキャップ・グロース・インデックスのパフォーマンスへの連動を目指す大型成長株に投資できるETFです。グロース株に連動するので**配当利回りは高くありません**。テクノロジー分野の銘柄が3分の1を占め、組み入れ上位銘柄には、マイクロソフト、アップル、アマゾンなどが名を連ねています。

- **ベンチマーク：CRSP USラージキャップ・グロース・インデックス**
- **組入れ銘柄数：280**
- **純資産総額：50（十億ドル）**
- **経費率：0・04%**
- **配当利回り：0・92%**

QQQ　インベスコQQQ信託シリーズ1（NASDAQ）

ナスダック100指数の構成銘柄のすべてを組入れ、**ナスダック100指数の価格・利回り実績に連動**する投資成果を提供するETFです。インデックスETFに分類されますが、グロース株を多く組み入れており、上位銘柄にはアップル、アマゾン、マイクロソフトなどが名を連ねています。VUG、VOO（バンガードS&P500ETF）と比較すると、過去10年のトータルリターンで勝っています。

- **ベンチマーク：ナスダック100指数**　・**組入れ銘柄数：103**
- **純資産総額：103（十億ドル）**　・**経費率：0・20%**　・**配当利回り：0・8%**

04 個別株投資で必須のテクニカル分析 株価チャートの基本

1 チャートとは株価の動きをグラフにしたもの

過去の株価の動きをグラフにしたものを**株価チャート**といいます。米国の個別銘柄を購入する際には、**チャート分析が必須**です。チャート分析では**過去の株価パターンから将来の動きを予想**し、株価が将来上がると思えば買い、下がると思えば持っている株を売ります。

チャートには株価の動きから見える投資家の心理状況が反映されており、株価の転換を意識させる価格帯に売買が集中します。

1日の中で何度も取引をする**デイトレード**や、数日～数週間単位の短期売買（**スイングトレード**）をする際には、企業業績を調

個別銘柄を購入するには
株価チャートの分析も
行います。
チャートのテクニカルな分析で
売り時、買い時を見つけます。

べるよりも**テクニカルなチャート分析がより重要**となります。

また、数年～20年にわたる長期投資においても、チャートを見ておおよその傾向を判断するのは必須です。

ここでは、米国株に限らず日本株やFXチャートにも使える、投資の基本としてチャートの見方を覚えていきましょう。

2 ローソク足の見方を覚えよう

ローソク足は、**一定期間中の株価の動き**を表しています。

ローソク足チャートでは4つの株価がすぐに把握できるので、それぞれを覚えてください。

❶ 始値《はじめね》（取引開始と同時に成立した株価）
❷ 高値《たかね》（期間中最も高かった株価）
❸ 終値《おわりね》（その期間の取引が終了した時点の値段）
❹ 安値《やすね》（期間中最も安かった株価）

この4つの株価を**4本値**と呼びます。

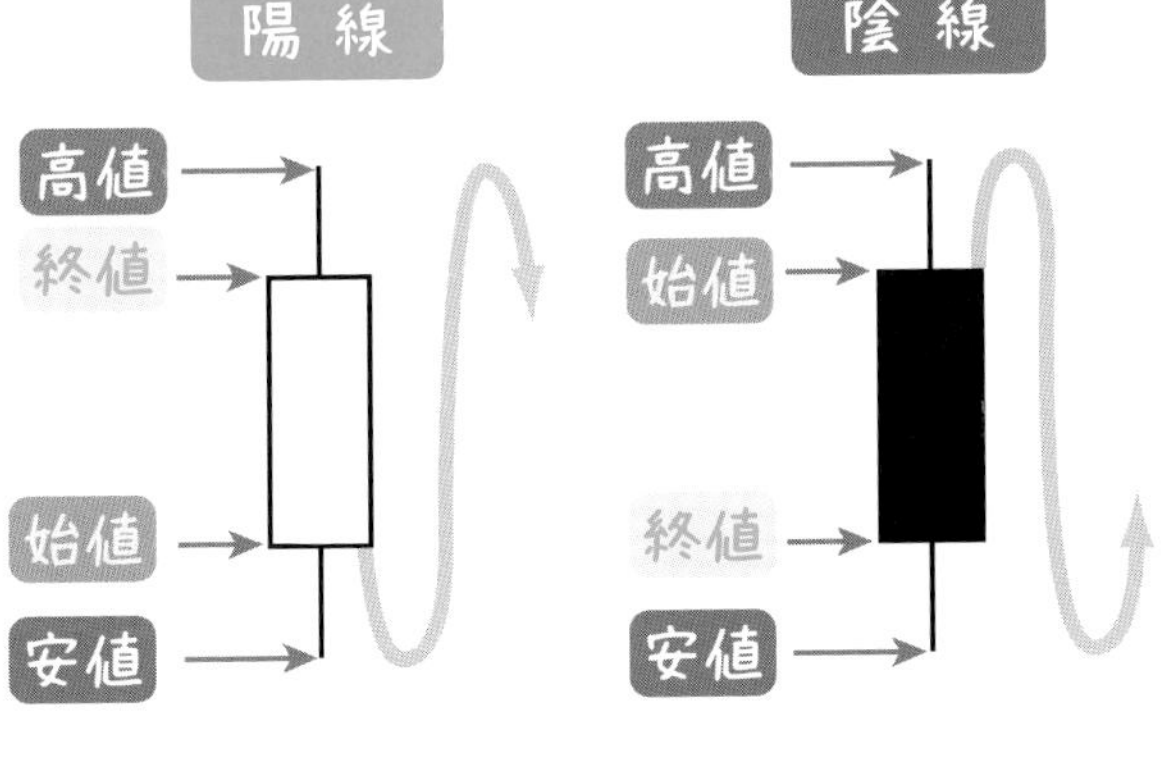

陽線と陰線

終値が始値を上回ったときは**陽線**《ようせん》といいます。逆に終値が始値を下回ったときは**陰線**《いんせん》と呼びます。

日足《ひあし》チャートの場合だと、陽線や陰線は前日の終値とは無関係です。その日の始値からみて、株価がどうなったかを表しています。

期間中に始値や終値よりも高くなったり安くなったりした場合は、四角から上と下に棒を引いて表し、これを**上ひげ**や**下ひげ**と呼びます。

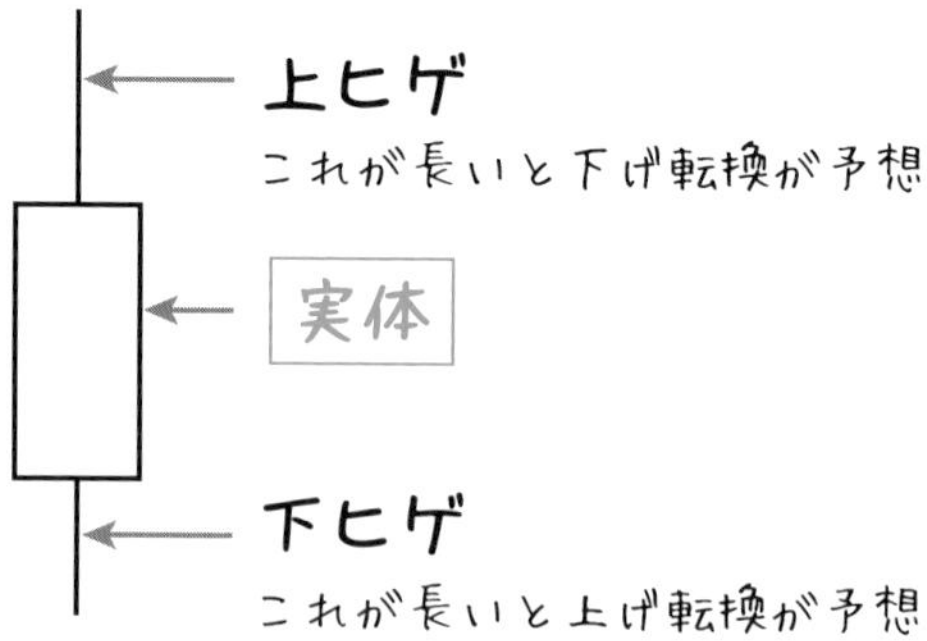

陽線（その期間中の終値が始値より高い）
陰線（その期間中の終値が始値より低い）

相場の動きを集約するローソク足

日足チャートで言えば、ローソク足一本にその日の相場の最低限の動きが集約され、**相場の勢いや方向性を想像できます**。

陽線ならば基本的に強い動き、陰線ならば弱い動きです。ひげと組み合わせて上ひげの長い陽線なら強い傾向だが伸び悩み、下ひげの長い陽線の場合は下げた後に持ち直して結局高く終わったかなり強い動き、などと判断することができます。

ひげは長ければ長いほど株価の動きが大きく、投資家の迷いが大きいことを表しています。

左下図のように、下ひげだけの陽線は、終値がその日の高値、つまり高値引けであることを示し、上昇基調だといえます。

また、左上図のように始値と終値が同じ値段の**寄引同時線**《よりひけどうじせん》**（十時線）**は、**相場の転換点**に現れることが多いとされています。

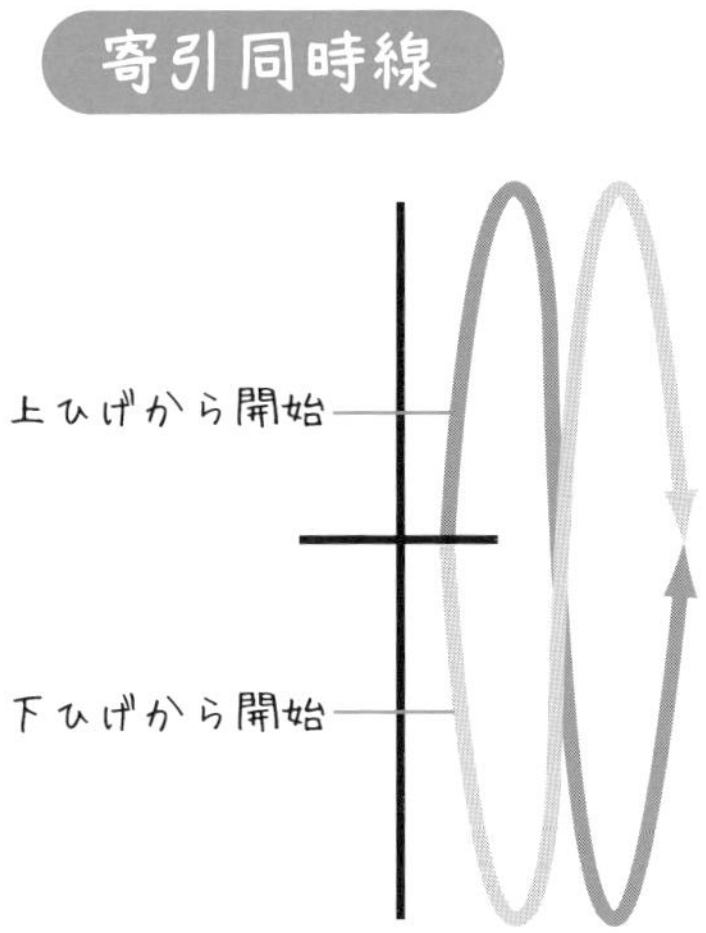

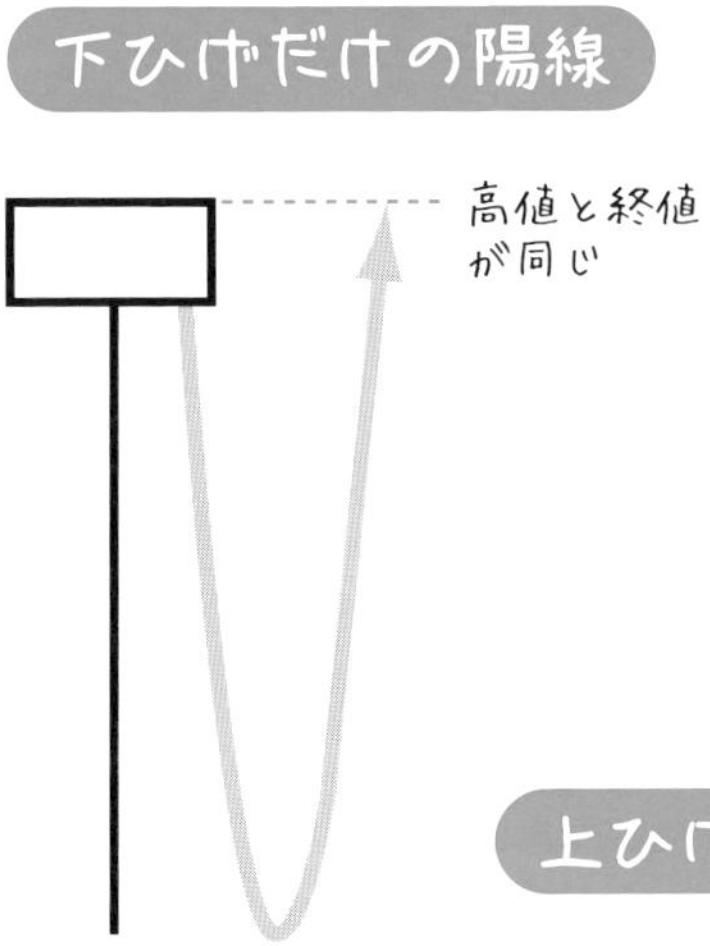

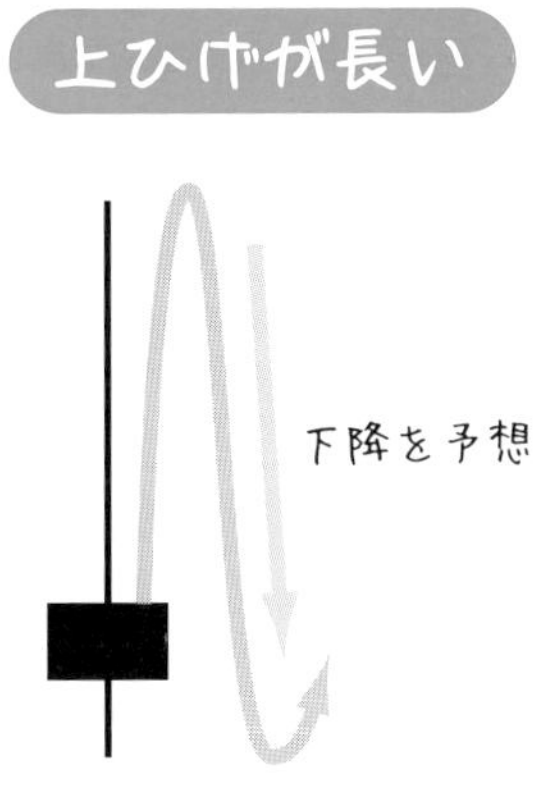

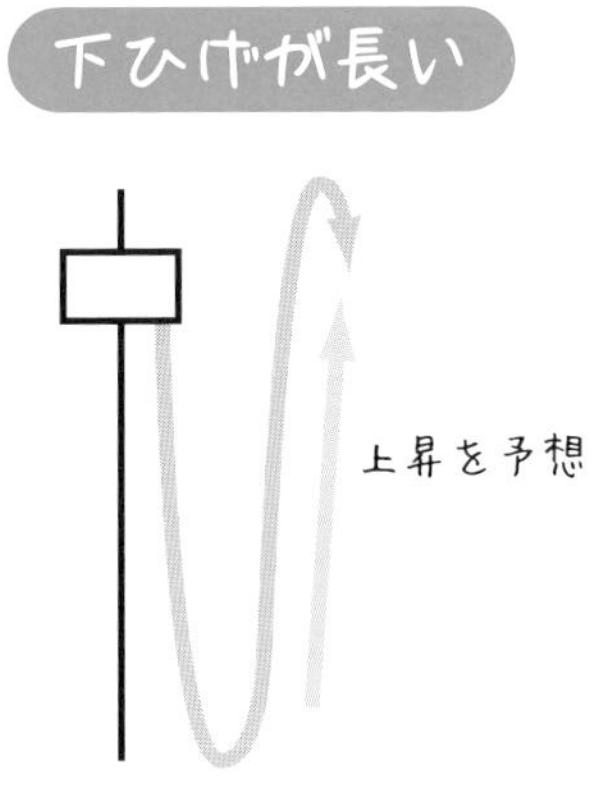

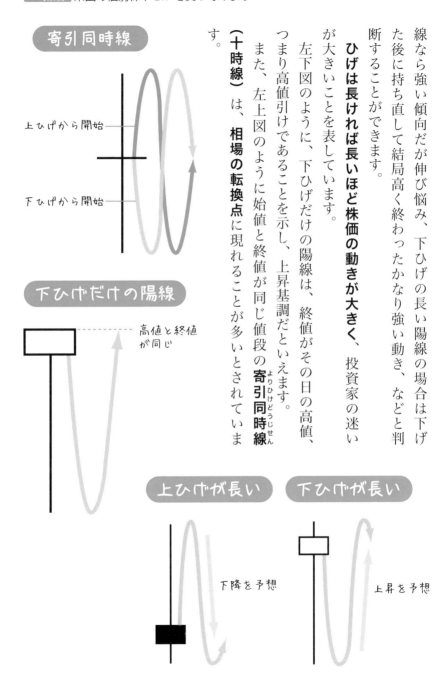

時間軸によって異なるチャートの種類

通常、ローソク足の期間は1日（日足）です。しかしその時間軸を変更したローソク足も存在します。時間軸の長さを変えてみると、チャートの見え方が変わってくるので不思議なものです。

ローソク足一本ができる期間の長さは、主に4つに分類できます。

・日足《ひあし》チャート

日々の値動きを表しているのが日足チャートです。その名の通り、1日単位で株価の変化を表すチャートです。**短・中期のトレードをする投資家**が最も注目するチャートです。

・分足《ふんあし》チャート

日足よりさらに短い時間軸でローソク足を作るのが分足チャートです。単位を何分かによって1分足、5分足、15分足、60分足などがあります。**デイトレードなど、超短期の取引**で使用されることが多いです。

● Apple社の日足チャート

チャート提供 TradingView

・週足《しゅうあし》チャート

1週間単位で株価の変化を表すチャートです。**中期以上の投資**をする際をする際に用いられ、トレンドを把握するのに有用です。

・月足《つきあし》チャート

最も長い単位で、1か月にローソク足一本ができるのが月足チャートです。**長期投資家が好んでおり、年単位で考えるトレンドを把握**する際に役立ちます。米国株は長期投資に向いているので、週足や月足チャートを多く使うことが多くなるはずです。

3 移動平均線でトレンドを読もう

日々の株価の動きは、ローソク足を通じて読み取ることができます。しかし日々の動きに惑わされてしまい、大きなトレンドに乗ることは難しくなります。そこで役立つのが**移動平均線**（MA：Moving Chart）です。

移動平均線とは、一定期間のローソク足の終わり値を

● Apple社の月足チャート

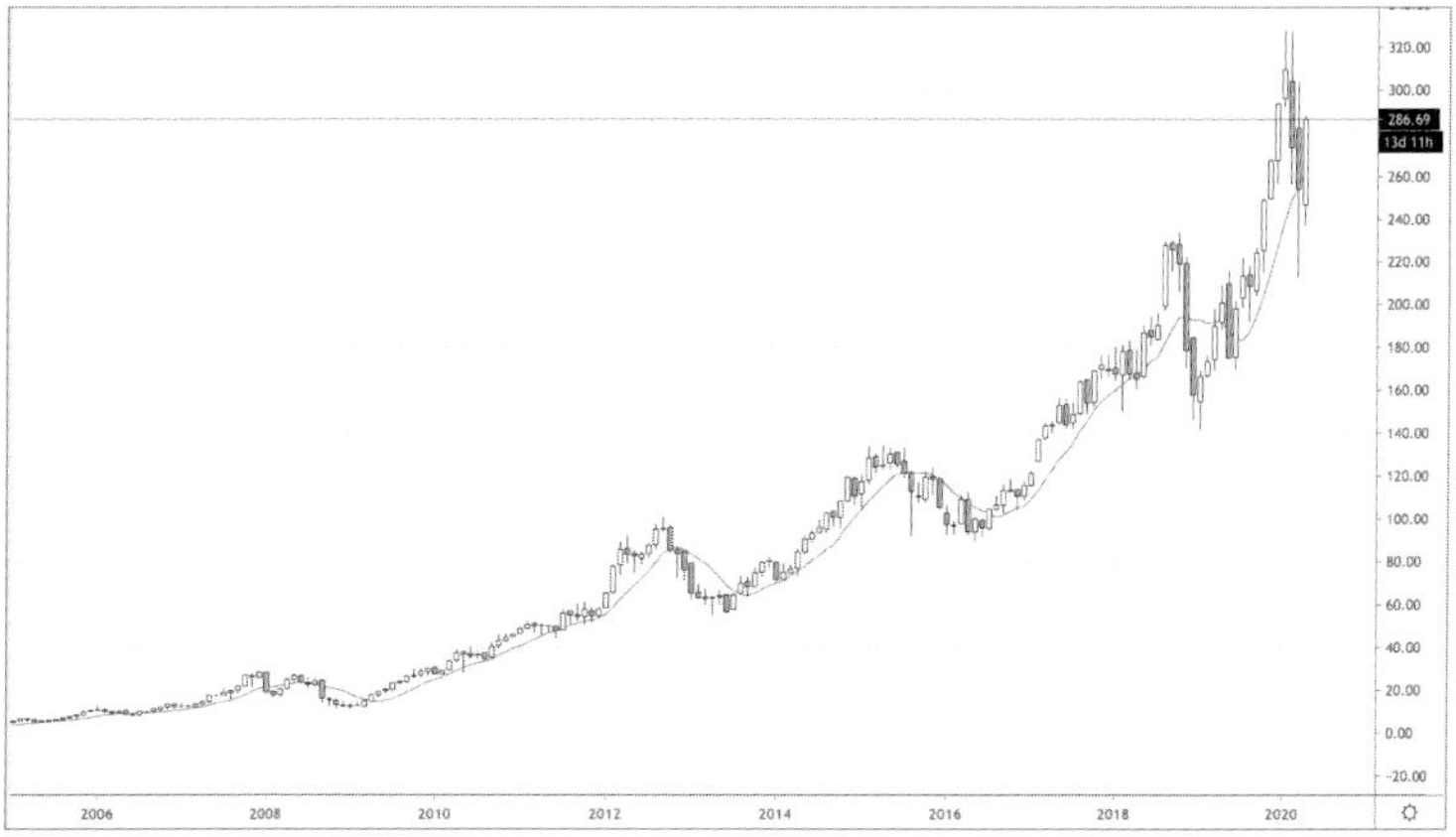

チャート提供 TradingView

平均した値を線で結んでグラフ化したもので、その期間のトレンドを示してくれます。

移動平均線の上向き、下向き、横向きの3つのパターンをつかむことで、トレンドの方向や強さや買い、売り、取引をしないといったトレードに示唆を与えてくれます。

移動平均線には、よく使われる**単純移動平均線**（SMA）、直近のレートに比重を置く**加重移動平均線**（WMA）、直近の価格をWMAより重視する**指数平滑移動平均線**（EMA）の3種類があります。

移動平均線の期間と使い方

移動平均線とは過去一定期間の終値の平均を結んだ線で、主に次の短期、中期、長期で使い分けされます。

- 20日もしくは25日線　短期トレンド
- 50日もしくは75日線　中期トレンド
- ２００日線　長期トレンド

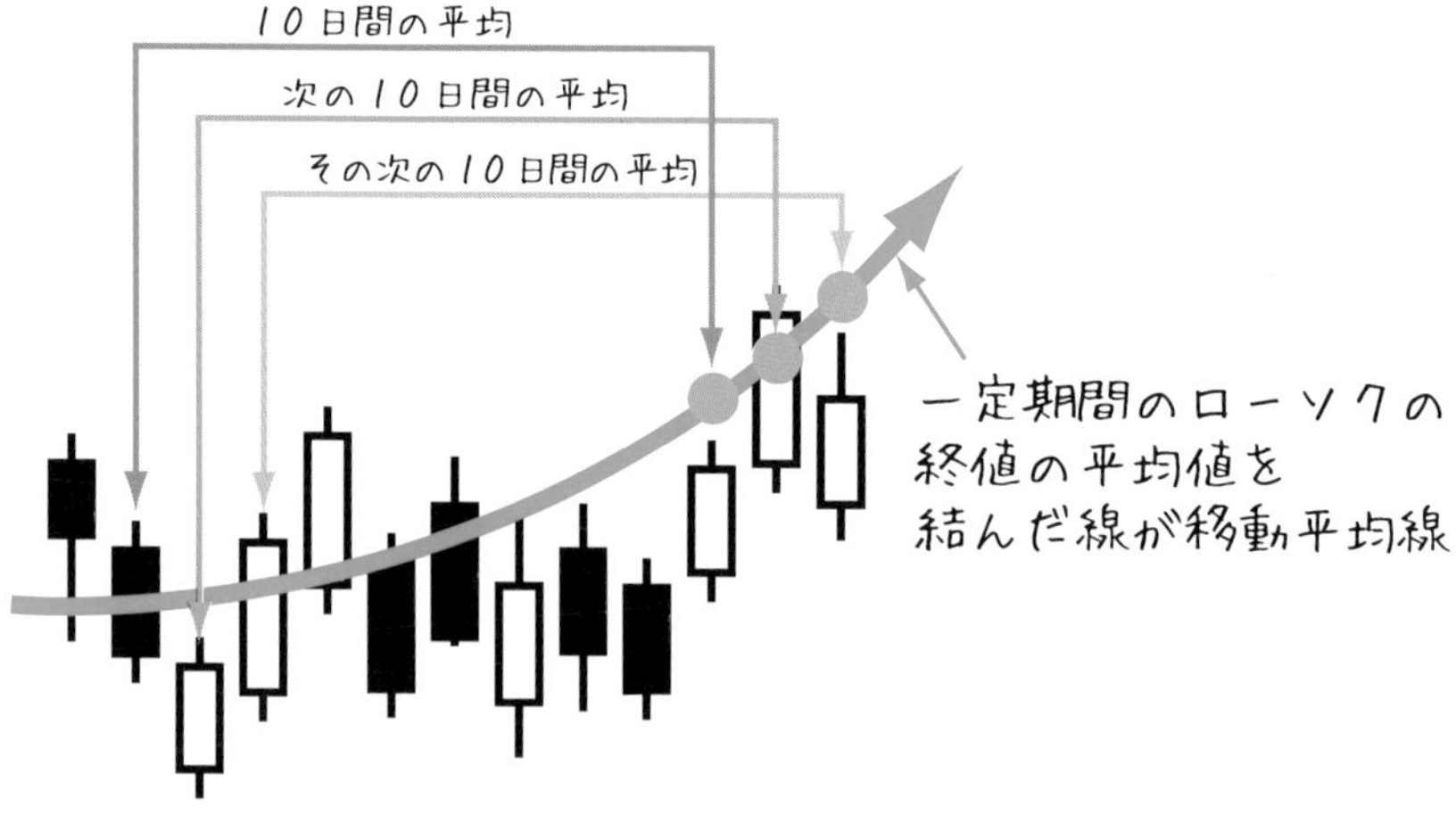

移動平均線は株価の方向性や勢いを示しています。

ローソク足が移動平均線を大きく上回れば、相場は過熱感があると判断でき、調整する公算が強まると言われています。

反対に**移動平均線をローソク足が大きく下回ると、売られ過ぎであり持ち直す可能性**が大きくなるとされます。

ゴールデンクロスとデッドクロス

期間の短い移動平均線と期間の長い移動平均線がともに右肩上がりの状態であり、さらに期間の短いものが長いものを下から上に突き抜けることを、**ゴールデンクロス**と言います。

ゴールデンクロスは相場が上昇に転じる予想できる**買い時のシグナル**とされます。移動平均線の傾斜がきついほどシグナルが強くなります。

逆にともに右肩下がりのなかで、短期線が長期線を上から下へと切ってきた状態を**デッドクロス**といい、その名の通り下落局面にあり**売り時のシグナル**とされています。

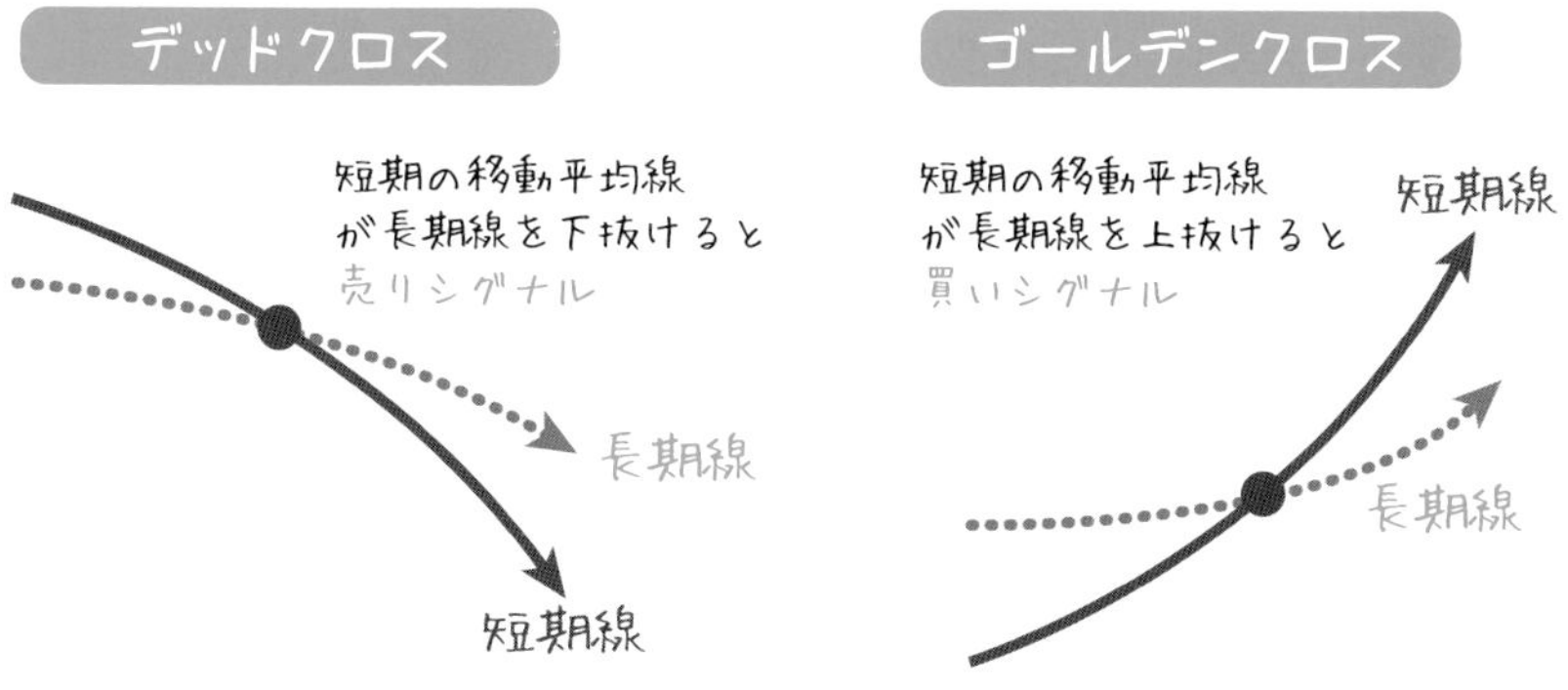

4 ボリンジャーバンドで相場の振れ幅を読む

ボリンジャーバンドとは、**期間20の移動平均線**と、その上と下に**3本の統計学上の標準偏差を用いたバンド**で構成されています。インデックス投資のリスクで学んだときと同じ統計学の概念を使っています。

標準偏差とは**データが平均からどのくらいバラついているのか**、変動幅があるのかを表したものです。バラつき（変動幅）を示す単位がσ《シグマ》で、変動幅を2倍にすると2σ、3倍にすると3σです。

統計学上、株価が各標準偏差（変動幅）の範囲内に収まる確率は以下の通りです。

- ±1σ 68・2％
- ±2σ 95・4％
- ±3σ 99・7％

● 7本の線で構成されるボリンジャーバンド

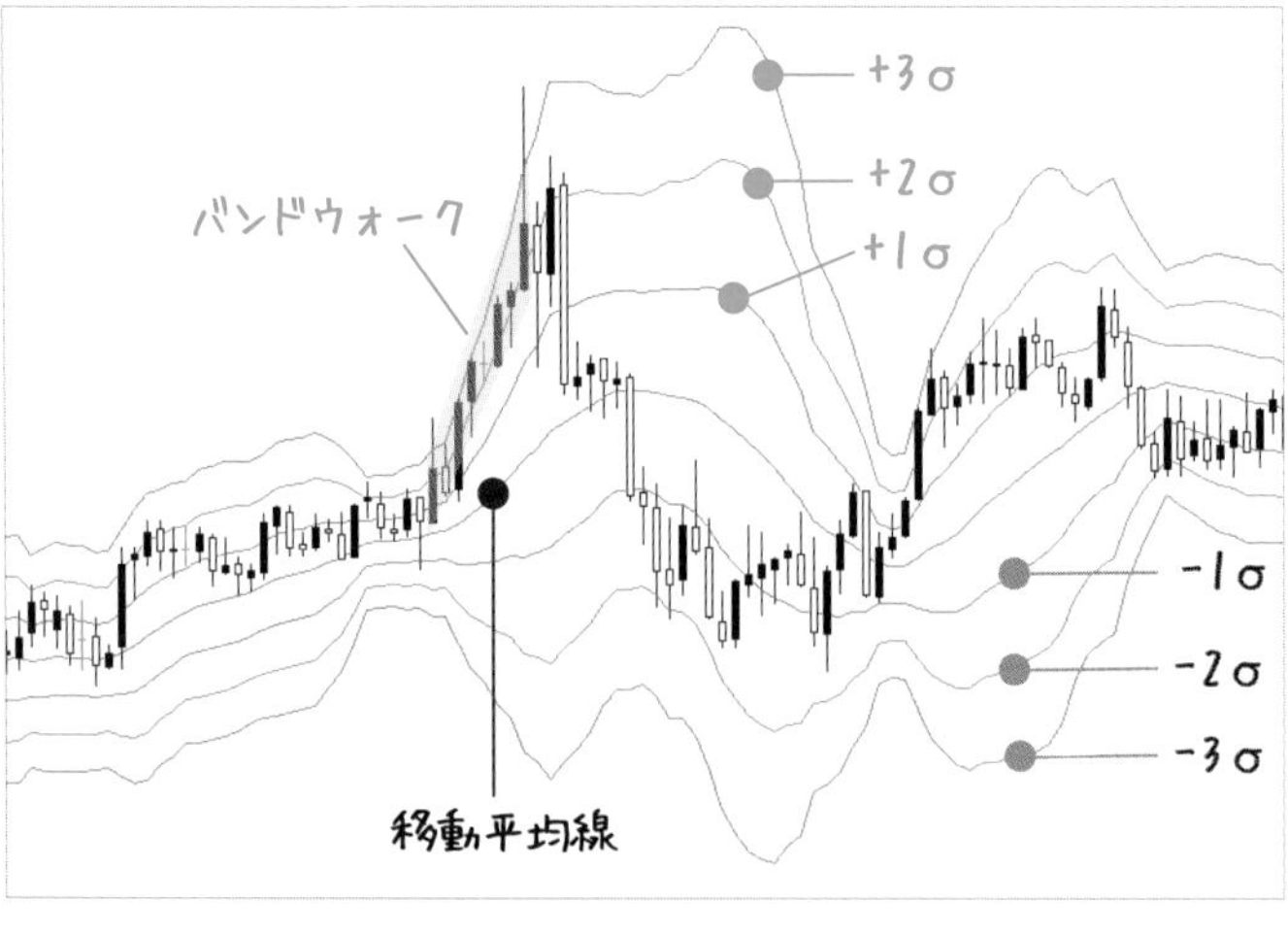

ローソク足がボリンジャーバンドの2σにぶつかると、バンドの中に戻る傾向があります。±**2σの範囲に95％の確率で株価が収まる**と考えられ、投資家は2σのバンドを目安として売買する傾向があります。

また、ボリンジャーバンドではトレンドの強さを上下幅で確認できます。たとえば**狭かった幅が広がり始める**と（エクスパンション）、**トレンドが発生**する兆候だと判断できます。

トレンドが発生すると、バンドに沿って価格帯が推移する**バンドウォーク**の状態になりやすくなります。

ボリンジャーバンドの使い方

逆張り手法

±1～±3σを各々下値支持線や上値抵抗線と考え、**株価が−1～−3σの範囲に入ったときに買い**ポイント、＋1～＋3σの範囲に入ったときに売りポイントとみます。

順張り手法

±2～±3σを超えて推移したときは、これまでの**トレンドが転換**した可能性があるので、−2～−3σにきたときは売りポイント、＋2～＋3σにきたときは買いポイントとみます。

ボリンジャーバンドは、
株価の拡散と収束を分析
するときに使うと便利です。
ただし、長期投資の方は
使わなくても大丈夫です！

05 米国株の銘柄情報を調べてみよう

1 米国銘柄の株価をリアルタイムで見る

米国銘柄の株価チャートを見るには、次のようなサイトを利用するとよいでしょう。

注意したいのは、Yahoo! ファイナンス（日本版）、楽天証券、ＳＢＩ証券は、**株価が15分遅れの表示**になっており、リアルタイムで表示するには有料または条件付きとなります。

マネックス証券、Trading view、Investing.comでは無料でリアルタイム表示されます（執筆時）。

Yahoo!ファイナンス（日本版）　15分遅れ
Yahoo!ファイナンス（米国版）　リアルタイム表示
楽天証券　月1回以上の米国株・ＥＴＦの取引で無料リアルタイム表示
ＳＢＩ証券　月額５００円でリアルタイム表示

マネックス証券　無料リアルタイム表示（米ドルの預り金か米国株の残高が必要）
Trading view　無料リアルタイム表示
Investing.com　無料リアルタイム表示

2 Trading viewで情報を集める方法

米国株の情報を収集するには、証券会社各社、Webサイト、書籍など多くの情報源があります。今回はTrading view（https://jp.tradingview.com/）というサイトでテクニカル指標を確認する方法を紹介します。

Step 1 Trading viewで銘柄検索

Trading viewにアクセスし、ティッカーまたは企業名を入力して検索ボタンを押します。

検索されたページの上段には、当日の株価の動きとその日のチャートが表示されます。

チャートの下段には、ファンダメンタルに関する情報

が表示されています。広告も表示されるので気をつけてください。

Step② フル機能チャートでローソク足を確認する

「フル機能チャート」をクリックすると、**ローソク足が表示され**ます。

ティッカー名の右のボタンで日足、月足などの期間を変更することができます。

その右隣のボタンでは、ローソク足やその他チャートを選択することができます。Trading viewでは、緑色が陽線、赤色が陰線となっていますが、自由に変更できます。

右側のウォッチリストなどが邪魔な場合には、右上のボタンを押すと表示されなくなります。

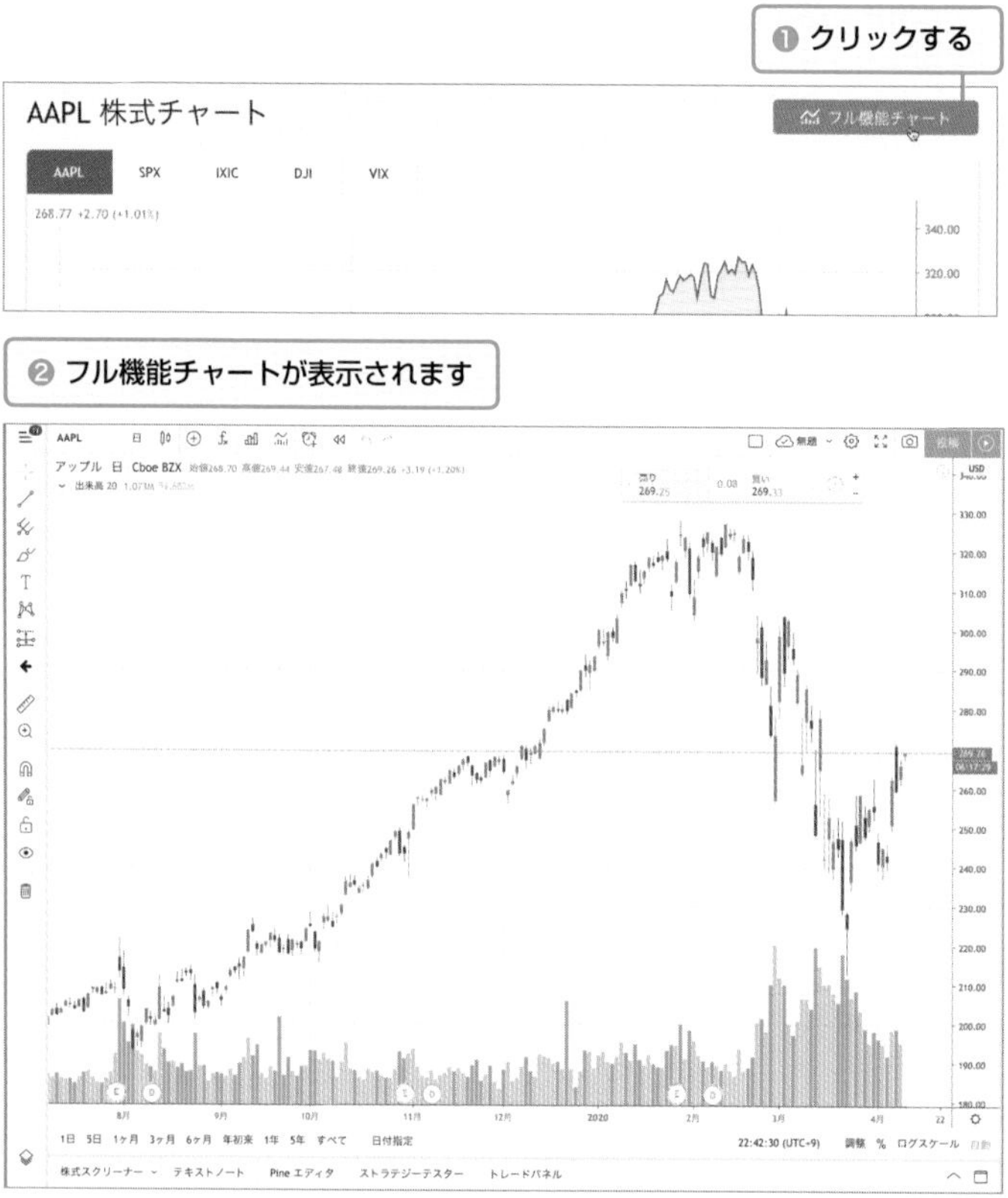

Step③ インジケーターでテクニカル分析指標を確認してみる

テクニカル分析をする際には、「インジケーター」をクリックします。

日本語にも対応しているので、「移動平均」や「ボリンジャーバンド」で検索して、分析したいインジケーターを追加します。

追加したインジケーターは、チャートの左上に表示されています。ここで表示・非表示、削除、設定画面を出すことができます。

たとえばボリンジャーバンドで用いる移動平均の期間や、標準偏差の設定を変更することができます。

このように無料で多機能なテクニカル分析ができるサイトがあるので、ぜひ利用しましょう。

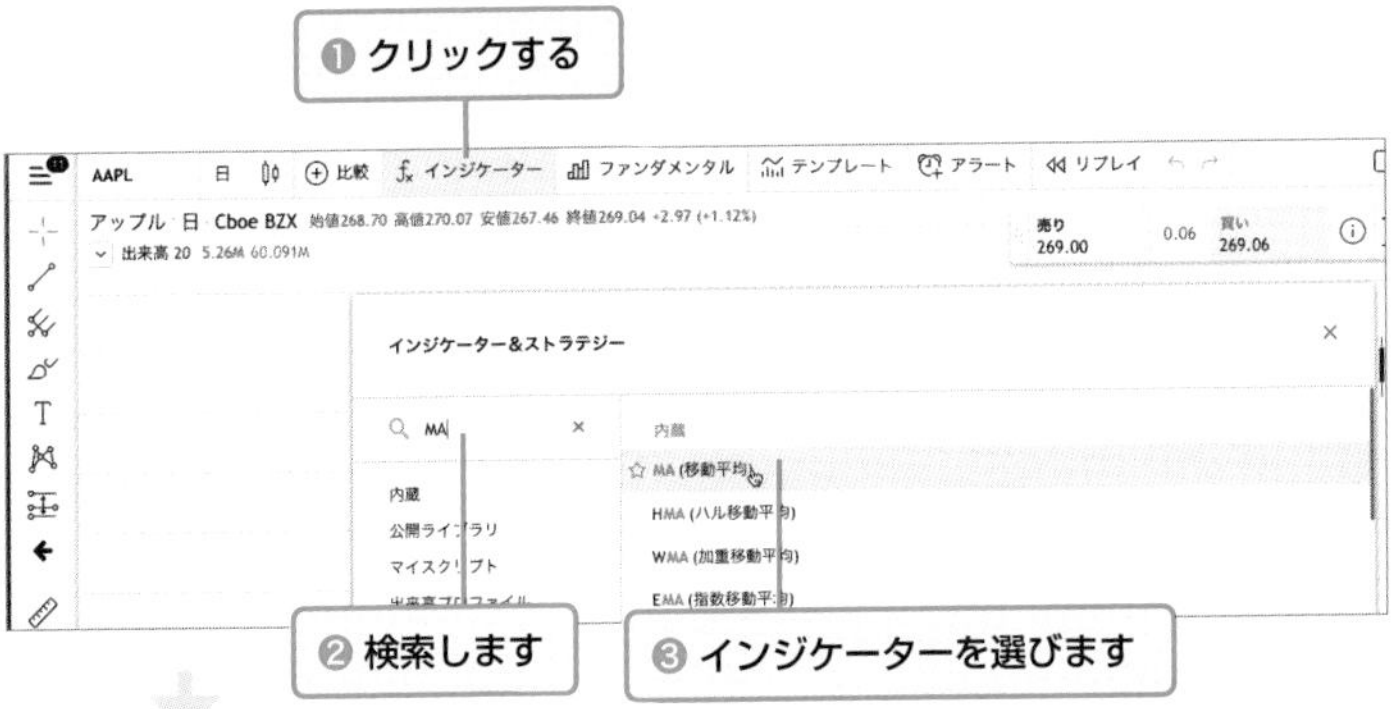

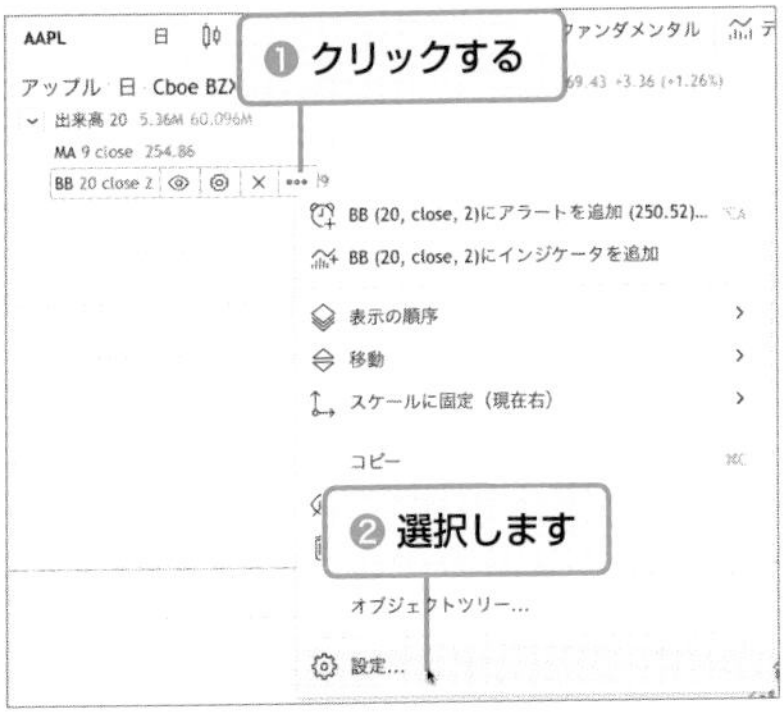

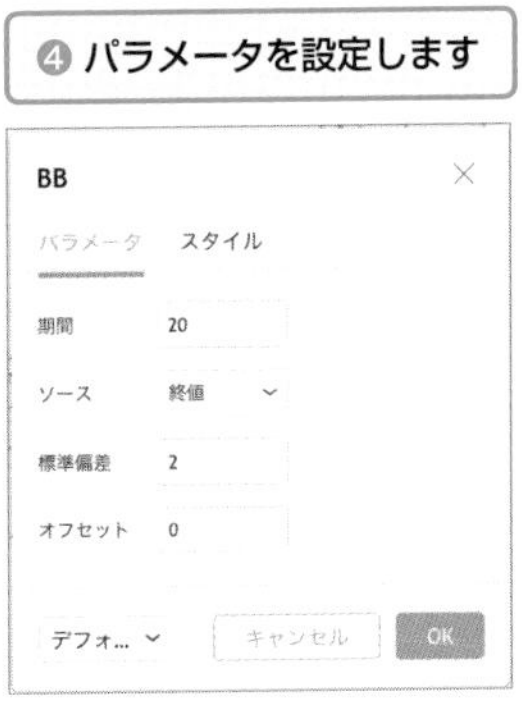

06 PER、PBR、EPSなどの指標で会社の業績、配当を分析しよう

1 3つの「PS」、EPS・BPS・DPS

株価は1株当たりの値段を表します。利益も純資産なども、1株当たりという単位で計ることができます。
それらを計る次のような指標があります。

1株当たり利益は、EPS（Earnings Per Share）
1株当たりの純資産は、BPS（Book-value Per Share）
1株当たりの配当金は、DPS（Dividend Per Share）

3つの指標の語尾には「PS」が付きます。**PS**はPer Shareの

米国株は1株から投資ができます。
ここでは企業や株価を分析するファンダメンタルについて覚えていきましょう！

略で、「**1株当たり**」という意味です。**Shareは「株」**という意味です。

3つの「PS」、EPS・BPS・DPSを覚えたら、ファンダメンタル指標の意味を理解することができます。ここからはこれらに関連するPER、PBR、配当利回りについて紹介します。

2 株価収益率PER（PE Ratio）とは？

PER《ピーイーアール》とは**株価が1株当たりの純利益（EPS）の何倍になっているか**を示す指標です。日本語では**株価収益率**といい、株価が割安か割高かを計る指標です。

米国では「PE Ratio」とすることが多いです。

PER＝株価÷1株当たりの純利益（EPS）

投資家がその**企業の利益1ドルに対して、何倍のお金を投資する価値がある**と考えているのかがわかります。PERが10倍だったら会社が作り出している1株当たりの利益の10倍の値段がつい

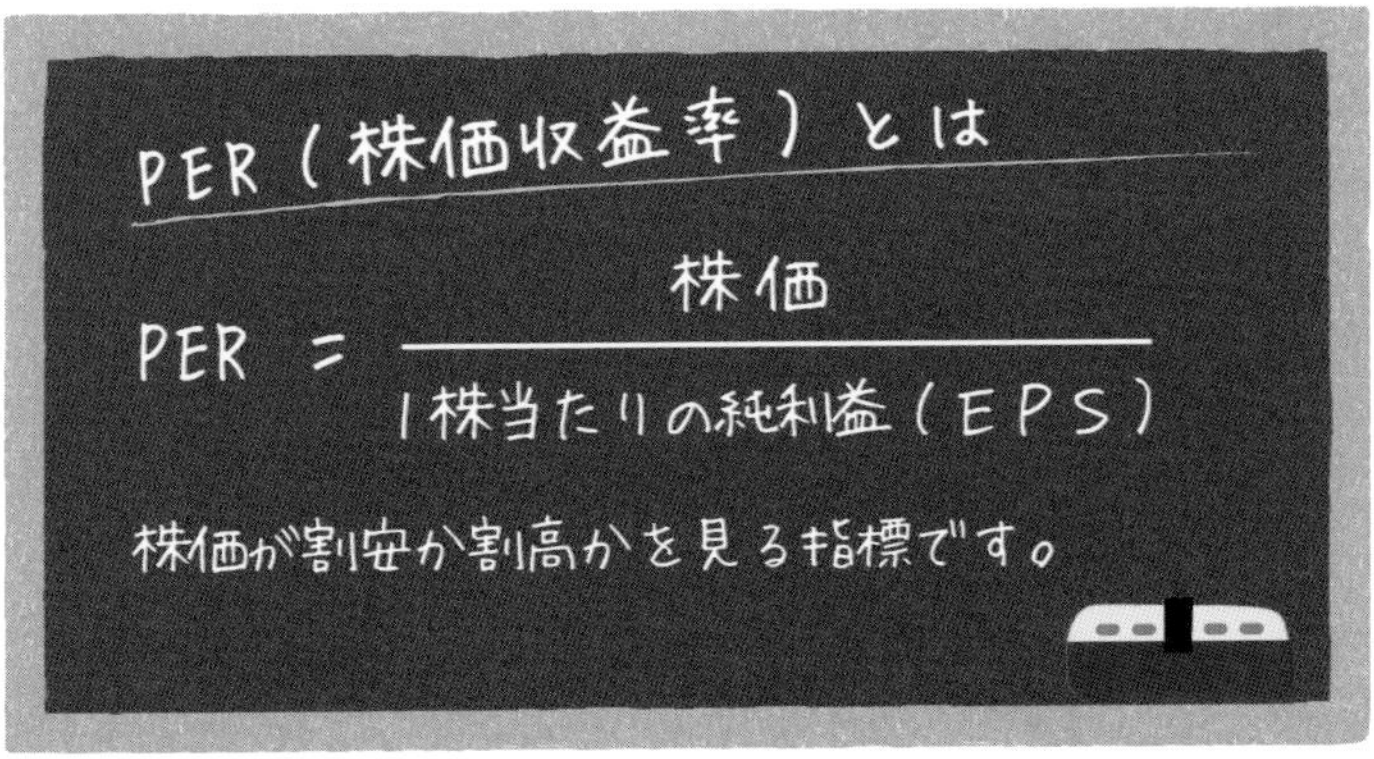
PER（株価収益率）とは
PER＝株価／1株当たりの純利益（EPS）
株価が割安か割高かを見る指標です。

ていることになります。ＰＥＲが50倍だったら利益の50倍の株価という意味です。

現在の株価が２００ドル、１株当たりの純利益ＥＰＳが10ドルなら、ＰＥＲは20倍となります。

ＰＥＲが高いほど株価は割高、ＰＥＲが低いほど割安と考えることができます。

米国銘柄のＰＥＲはセクターによっても異なりますが、15〜20前後を割安、割高の基準とします。

S&P500のPERの推移

株式市場全体のＰＥＲは、市場全体の利益に対する市場全体の価値の比率を意味します。

下図は、過去12か月の実績利益に基づいたＳ＆Ｐ５００のＰＥＲ推移を示しています。

Ｓ＆Ｐ５００のＰＥＲは、最低値である１９１７年12月の５・31から、最高値である２００９年５月の１２３・73の間で変動してきました。過去の平均値は14・82（２０２０年４月時点）です。

● S&P500 の PER 推移 (2020 年 4 月現在)

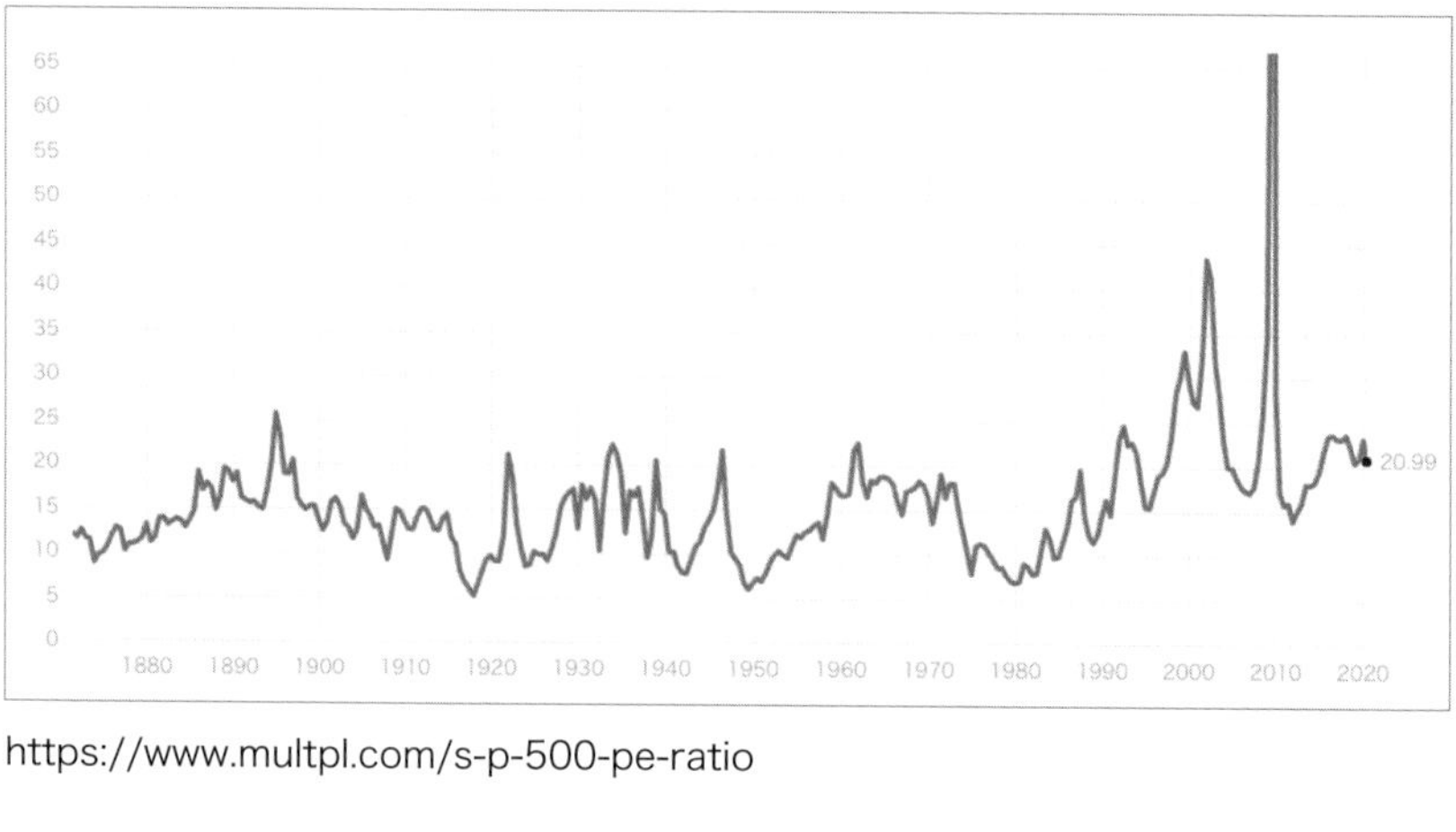

https://www.multpl.com/s-p-500-pe-ratio

株式益回りはＰＥＲの逆数

株式益回りはＰＥＲの逆数です。１株あたりの利益を株価で割ったものです。企業の1年間の1株当たり利益が、その株価の何％を稼いだかを測ります。

株式益回り ＝ １株当たりの利益 ÷ 株価

Ｓ＆Ｐ５００の過去平均ＰＥＲが14・82倍なので、この逆数は６・74％となります。この数値は、Ｓ＆Ｐ５００の実質リターンと近似します。

１９９４～２０１９年12月末までのＳ＆Ｐ５００を見ると、予測ＰＥＲと5年リターンには弱い相関があることがわかっています。ＰＥＲは低いほうが割安だといえるデータのひとつです。

ＰＥＲの注意点　成長率やセクターごとで数値が異なる

ＰＥＲは企業の成長段階や業種・セクターによって大きく異なります。成長力のあるグロース銘柄では、ＰＥＲは高くなりがちですし、将来性がないと見られている産業のＰＥＲは低くなる傾向があります。

たとえばグロース株の代表格であるアマゾンと、衰退産業の代表格であるタバコ株のフィリップモリスのＰＥＲを比べてみます。アマゾンのＰＥＲは81・0倍ですがフィリップモリスは15・0

倍です。

これはアマゾンの2019年実績EPSが23・46ドル、2020年予測EPSが27・88ドルと19％の上昇がコンセンサスとなっているのに対し、フィリップモリスでは4・61ドル↓4・75ドルと3％の上昇予測となっていることが背景にあります。(2020年3月時点)

将来の利益が成長するかどうかの違いが、いま投資家が**1ドルを投資した際に支払う価値**の違いを生んでいるのです。

PER81倍のアマゾンと、15倍のフィリップモリスでは、フィリップモリスのほうが割安だとは一概に言えません。業界が違いますし、成長段階が異なるからです。

個別株でPERを調べる際には、同業他社や同規模の会社と比較しながら、割高か割安かを判断する必要があります。

シラーPER（CAPEレシオ）

シラーPER（Shiller PE Ratio）とは、現在の株価をインフレ率で調整した過去10年間の1株当たりの利益の移動平均値で割った数値を言います。ノーベル経済学賞受賞者のロバート・シラー

● アマゾンとフィリップモリスの株価、EPS、PERの比較

銘柄	2019年（実績）			2020年（予想）	
	株価	EPS	PER	EPS	PER
アマゾン	1900.1	23.46	81.0	27.88	68.2
フィリップモリス	69.15	4.61	15.0	4.75	14.6

2020年3月28日

教授が考案した指数でCAPE《ケイプ》レシオとも呼ばれます。

EPSの10年移動平均値を用いて計算するため、**収益変動や景気循環の影響を除外できる**という利点があります。

シラーPER ＝ 現在の株価 ÷ 過去10年間の1株当たり純利益の平均値

一般的にシラーPERが**25以上だと割高**だと言われる水準です。

https://www.multpl.com/shiller-pe で無料で確認できます。ときどき米国株式市場全体が割高かどうかをチェックしてみるといいでしょう。

3 PBR《ピービーアール》（PB Rario） 株価純資産倍率

PBR（Price to Book value Ratio）とは、**株価が1株当たりの純資産（BPS）の何倍になっているか**を示す指標です。日本語では**株価純資産倍率**と言います。

PERが利益をもとに株価の割高・割安を計るのに対し、PBRは純資産を基準に考えます。株価と純資産を比較し、1株当たりの資産額を測ります。

純資産は会社を解散したとき株主に還元される資産で、「**解散価値**」とも呼ばれます。たとえばPBRが1倍だったら、投資する金額と会社が保有している純資産の価値が同じということです。株式投資ではPBRが1未満なら割安、1以上だと割高と見なします。

PBR＝株価÷1株当たりの純資産（BPS）

会社の純資産は誰のものかというと株主のものです。PBRは、会社が解散したときの所有者である株主の取り分、**解散価値に着目した指標**だと言えます。

PBRの注意点

PBRが高い場合には2つのパターンがあります。

- **純資産以上に株価が高くなっており、割高である**
- **純資産に計上されない無形資産、たとえば知的資産や人的資産が多い企業で割高とは言えない**

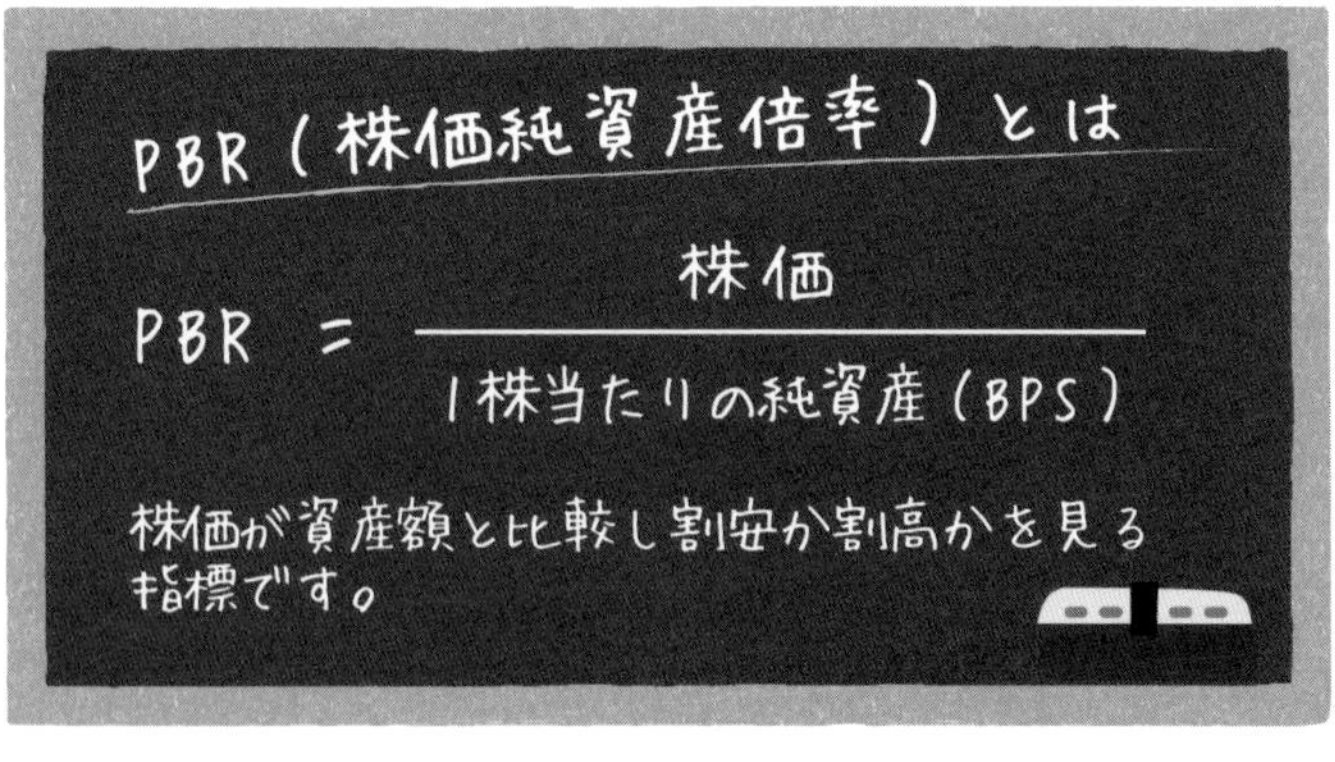
PBR（株価純資産倍率）とは
PBR ＝ 株価 / 1株当たりの純資産（BPS）
株価が資産額と比較し割安か割高かを見る指標です。

たとえば2020年3月末時点で日本株式市場全体のPBRが1・1倍であるのに対し、米国株式市場全体のPBRは2・9倍と高くなっています。

また米国市場のITプラットフォームとなる企業は高PBRです。具体的には、アップルが14・4倍、マイクロソフトが11・9倍、アマゾンが19・9倍と高いPBRです（2020年5月時点）。

PBRが高いからといって、これら米国株は割高と判断していいのでしょうか。

答えはNOです。

21世紀は知識や情報テクノロジーが新たな価値、新たなサービス、新たな企業を創出していきます。高いPBRの企業は、大規模な生産設備ではなく、優秀な頭脳やブランディングを有しているのです。**高PBRの米国優良企業**は、純資産には計上されない資産が利益を生み、その結果として、株価が押し上げられているのです。PBRだけで株価の割高・割安を判断することは難しく、注意が必要です。

4 BPS 1株当たり純資産

PBRは現在の株価を判断しタイミングを測る指標としては使い勝手がよくありません。

しかし長期的な**1株当たり純資産（BPS**：Book-value Per Share）の推移を確認することは、その企業の安定性や手堅さを測ることにつながります。この数値が高いほど、安定的な企業と見なされます。

負債を引いた純資産総額10億円、発行済みの株数が2万株の場合、BPSは10億÷2万で、5万円となります。

個別株で長期投資をする際には、10年は遡り、1株当たりの純資産（BPS）の推移を調べるのがよいでしょう。BPSが安定して増えているならば、その銘柄は長期投資に向いています。

5 配当利回り

配当利回り（Dividend yield）は、配当を重視する投資家にとっては気になる数字です。配当を多く還元する企業は人気があり魅力的です。配当の多寡を測る指標が配当利回りです。

配当利回りは、**1株当たりの年間配当金が、株価の何パーセントに当たるか**を示す指標です。

配当利回り（%）＝1株当たりの配当金÷株価×100

配当金が一定であるならば、**株価が低くなれば配当利回りは高く**なり投資効率が良くなります。

2000年以降、**S&P500全体での平均配当利回りは2%前後で推移**しています。3%を超える個別銘柄は、高配当株と呼ばれることが多くなります。

10万円の投資で配当利回りが2%だと、配当金は2000円となります。

配当利回りに注目して投資をする際の注意点

2種類の配当利回りがある

1株当たりの配当金額には**実績値**と**予想値**の2種類があります。

実績値は、直近12か月で支払われた配当金をもとにします。

予想値は会社が発表している数値、または直近の配当金が将来も同額支払われると仮定して算出します。**予想配当利回り**は、あくまでも予想にすぎないことには注意が必要です。

配当減額の可能性がある

配当利回りに注目して投資をする際には、**減配に気をつける**必要があります。減配とは配当金が減額されることです。配当金が出ない場合は**無配**といいます。会社の業績悪化や戦略変更などによって、配当金が当初の予想よりも減少することがあります。

たとえば2009年の大手製薬会社ファイザーの例を紹介します。

当時のファイザーは25年以上の連続増配をしていました。直近の2005〜2008年を見ても、四半期毎の1株当たりの配当金が

0・19ドル→0・24ドル→0・29ドル→0・32ドル

と順調に増えていました。

しかし2009年1月に、1株当たりの配当金を0・32ドルから0・16ドルに半減すると発表したのです。この減配を投資家は嫌気し、株価は10%以上下落しました。配当金だけではカバー

しきれない下落幅です。
このように**配当金は会社の都合によって減額される可能性がある**ことは覚えておきましょう。

6 配当性向

配当性向（Payout ratio）とは、配当金に関連した指標で企業の**利益のうち何％を配当金に回しているのか**を示します。

配当性向（％）＝１株当たりの配当金÷１株当たりの利益（ＥＰＳ）×１００

配当性向が**１００％を超えている場合、稼いだ金額以上に株主に配当金を支払っている**ことになります。配当性向が高い場合には利益が上昇しない限り、増配の余地が少ないと考えることができます。
配当金に着目した投資をする際には、配当性向が高くないかどうかの確認が必要です。

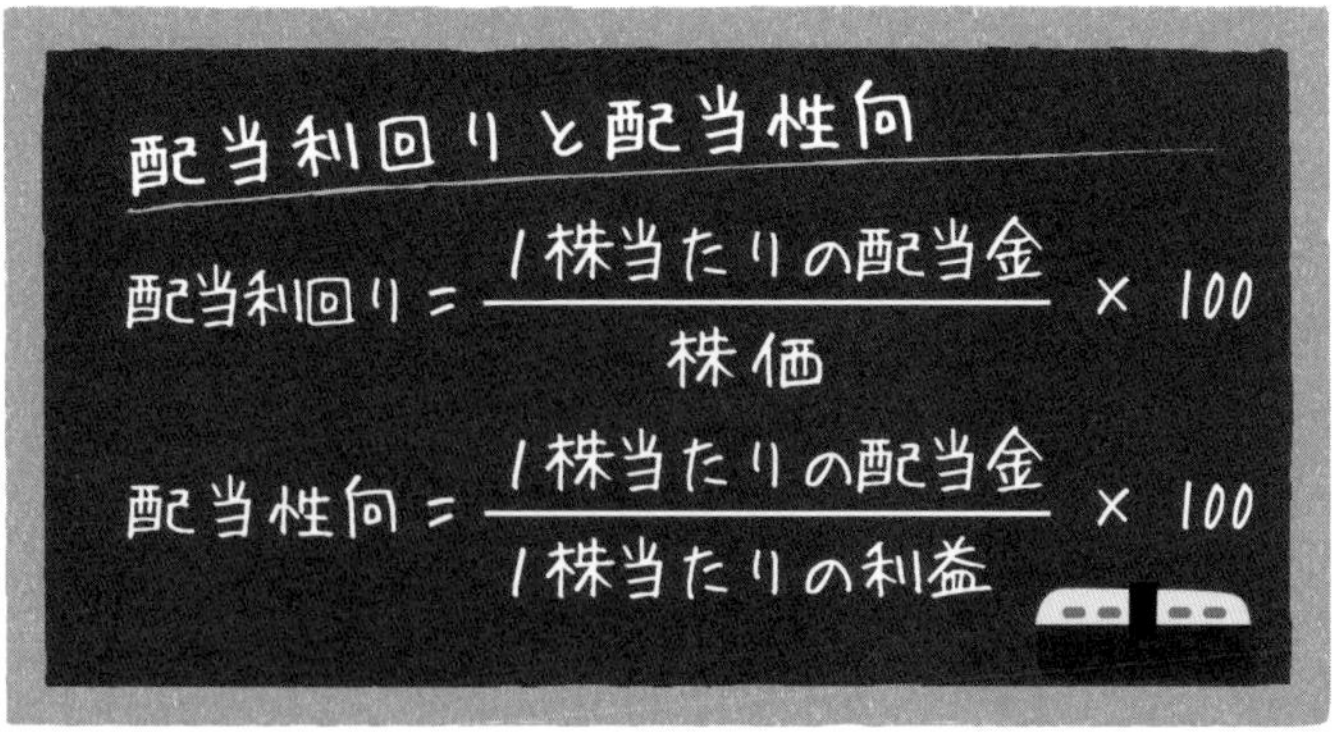
配当利回りと配当性向
配当利回り＝1株当たりの配当金／株価×100
配当性向＝1株当たりの配当金／1株当たりの利益×100

7 株価とEPSとDPSのおさらい

株価100ドル、PER20倍、配当利回り2・5%の株があったとします。

株式益回りはPERの逆数なので5%となります。5%は株価に対するEPSの割合です。

株価100ドルであるこの銘柄のESPは5ドルとなります。

また、配当利回りが2・5%なので1株当たりの配当金（DPS）は2・5ドルです。

EPS（1株当たりの利益）5ドルのうちDPS（1株当たりの配当金）が2・5ドルで配当性向は50%となり、利益のうち半分が配当金として支払われているとわかります。

● 株価、EPS、DPSと各指標の関係

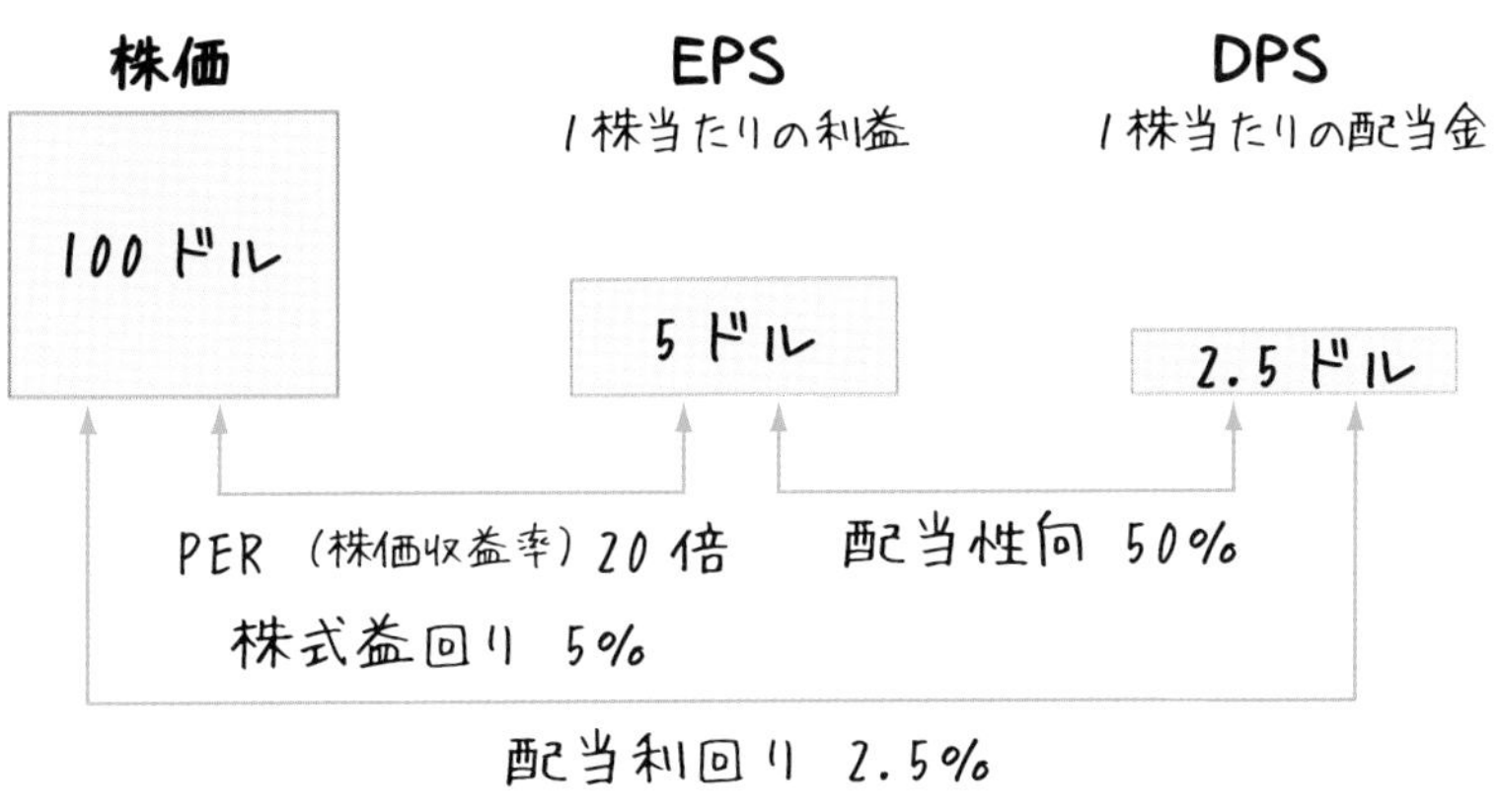

07 キャッシュフローでお金の出入りを分析する

1 3つのキャッシュフロー

利益は、出ていくお金よりも入ってくるお金が多いときに発生します。企業の現金・預金がどれくらい増減したかを計算したものを**キャッシュフロー計算書（C/F）**といい、貸借対照表（B/S）、損益計算書（P/L）ともに財務3表の1つです。

上場企業は決算書に掲載することを義務づけられています。

キャッシュフローは、企業活動を3つの側面に分け、それぞれの現金の出入りを表示します。それぞれ営業、**投資、財務の活動において現金の収支がプラスかマイナスかで状況を把握**することができます。

キャッシュフローは、その名のとおり「お金」の「流れ」を追った計算書です。
企業分析する際、現金のプラス、マイナスで判断できます。

- 営業キャッシュフロー　営業での現金の出入り
- 投資キャッシュフロー　投資での現金の出入り
- 財務キャッシュフロー　財務での現金の出入り

本業の活動による営業キャッシュフロー

営業キャッシュフローとは、**本業による収入と支出の差額**です。つまり、本業を行った結果に手元にお金がいくら残ったのかがわかる項目です。

営業キャッシュフローがプラスであるならば、本業が順調にいっている証拠で、マイナスの場合には本業で稼げていないことになります。

投資活動によるキャッシュフロー

投資キャッシュフローとは、**設備投資**したり、**固定資産や株、債券などを取得したり売却**したりしたときの現金の流れを表します。

営業活動を行うために、設備投資をする際には固定資産へ投資

現金	プラス	マイナス
営業キャッシュフロー	本業で売上増 本業で支払減	本業で売上減 本業で支払増
投資キャッシュフロー	設備、資産の売却	設備、資産の購入
財務キャッシュフロー	借入、出資受け	返済、配当

をします。すると企業はお金を支払うことになり、投資キャッシュフローはマイナスとなります。

一方で会社が持っている設備や株などを売って評価差益が得られると、投資キャッシュフローはプラスとなります。

財務活動によるキャッシュフロー

財務キャッシュフローとは、株式や**借入**をして資金調達した際の、調達と返済の状況が記載されます。株主に**配当**を支払ったり、**自社株買い**をしたり、借金を返済した場合は、マイナスになります。逆に借入金や社債などで資金調達すればプラスになります。

利益を見るならEPSも大事だけど、営業キャッシュフローを確認しよう

営業キャッシュフローは会計においては一番ごまかしにくい数値です。

キャッシュフローはお金の実際の流れを表しているからです。そして営業キャッシュフローは、**本業によって手元に残ったお金がいくらなのか**を示しています。

EPSだけではなく、営業キャッシュフローを見て本業が順調に伸びているのかどうかを確認しましょう。

6時限目

証券口座を開設して米国株投資を実践してみよう

実際に証券会社に
口座をつくって
米国株を売買して
みましょう。
税金の知識も併せて
覚えましょう！

01 米国株を売買できる証券会社を選ぼう

1 証券会社に口座を開設しよう

株式の取引をしたことがない方は、最初に**証券会社に証券総合取引口座を開設**しましょう。証券会社に出向かなくてもパソコンの証券会社のＷｅｂサイトやスマートフォンからも口座開設の申し込みができます。

楽天証券、DMM.com証券、マネックス証券（２０２０年3月16日以降に開設した場合のみ）では、総合取引口座を開設すればそのまま外国株も購入可能となります。ＳＢＩ証券では証券総合取引口座を開設後に、**外国株取引口座を開設する必要**があります。

● 最初に証券会社で取引口座をつくりましょう

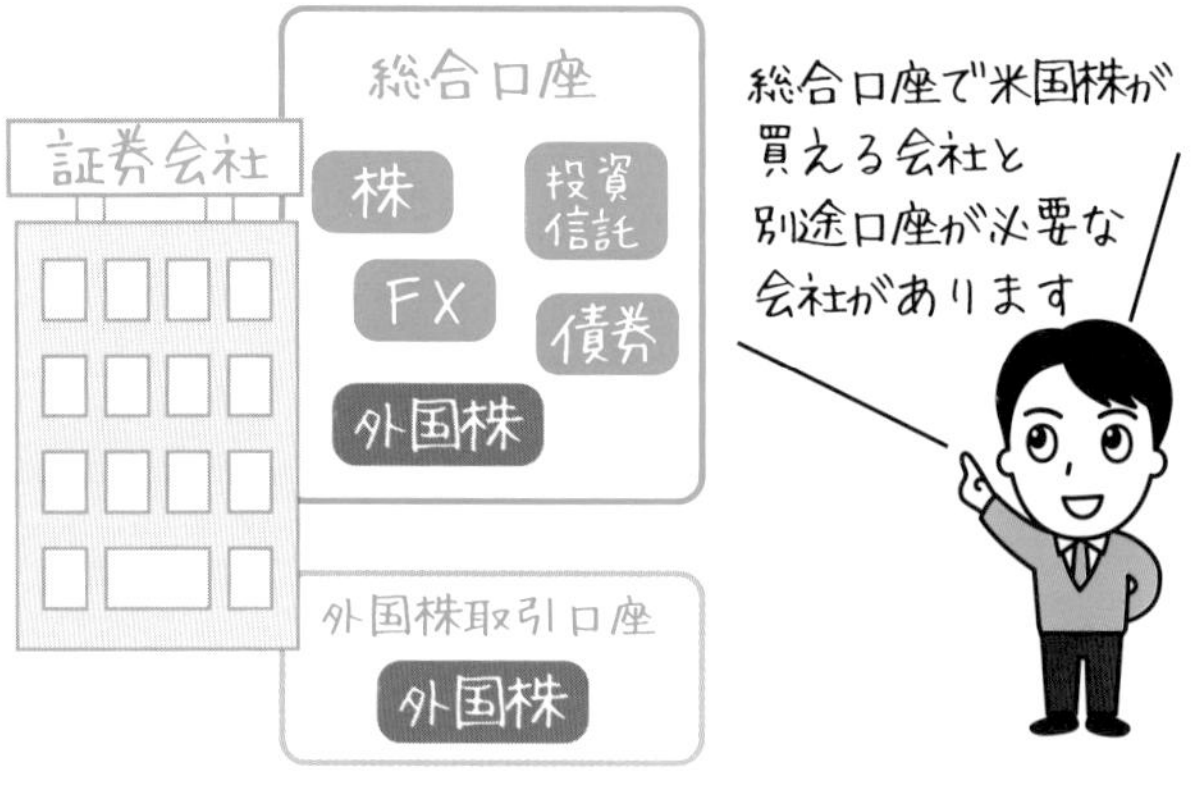

2 米国株が買える証券会社の選び方

どの証券会社を選んだらよいでしょうか。

米国株に投資するには米国株が買える証券会社でないとだめですね。

また、買える米国株の**銘柄数**もチェック項目です。さらには、**売買手数料やスマホ対応、営業時間**なども会社によって違いますので選び方はいろいろあります。

米国株投資にはネット証券がおすすめ

証券会社には投資家に営業担当が付く**対面証券**と**ネット証券**があります。米国株投資には手数料が安く取り扱い銘柄数の多いネット証券がおすすめです。**日本国内の米国株の買えるネット証券には、楽天証券、SBI証券、マネックス証券、DMM.com証券**などがあります。

3 手数料はほぼ横並びです

ネット証券では米国株の**売買手数料**が足並びで安くなってきており、各社の差別化が難しくなってきています。投資家にとっては嬉しいことです。

米国株を取引する際には、次の**2つの手数料**が発生します。

- **・売買手数料（取引手数料）**
- **・日本円と米国ドルを両替する為替手数料**

売買手数料は株式を買ったり売ったりしたときにかかります。**為替手数料**は米国株を買う前に円をドルに替えるときに発生します。

売買手数料はマネックス証券、楽天証券、SBI証券ともに**約定代金の0・45%**で、**DMM.com証券は無料**です。

売買手数料には上限が設けられていて3社とも20ドルとなっています。5000ドルの株を購入すると0・45%の料率で22・5ドルとなりますが、実際には上限である20ドルの手数料となります。

1取引の最低手数料は約定代金が2・22ドル以下の場合に楽天証券とSBI証券は無料。マネックス証券は1・1ドル以下の場合に無料です。

為替手数料は片道25銭かかります

SBI証券、楽天証券、マネックス証券では、銀行口座から外国株式口座に入金する場合、

● **証券会社の米国株の比較**（2020年5月現在：税別）

証券会社	楽天証券	マネックス証券	SBI証券	DMM.com証券
取扱銘柄数	約3000以上	約3600以上	約3400以上	1000以上
手数料率	0.45%	0.45%	0.45%	無料
1取引の最低手数料	無料	無料	無料	無料
1取引の最高手数料	20ドル	20ドル	20ドル	無料
1ドルの為替手数料	25銭	25銭	25銭	25銭

❶ **日本円で入金し米ドルに振り替える**
❷ **国内の銀行で外貨にしてから送金する**

のいずれかを選択できます。DMM.com証券は❶の円取引のみで、配当金受取が円取引のみで為替スプレッドが1円です。日本円のまま入金し**「円貨決済」で約定**した場合は、為替取引手数料（為替スプレッド）25銭がかかります。国内銀行で米ドルに両替してから入金すると、国内銀行間の**外貨送金手数料**がかかります。

系列ネット銀行で手数料が安くなる！

SBI証券の場合、系列の住信SBIネット銀行を利用すると次のステップで為替手数料が通常4銭と格安になります。

❶ **住信SBIネット銀行でドル購入**
❷ **住信SBIネット銀行からSBI証券へ送金**
❸ **SBI証券で米国株購入**

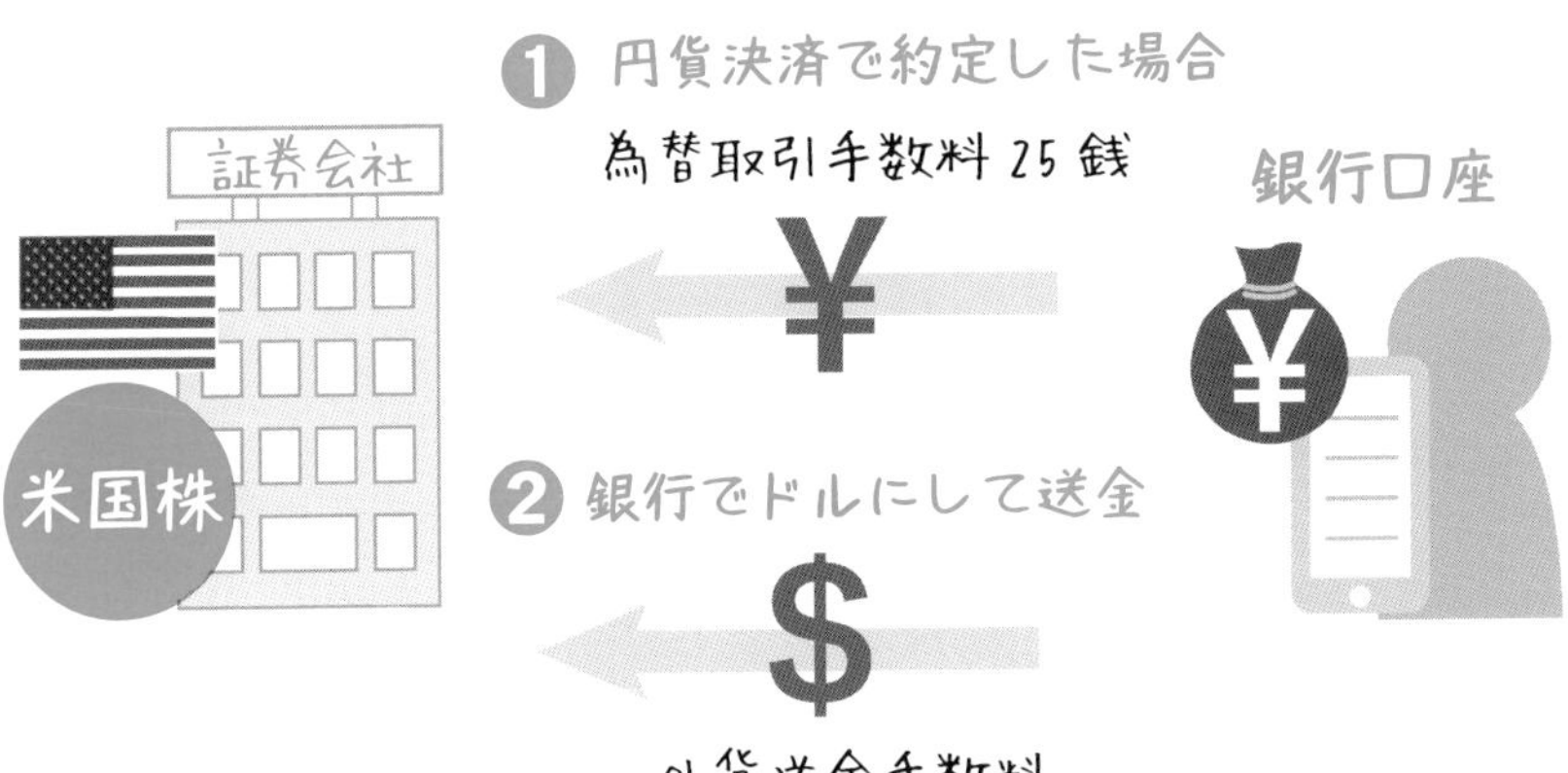

たとえば1ドル109・8円の時に100万円で米ドルを購入（換金）した場合を考えてみましょう。

為替手数料25銭の場合には9086・78ドル（手数料は約2272円）に対して、片道4銭だと9104・15ドル（手数料は約364円）となり、1900円程の差になります。

4 小型株も視野に入れる場合は、取り扱い銘柄数で選ぶ

ネット証券大手ならば、アップル、グーグルやフェイスブックなど日本でも馴染みのあるほとんどの米国企業に投資ができます。しかし注目されていない企業で未来のアマゾンのように急成長する銘柄を「取り扱っていない」ということもあります。

こだわりの銘柄や次世代を担う成長株に投資をしたいと思ったら、**取扱い銘柄数が多い証券会社**を選んでおくことが無難です。

5 ライフスタイルに沿った注文時間の会社を選ぼう

注文できる時間帯と、どういった注文が可能であるか比較することも大切です。**米国株の取引時間**は、基本的に日本時間の夜～明け方になります。

しかし注文受付時間は日本時間のお昼から翌日朝までであったり、24時間いつでも受付可能で

あったり**証券会社によって異なります**。会社員の方が、朝の通勤時間に米国株の売買注文を出そうとする場合は24時間受付可能な証券会社でのみ、発注ができます。

自分の**ライフスタイルに合った注文受付時間**を把握し、その時間帯に合った証券会社を選択するようにします。

6 逆指値《ぎゃくさしね》注文が使えるかは結構重要

株の売買の際、「〇ドルまで上がったら売り」「△ドルまで下がったら買い」という**指値注文**が最もよく使われる売買方法です。

逆指値注文は、その逆で「△ドルまで下がったら売り」、買付の場合「〇ドルまで上がったら買い」となります。

特に下降トレンド入りした株価の損失拡大を事前に防止できるメリットは大きいです。逆指値注文を活用して、「参照価格を下回ったら売り」と事前に発注することにより、損失の拡大を防ぐことが期待できますし、利益確定にも使えるのです。

SBI証券、マネックス証券では、逆指値注文による売買ができます。また、2つの注文を同時に発注し、一方の注文が約定するともう

● 米国株の注文受付と立会時間帯（2020年5月時点）

	注文受付時間	立会時間
マネックス証券	24時間　土日可	23:30～翌6:00
楽天証券	8:00～翌6:00　土日可	23:30～翌6:00
SBI証券	9:00～翌6:00　土日可 （19:00～19:30を除く）	23:30～翌6:00
DMM.com証券	16:00～翌6:00　土日可	23:30～翌6:00

＊サマータイム3月第2日曜～11月第1日曜は1時間早くなります。
＊土日の時間帯は各証券会社のHPなどでご確認ください。

片方の注文がキャンセルされる**OCO注文**に対応しているのはマネックス証券とDMM.com証券です。

マネックス証券では、注文時の株価を基準に、値幅、%幅で逆指値のトリガーとなる価格を指定できるトレールストップ注文という方法で注文ができます。

7 特定口座への対応で選ぶ

米国株投資では、為替レートの計算など日本株の確定申告よりも煩雑になります。申告の手間を考えると日本国内の証券会社による「**源泉徴収ありの特定口座**」がおすすめです。源泉徴収ありの特定口座で取引すると、利益が出ても**確定申告をする必要がありません**。

特定口座では、譲渡損益等の計算を証券会社が代行し、国内株式、投資信託、公社債、米国株や中国株など海外株と一緒に譲渡損益、配当の損益通算をしてくれます。

米国株の特定口座対応は、マネックス証券が先駆けでしたが、その後、大手ネット証券が追随しています。

● 特定口座と一般口座

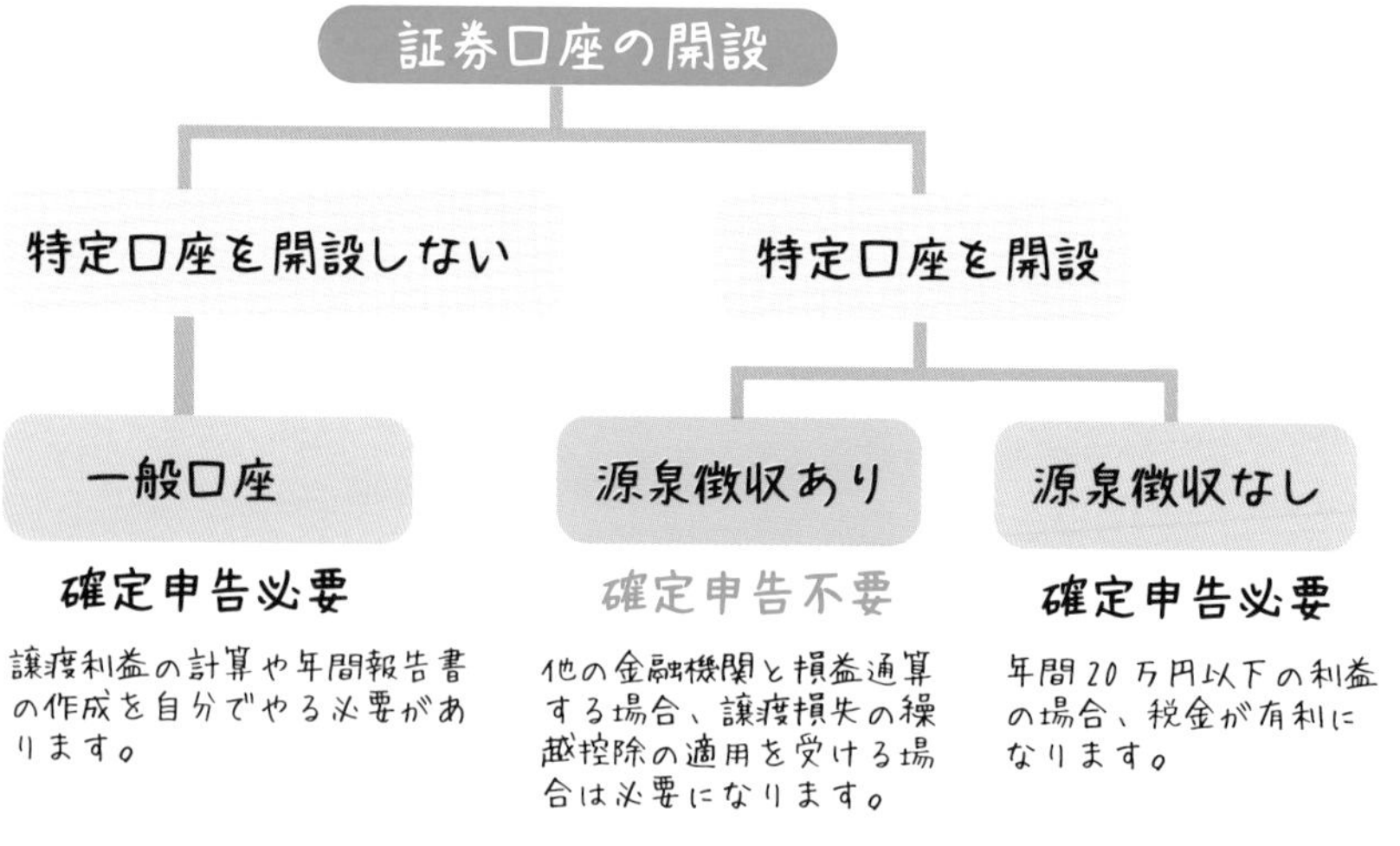
証券口座の開設
特定口座を開設しない
特定口座を開設
一般口座
源泉徴収あり
源泉徴収なし
確定申告必要
譲渡利益の計算や年間報告書の作成を自分でやる必要があります。
確定申告不要
他の金融機関と損益通算する場合、譲渡損失の繰越控除の適用を受ける場合は必要になります。
確定申告必要
年間20万円以下の利益の場合、税金が有利になります。

8 スマホ対応や使いやすさで選ぶ

ここまで紹介した以外にも、次のようなことも基準としてみましょう。

- **リアルタイムで株価表示がされるか（通常15分遅れ）**
- **売買や配当金の受取り履歴が過去何年分まで閲覧できるか**
- **スマホのアプリを使って売買できるか**

パソコンを使う習慣がなく、スマートフォンで取引したい場合はアプリがあると便利です（78ページも参照）。

楽天証券では**iSPEED**アプリ、マネックス証券では**トレードステーション米国株**スマートフォンアプリ、DMM.com証券では**DMM株**アプリが用意され、スマートフォンのアプリから米国株を購入することができます。

口座の開設は1社に絞らず、複数の証券口座を開設して使ってみて判断してもいいですね。

● スマホアプリで取引できると楽です

楽天証券
iSPEED アプリ

マネックス証券
トレードステーション米国株
スマートフォンアプリ

DMM.com 証券
DMM 株アプリ

02 証券会社に口座を開設して米国株を売買してみよう

1 証券会社の口座を開設しよう

　証券会社に取引口座がないと米国株を売買することができません。口座の開設にあたり**運転免許証、マイナンバーカード、個人番号通知カード等の本人確認の書類**が必要になります。あらかじめ用意しておきましょう。

　スマートフォンで証券会社にアクセスして、Ｗｅｂサイトの操作だけで口座を開設できるネット証券会社もあります。**書類を郵送せず、**Ｗｅｂページのフォームに個人の情報を記入し**マイナンバーカードと顔写真のデータをアップロード**します。

　審査が終了し口座が開設されると、郵送かメールでログイン

● スマートフォンから証券口座開設できる会社もあります

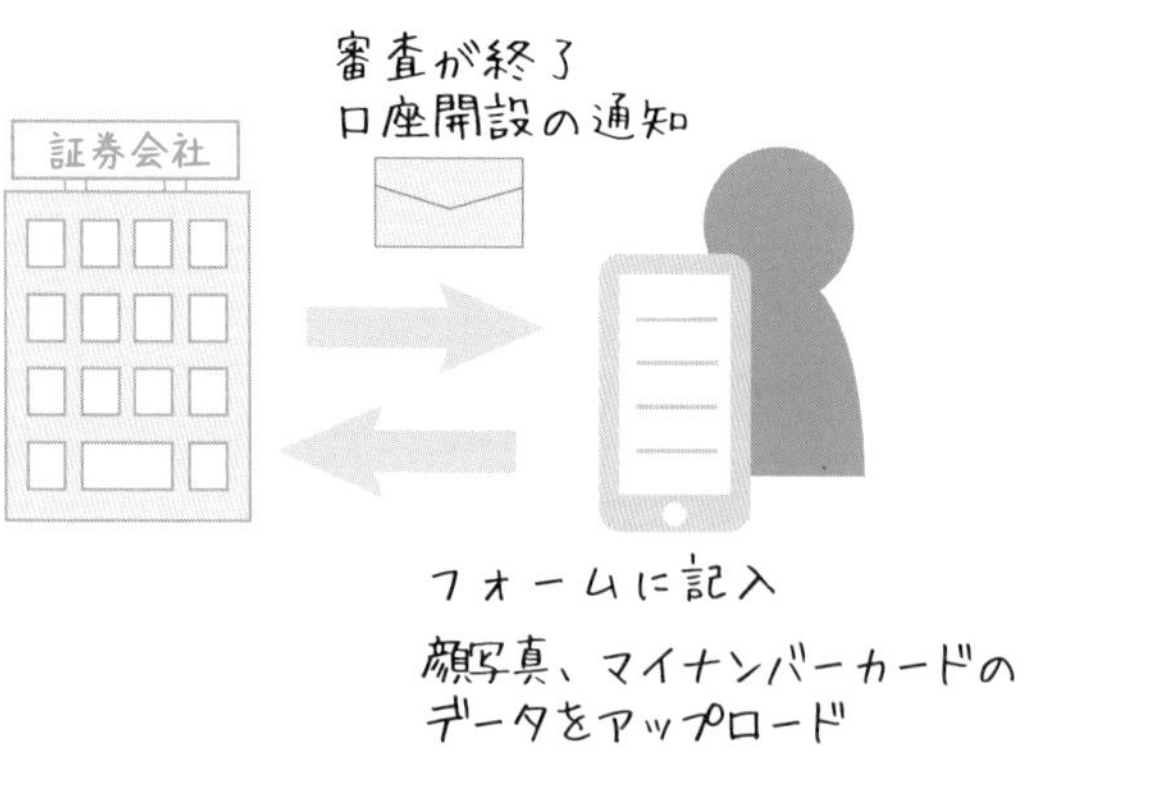

ＩＤとパスワードが送付されてきます。

証券会社のＷｅｂサイトを表示し、ログインＩＤとパスワードを入力すると、株式や外国為替、投資信託などの取引ができるようになります。

なお、口座を開設する申し込みフォームで納税方法の選択、ＮＩＳＡ口座の選択が求められる会社もあります。納税については１９８ページを、ＮＩＳＡについては7時限目を参照してください。また、米国株取引の際に、証券口座とは別途、**外国株式取引口座の開設**が必要な会社もあるので確認してください。

2 買いたい銘柄を検索し、情報を確認する

ここでは一般的な証券会社のサイトで米国株式の特定の銘柄を買う注文の流れを紹介します。

最初に証券会社のＷｅｂサイトアクセスします。

証券会社の取引口座にアクセスするためのログインＩＤとパスワードを入力し、ログインします。どの証券会社もログイン後のトップページのメニューに「外国株」「米国株」といった米国株ページへの項目があるので、クリックしてアクセスしましょう。

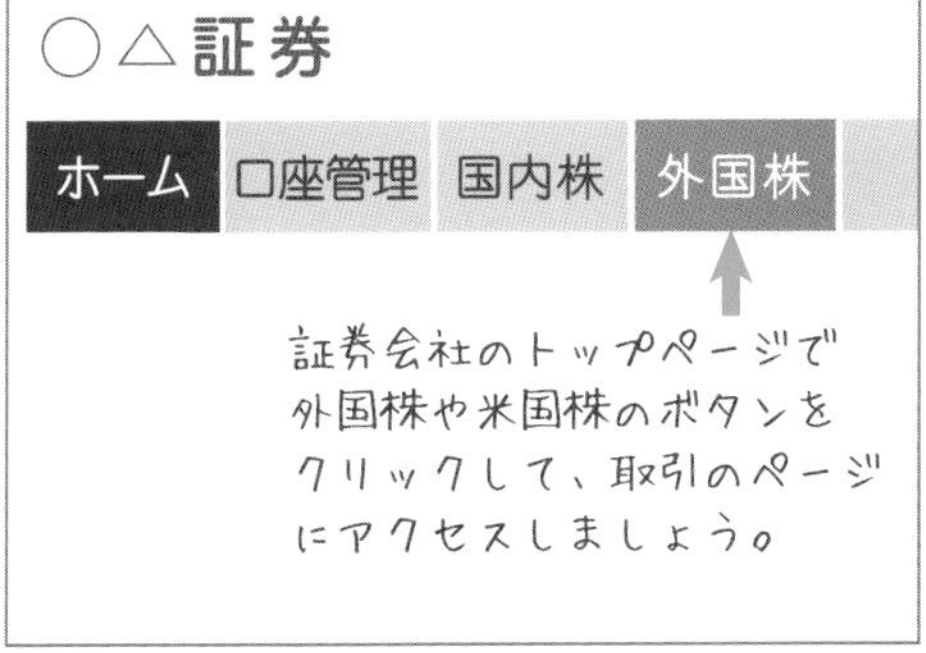
○△証券
ホーム
口座管理
国内株
外国株
証券会社のトップページで外国株や米国株のボタンをクリックして、取引のページにアクセスしましょう。

購入したい銘柄を検索する

次に買いたい銘柄を検索しましょう。

注文を行う画面では、米国株銘柄の入力ボックスがあるので、そこに**ティッカーシンボル**もしくは**カタカナの社名**を入力し、銘柄を検索します。

文字の一部を入力すると候補が表示されるサイト、一部の入力・検索で文字を含む社名リストが表示されるサイトもあります。

銘柄コードのティッカーシンボル（「ＭＳＦＴ」など）を入力しても検索できます。

ＥＴＦの場合はＶＯＯやＶＴＩなどのティカーシンボルを入力します。

検索されると、企業情報のページが表示されるサイトの場合は、株価、出来高、チャート、ニュース、業績予想、財務などを表示できます。チャート分析や業績や配当、各指標などから銘柄を分析しましょう。

● 会社名かティッカーシンボルで銘柄を検索します

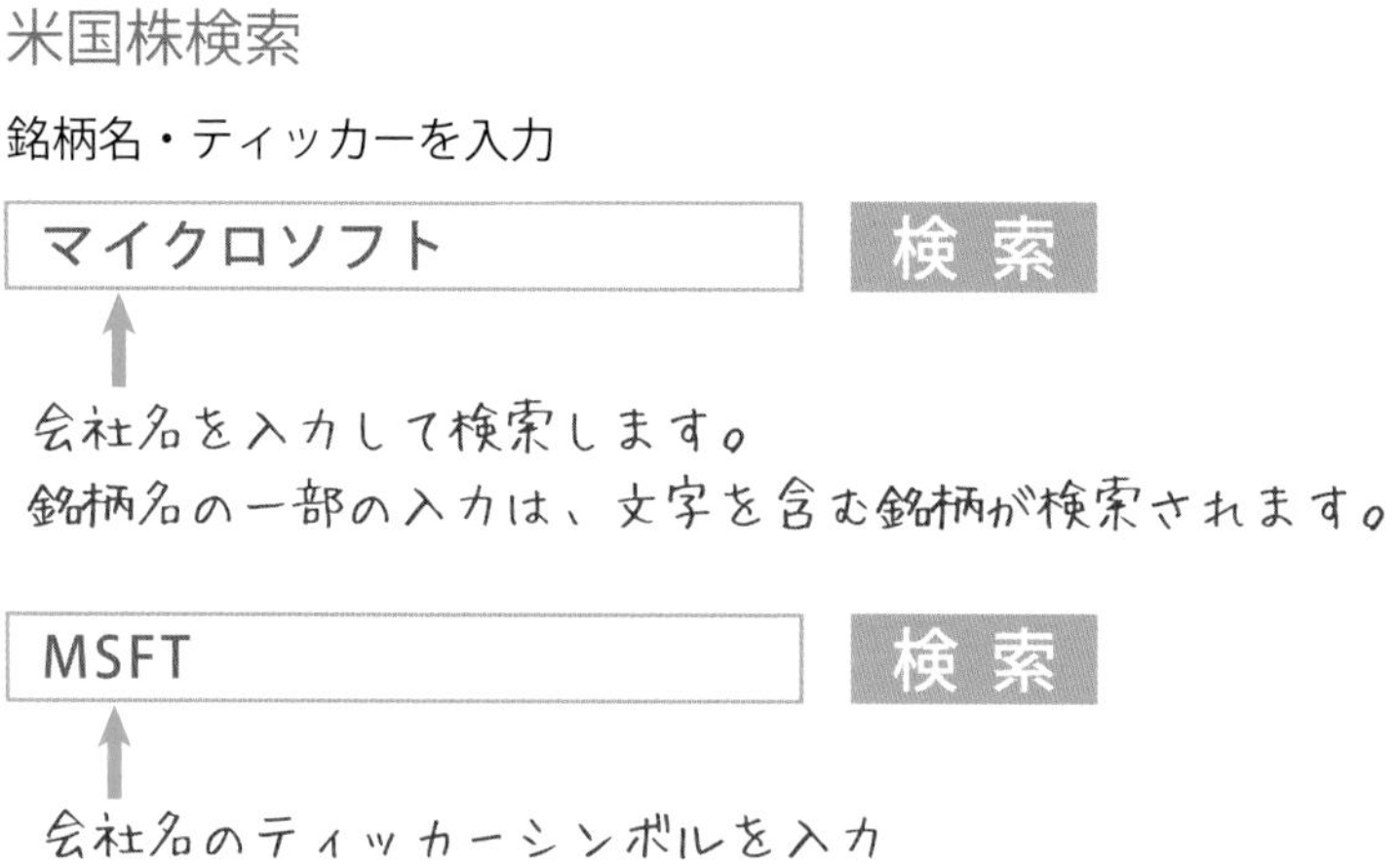
米国株検索
銘柄名・ティッカーを入力
マイクロソフト
検索
会社名を入力して検索します。
銘柄名の一部の入力は、文字を含む銘柄が検索されます。
MSFT
検索
会社名のティッカーシンボルを入力

注文内容を入力する

銘柄の情報ページが表示される場合、銘柄の価格、出来高、チャート、配当など、銘柄のさまざまな情報が表示されています。

取引をする場合には、「買い」ボタン等をクリックして取引用フォームを表示します。

買いたい**株数**、**注文方法と購入したい価格**、**期間**、**決済方法**などを指定します。

下図では1株を「**指値**《さしね》」で150米ドルで注文してみます。「指値」というのは、買いたい価格を入力して指定し、その価格で売りたい人がいたら取引が成立する方法です。

「**成行**《なりゆき》」を指定すると、価格を指定せずに、現在の取引可能な価格で注文が瞬時に行われます。

大型株やETFは「成行」でも問題ありませんが、小型株や株価変動の大きい場合は「指値」を指定し、買いたいまたは売りたい価格を指定するのがよいでしょう。

● 米国株の発注は、数量、価格、期間、決済方法を指定します

会社によっては、価格が上がったら買い、下がったら売りの**逆指値注文**や、２つの注文を同時に出し、一方の注文が約定するともう片方の注文がキャンセルされる**ＯＣＯ注文**ができます。

「**期間**」「**執行条件**」には取引を継続する有効期間を指定してください。「本日中」を指定すると、指値を指定して価格に届かなかった場合には、取引は不成立となります。米国株の場合「本日中」を選ぶと、その日の取引時間内での注文となります。

マネックス証券では、注文バーという横長の注文入力フォームで銘柄検索し注文を行います。銘柄の情報等は、レーダースクリーンで銘柄を検索して登録しチェックします。

円貨決済、外貨決済、どっちが有利？

決済方法を指定する項目がある場合、「円貨決済」と「外貨決済」のいずれかを選びます。

「**円貨決済**」は**日本円でそのまま外国株を買う**方法です。会社によっては、円貨決済だけの会社もあります。

事前の為替取引をしないですぐに購入できる方法です。証券会社の規定に従う為替レートが適用されるので、ドルにする際の手数料（スプレッド）が割高な場合もあります。１ドル25銭が標準

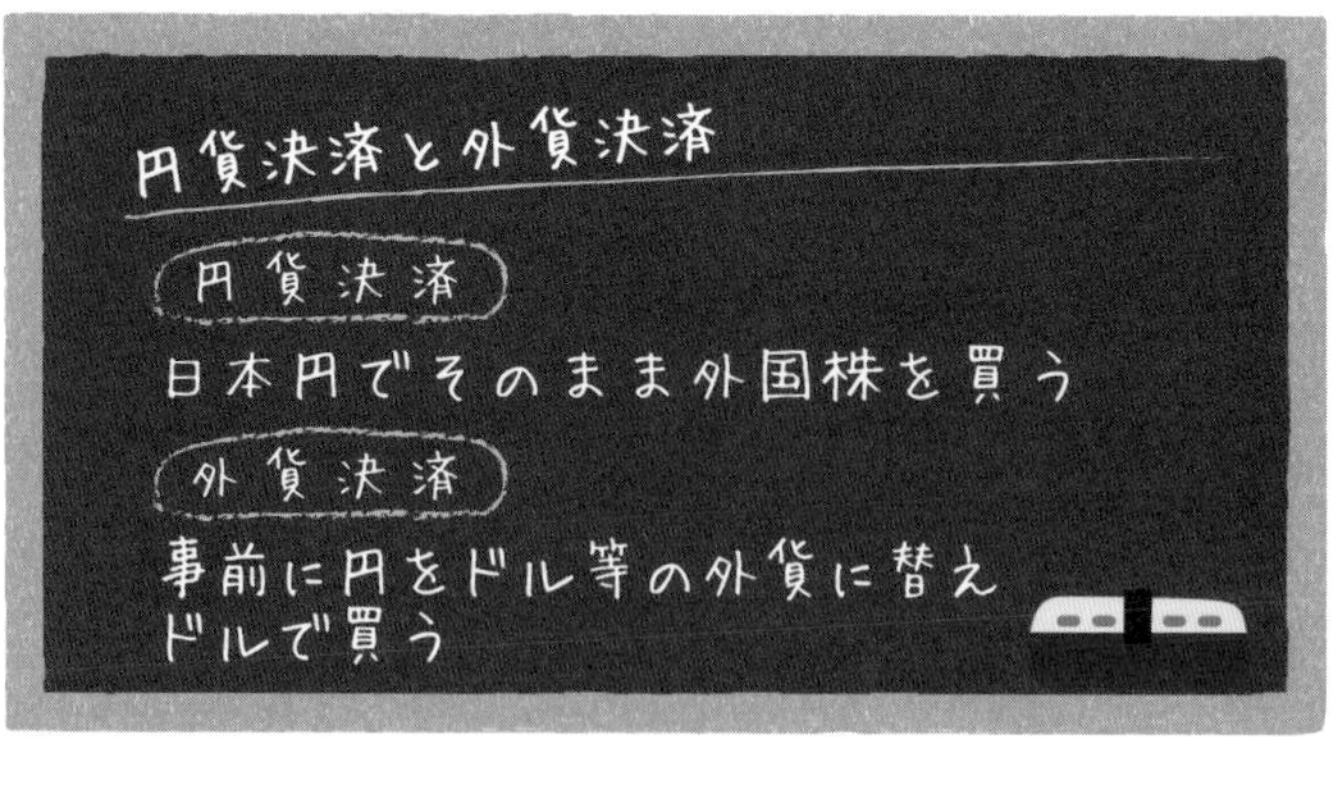
円貨決済と外貨決済
円貨決済
日本円でそのまま外国株を買う
外貨決済
事前に円をドル等の外貨に替え
ドルで買う

的な手数料です。

「**外貨決済**」は、**事前に円をドル等の外貨に替え**ておく必要があり、**ドルベースで発注**ができます。事前に外貨で預けておき、「外貨決済」を選んだほうが手数料が安くなります。円高のときに外貨に替えておけば、為替差益も狙えます。

円を外貨の預り金に替える場合、系列の銀行に円での預金があると安くなったり、手続きが簡単になる場合があるので、調べてみましょう。

税金申告が不要な「**特定口座**」、税金申告が必要な「**一般口座**」、ＮＩＳＡ口座を開設している場合は「**ＮＩＳＡ**」を注文時に選択する方法の会社が多いです。

注文を行った情報を表示する確認画面が表示され、この内容でよければ「確認画面」などのボタンをクリックしましょう。

買い注文を最終確認し、注文する

注文の確認画面で注文内容が正しいかどうかを確認し、この内容でよいなら取引暗証番号を入力し「注文」をクリックし発注します（取引暗証番号がない場合もあります）。

これで注文作業は完了です。

注文を照会する画面で注文を確認し、約定《やくじょう》の画面で注文が成立したかどうかを確認できます。

03 米国での配当への二重課税を取り戻そう

1 配当には米国で源泉徴収10％かかります

米国株を購入すると、年に数回の**配当や分配金**を得ることができます。米国株は日本株と比較すると、高配当の銘柄がたくさんあります。

口座開設している証券会社から配当が入金されると、特定口座、一般口座、ＮＩＳＡ口座ともに図のように米国で**10％の外国所得税**の課税を受けます。

その後、ＮＩＳＡ口座以外は**日本国内で20・315％（所得税15％、住民税5％、復興特別所得税0・315％）**がかかります。

● 米国株の配当には外国所得税がかかる

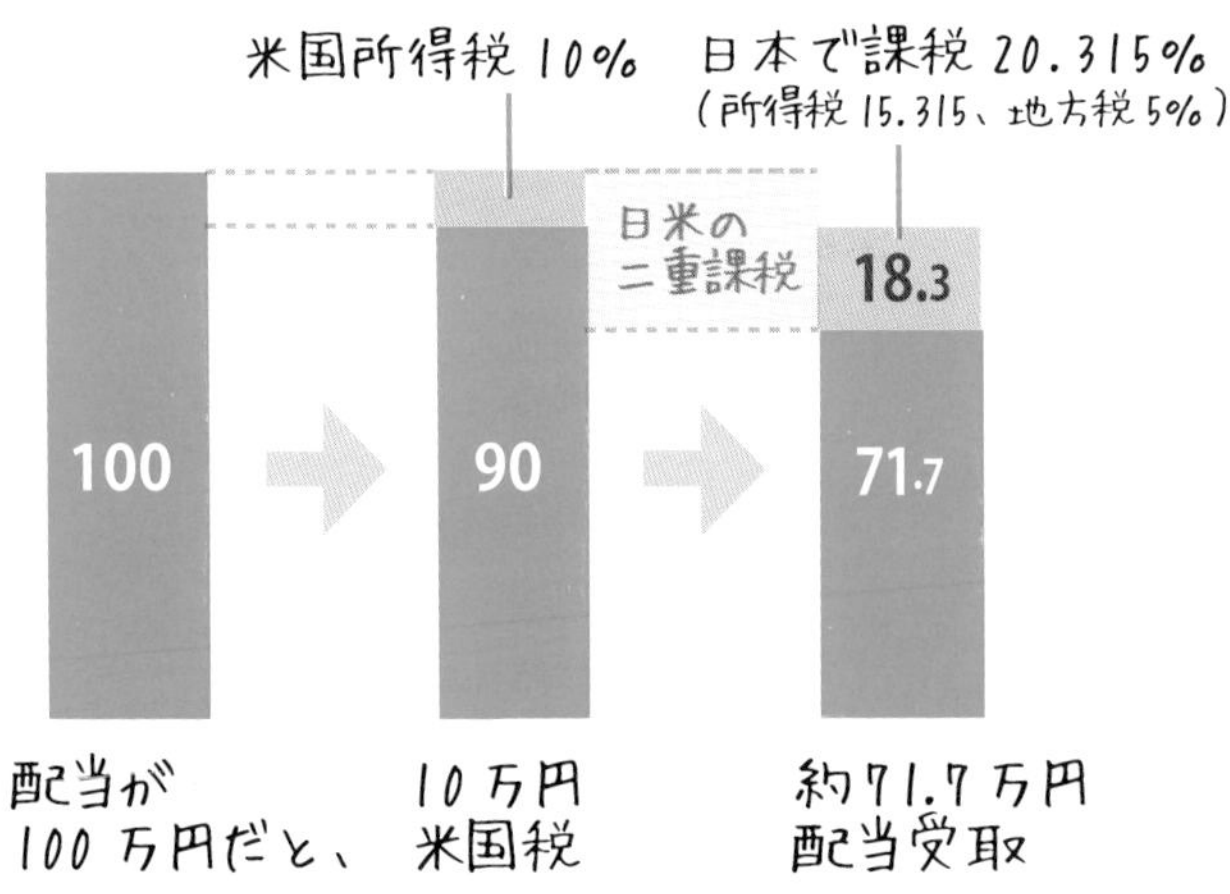

具体的には、100万円の配当があると、外国所得税は10万円、残りの90万円に日本国内での所得税と住民税、復興特別所得税がかかります。

なお、株式を売却して得た**譲渡益には、米国での所得税はかかりません。**

注意：2020年1月以降、投資信託の二重課税調整制度が開始されました。これにより分配金を出す国内の投資信託や国内で上場するETFの二重課税が解消されます（203ページ参照）。

2 外国税額控除で外国で納めた税金を取り戻す

日本の居住者は、所得の生じた場所が国内・国外を問わず**日本で課税**されます。米国株の配当にかかった**米国での10％の課税は二重課税**ということになり、NISA口座以外（特定口座、一般口座）は**外国税額控除**の制度を使い**確定申告**をすることで取り戻すことができます。

外国税額控除で外国の税を差し引けます

外国で納付した税額を一定の範囲で税額から控除する**外国税額控除というしくみを利用**します。

外国税額控除とは、二重課税を調整するため、**外国で課された税額を日本の所得税や住民税から差し引ける制度**です。

外国税額控除を受けるためには、**総合課税または申告分離課税による確定申告**が必要となります。

しかし個人の所得などにより、外国税額控除で取り戻せる金額が異なります。国税庁のホームページには次のような記載があります。

3　居住者に係る外国税額控除の計算方法

（1）居住者に係る外国税額控除額の計算は、次の場合に応じて、それぞれ次の金額となります。

1　控除対象外国所得税の額が所得税の控除限度額に満たない場合
外国税額控除額は、控除対象外国所得税の額となります。

2　控除対象外国所得税の額が所得税の控除限度額を超える場合
外国税額控除額は、所得税の控除限度額と、次のイ又はロのいずれか少ない方の金額の合計額となります。

イ　控除対象外国所得税の額から所得税の控除限度額を差し引いた残額

ロ　復興特別所得税の控除限度額

（2）所得税の控除限度額及び復興特別所得税の控除限度額は次の算式により計算します。

1　所得税の控除限度額＝
その年分の所得税の額×（その年分の調整国外所得金額／その年分の所得総額）

2　復興特別所得税の控除限度額＝
その年分の復興特別所得税額×（その年分の調整国外所得金額／その年分の所得総額）。

控除限度額を計算する

この記載はむずかしいので、順番に見ていきましょう。控除対象の外国所得税の額が所得税の**控除限度額に満たない場合**は、**控除対象の外国所得税がすべて控除**されるとあります。ここで**「控除限度額」**を求めないと控除額がわかりません。控除限度額は、(2)の1にあります。

所得税の控除限度額＝
その年分の所得税の額×(その年分の調整国外所得金額／その年分の所得総額)

「その年分の所得税の額」→**＝課税される所得×所得税率－控除額**

たとえば、基礎控除、社会保険料控除など控除を引いた金額が課税される所得です。課税される所得600万円の人なら税率20％、控除額は42万7500円なので、77万2500円になります。

「その年分の調整外国所得金額」は、米国株の配当額です。仮に10万円とします。**「その年分の所得総額」**は課税される所得600万円です。以上から

所得税の控除限度額＝77万2500×(10万／600万)

で、**1万2875円**です。

控除限度額を超えない場合、超える場合

(1)の1で「控除対象外国所得税の額が所得税の控除限度額に満たない場合、外国税額控除額は、控除対象外国所得税の額となります。」とあります。

控除対象税額は、配当金が10万円なので、**外国税額は1万円**です。控除限度額が1万2875円に外国税額1万円は満たないので、**所得税から1万円を控除**することができます。

控除限度額を超える場合は、

「控除対象外国所得税の額から所得税の控除限度額を差し引いた残額」か「復興特別所得税の控除限度額」のいずれか少ないほうとなります。

居住者に係る外国税額控除の繰越控除

外国税額控除の限度額を下回った場合は、「**控除余裕額**」として**翌年以降3年間で限度額を上回ったときに使うことができます。**

3 確定申告に必要な書類

外国税額控除を受けるには、次の書類を用意して確定申告の際に申告書とともに提出します。

- **外国税額控除に関する明細書（居住者用）**
- **外国所得税を課されたことを証明する書類（年間取引報告書で可）**
- **外国税の名称、金額、納付の日、国名、税が外国所得税に該当することを記載した書類等（年間取引報告書で可）**
- **外国所得税の納付を証明する書類（納税証明書や更正決定に係る通知書、賦課決定通知書、納税告知書、源泉徴収票など）**

このように、外国税額控除を適用し二重課税の還付を受けるには、書類を準備して確定申告をする必要があります。

一人ではなかなか計算できないため難しく感じるかもしれませんが、オンラインで確定申告書を作ってみると以外と簡単にできるので試してみてくださいね。

4 2020年1月以降の投資信託等の二重課税調整制度

2020年1月1日以降に支払われる**投資信託等の分配金**は、外国所得税額が加算された金額となり、この金額をもとに日本の課税額（国税・地方税）が決まります。**国税は、そこから一定の外国所得税額を控除して、二重課税状態を解消するための調整が自動的に行われます**（地方税はこの適用はない）。

これまでは、海外株、ＥＴＦ等は先に記した外国税額控除の制度を利用できましたが、海外に投資する国内設定の投資信託、ＥＴＦは二重課税の解消ができませんでした。この制度により、**国内設定の投資信託、ＥＴＦも二重課税が簡易に解消できます**。

二重課税調整の対象となるのは、外国資産（株式・不動産等）に投資を行い、そこから生じた利益をもとに投資家に分配金を支払っている投資信託やＥＴＦ等です。

この制度の恩恵を受けようとすると、東証上場のＳ＆Ｐ５００連動ＥＴＦである「**ｉシェアーズＳ＆Ｐ５００米国株**（１６５５）」や「**ＭＡＸＩＳ米株Ｓ＆Ｐ５００**（２５５８）」等が米国株投資の選択肢になり、これらの商品からの配当には外国税額控除が利用できます。

執筆段階では、日本取引所グループのホームページに「投資信託等の二重課税調整制度の対象となる可能性の高いＥＴＦ・ＲＥＩＴ」のリストが掲載されています(https://www.jpx.co.jp/learning/basics/tax/)。

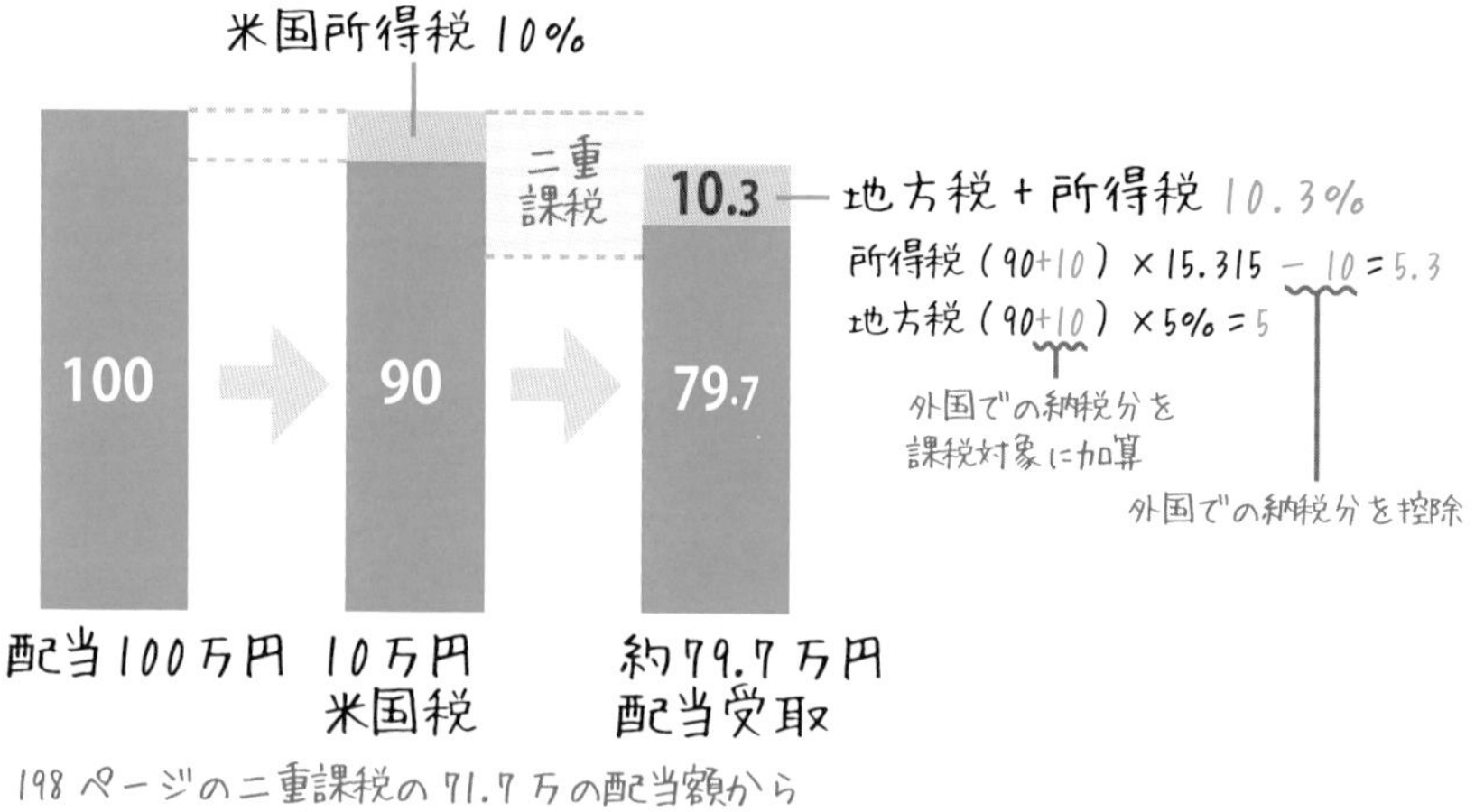

198ページの二重課税の71.7万の配当額から79.7万円に配当額が増えました。

7時限目 つみたてNISA、iDeCoで長期の視点で積み立てよう

米国株を買ってみようと
思った初心者の方は、最初
につみたてNISAやiDeCo
での運用を考えてみましょ
う！

01 つみたてNISAに加入して米国株で運用しよう

1 つみたてNISAを第一に選ぼう

米国株を活用し長期の積立投資をするなら、まず考えるべきは**積立運用の利益に税金のかからないつみたてNISA**からです。つみたてNISAは2018年から始まった少額からの長期・積立・分散投資を支援するための非課税制度です。

長期の積立をこれから考える方は、利益に課税される**特定口座や一般口座**で行うのでなく、つみたてNISAで**年間40万円の積立て**を第一の選択としてください。

つみたてNISAの枠を超えた金額の投資をしたい場合に、特定口座での投資を考えましょう。

つみたてNISAの特徴

つみたてNISAの特徴は次のようになります。

- **投資対象が、投資信託に限定されている**
- **金融庁が選ぶ販売手数料が0円で信託報酬が低く分配金がない投資信託**
- **運用した利益に税金がかからない（非課税）**
- **投資できる金額は、年間40万円まで**
- **非課税となる期間は、投資した年から20年間（投資ができるのは2037年まで）**

つみたてＮＩＳＡとは、４時限目で紹介した長期投資、分散投資、積立投資（ドルコスト平均法）によって、複利での運用を活かすように**金融庁が推進する制度**です。

米国株式のみを対象とする投資商品では、

- **S&P500米国株式インデックス・ファンド**
- **CRSP U.S. トータル・マーケット・インデックス（米国株式市場のほぼ100％をカバーする株価指数）**

に連動する投資信託を選ぶことができます。

つみたてNISAは
金融庁が推し進める、
長期投資、分散投資、
複利運用ができる
制度です。
米国株に連動する
投資信託もあります。

NISAとの違いは？

つみたてNISAは2018年1月に始まった制度ですが、それ以前の2014年にNISAの制度が開始されていました。

NISAでは毎年120万円、総額600万円までの投資は非課税となります。年間40万円までのつみたてNISAよりも魅力的です。

しかし、NISA口座で非課税となる運用期間は5年間です。**5年間の運用期間を終えると、他の課税口座にNISA口座の資産を移す**か、新たに同一の金融機関でNISA口座を申し込んで、**非課税口座のまま資産を保有するロールオーバー**という制度を活用できます。

運用益で120万円を超えていても全額を翌年のNISA口座に移すことができます。ロールオーバーにより5年間だけ延長できるので、合計10年間は非課税で運用ができます。

● 金融庁が指定するつみたてNISAの米国インデックスと連動する商品

ベンチマーク	商品	運用会社
S&P500	米国株式インデックス・ファンド	ステート・ストリート・グローバル・アドバイザーズ㈱
	iFree S&P500インデックス	大和証券投資信託委託（株）
	農林中金<パートナーズ>つみたてNISA米国株式 S&P500	農林中金全共連アセットマネジメント（株）
	NZAM・ベータ　S&P500	農林中金全共連アセットマネジメント（株）
	eMAXIS Slim 米国株式（S&P500）	三菱UFJ国際投信（株）
	つみたて米国株式（S&P500）	三菱UFJ国際投信（株）
	SBI・バンガード・S&P500インデックス・ファンド	SBIアセットマネジメント（株）
CRSP U.S. Total Market Index	楽天・全米株式インデックス・ファンド	楽天投信投資顧問（株）

（金融庁　2020年5月現在：つみたてNISAの対象商品）

つみたてNISAで購入できるのは投資信託だけですが、NISAでは、国内株、外国株、国内ETF、海外ETF、リートも投資対象となります。

つみたてNISAでは金融庁の指定する長期投資型のインデックスファンドに限定されるので、個別銘柄の株式やさまざまなETFを購入し、**リスクテイクし中短期で利益を出したい場合はNISAを選択**することも検討しましょう。

なお、2024年から**新NISA制度**が開始されます。非課税口座に関する情報にもアンテナを張っておくといいですね

2 つみたてNISAのメリット・デメリット

つみたてNISAの最大のメリットは、**投資商品の売却益や配当、分配金などの運用益に約20%かかる税金が非課税**となることです。

たとえば一般的な課税される証券口座（特定口座もしくは一般口座）で、年間40万円を10年間積立てし、投資元本400万円の評価額が550万円となったときのことを考えてみます。

● NISAでは5年の運用を終えても5年間繰り越せる

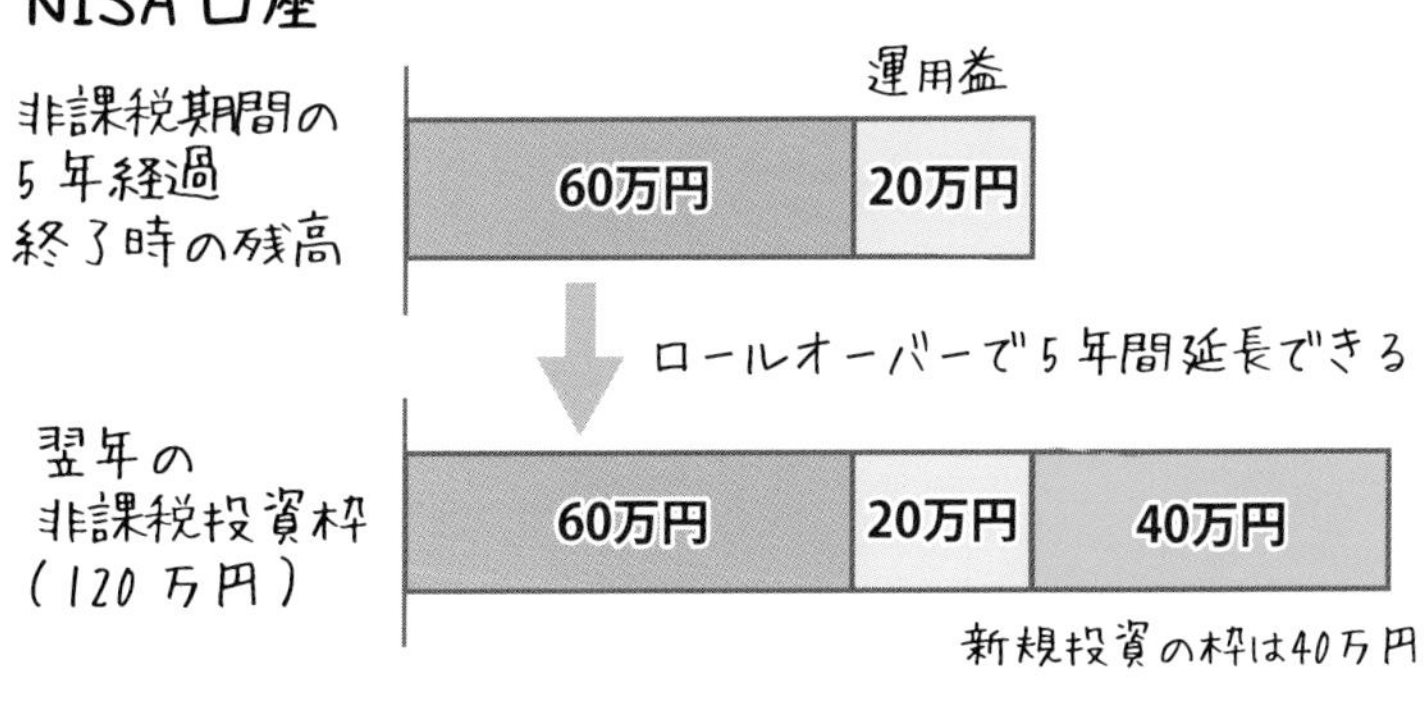

この場合には運用益の１５０万円に約20％の税金がかかり30万円の税金負担が生じ、売却した場合に手元に残るお金は５２０万円です。

つみたてＮＩＳＡだとこの税金が非課税となるので、５５０万円をまるまる手にすることができるのです。

特定口座などとの損益通算ができない

しかしメリットばかりではありません。投資にはリスク（振れ幅）がつきものです。積立投資をして評価損を抱える中で売却せざるを得ない場面も出てきます。

同じように毎年40万円を10年間積立投資したとします。このとき評価額が３５０万円に下がってしまったら非課税の優遇措置はどうなるのでしょうか。

投資元本が４００万円ですから、売却したら50万円の損失が確定します。

特定口座などの課税口座で運用した場合、この

● 特定口座では他の投資の損益と通算できる

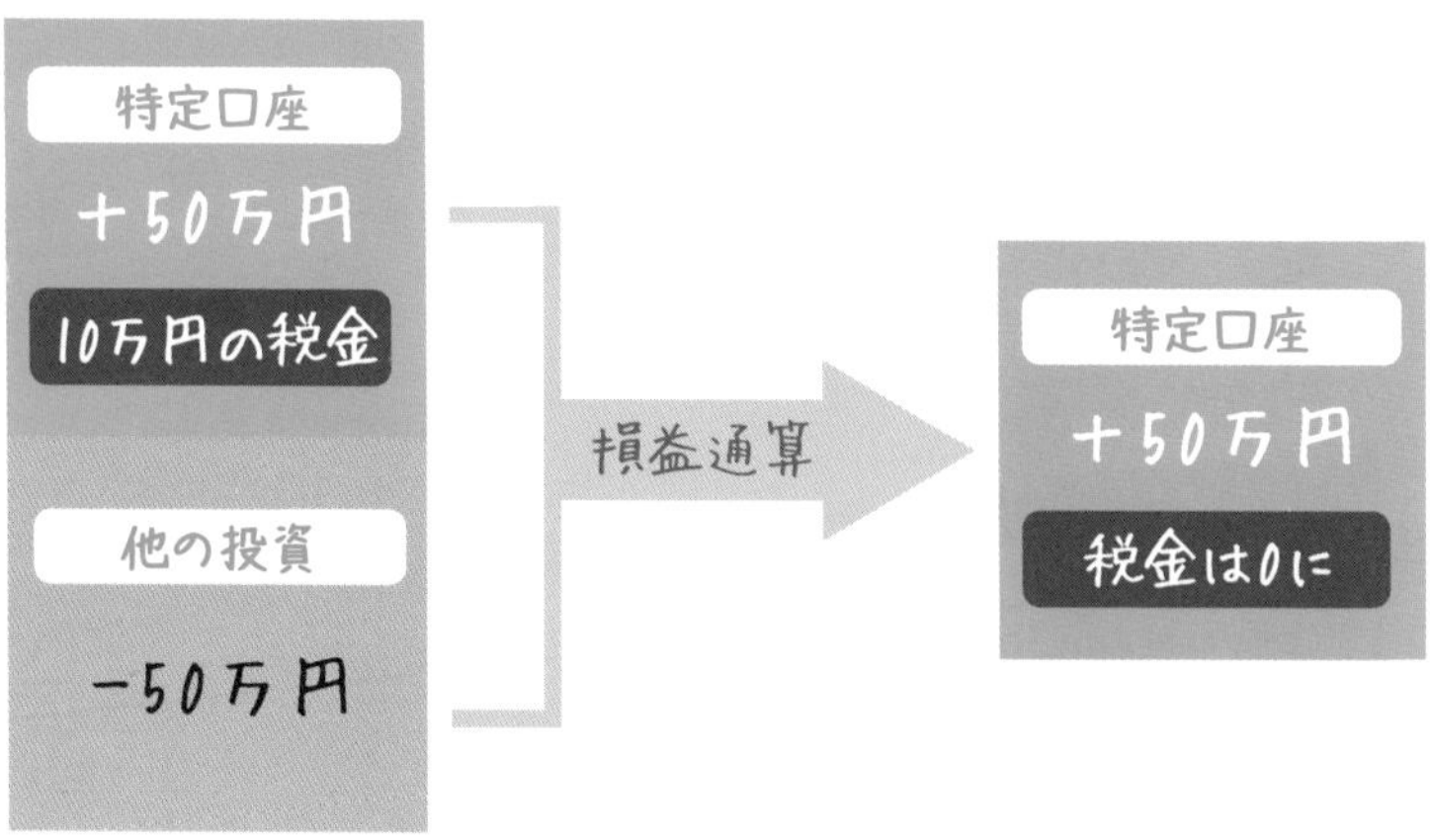

50万円の損失を、他の商品の売買や配当金などによって得られた利益と相殺することができます。これを**損益通算**といいます。

他に運用している投資で、売却益を50万円の利益が出た場合は約20％の税金なので10万円を負担する必要があります。特定口座では損益通算を使って50万円の損益を50万円の利益と相殺して、この10万円を取り戻すことができるのです。

残念ながら**つみたてＮＩＳＡは損益通算ができず、翌年に繰り越すこともできません**。

つみたてＮＩＳＡは、評価益のときに売却すると節税メリットがありますが、**評価損を抱えているときに売却をすると税金を取り戻すチャンスを失うというデメリット**が発生します。

つみたてＮＩＳＡは、長期・分散・積立投資を前提とした制度です。そして年間40万円の非課税投資枠があります。

つみたてＮＩＳＡを始めるために、まずは年間

● つみたて NISA 口座では他の投資の損益と通算ができない

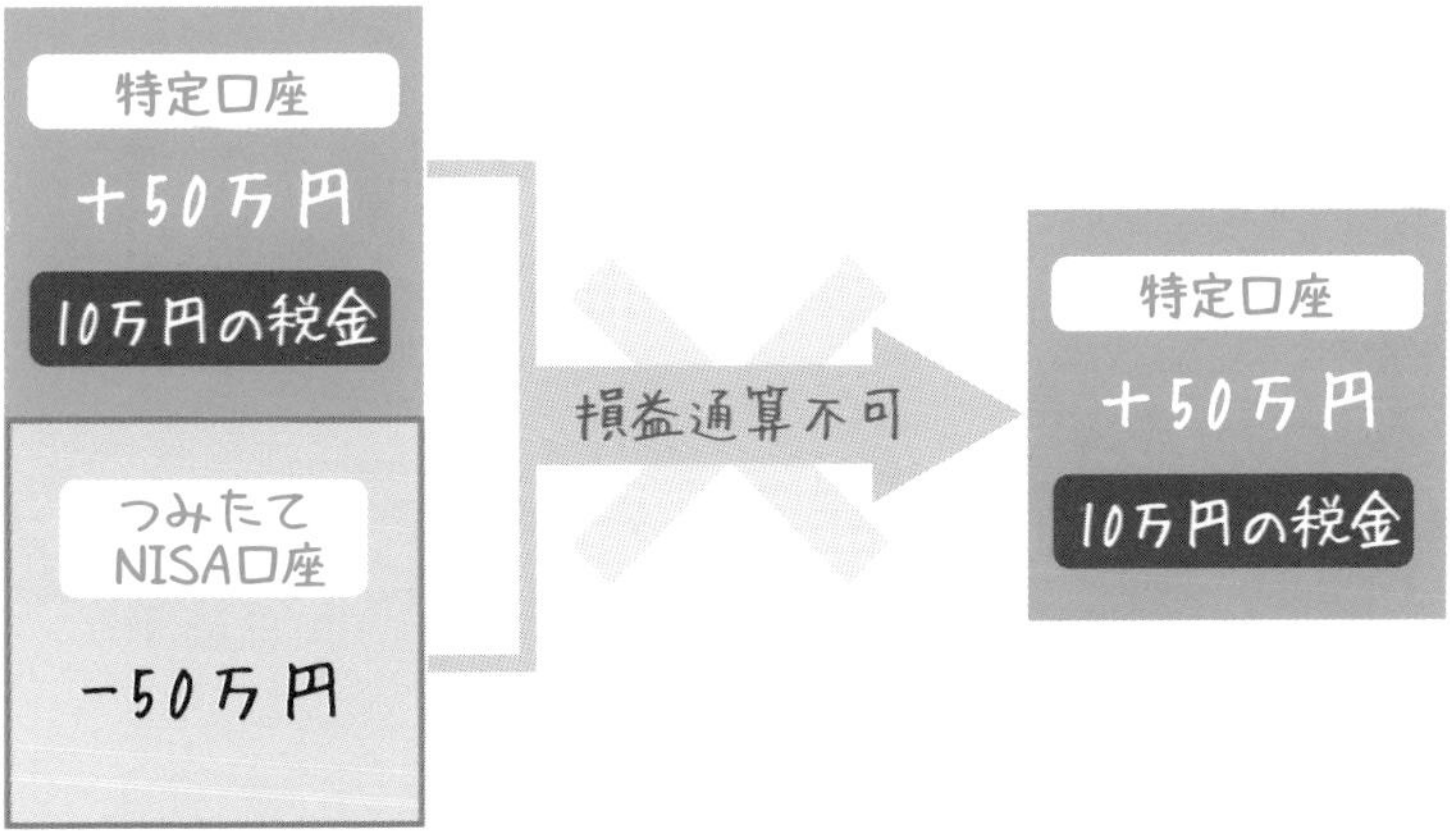

40万円、月々３万３０００円程度の積み立てができることを目指しましょう。

毎月の収支が黒字になれば、つみたてＮＩＳＡをスタートする位置に立てます。はじめは必ずしも40万円の非課税枠をすべて使う必要はありません。余裕資金で資産運用を始めるのです。

そしてその積立資金を長期に積立てできるような、強固な家計を作っていきます。

米国株投資では10年に1度程度の周期で、株価暴落がやってきます。株価暴落時でも積立投資を続けられると自分自身で思える家計を作っておくことが大切です。

長期・分散・積立投資の最大のメリットは、運用期間を長くすれば長くするほど、運用収益のリスク（振れ幅）が小さくなることです。

米国株で20年間の積立投資をした場合は利益が出る確率が統計的に高く、運用期間を20年間とれる20〜40代の方が米国株投資を始める際には、まず最初につみたてＮＩＳＡを検討してみるとよいでしょう。

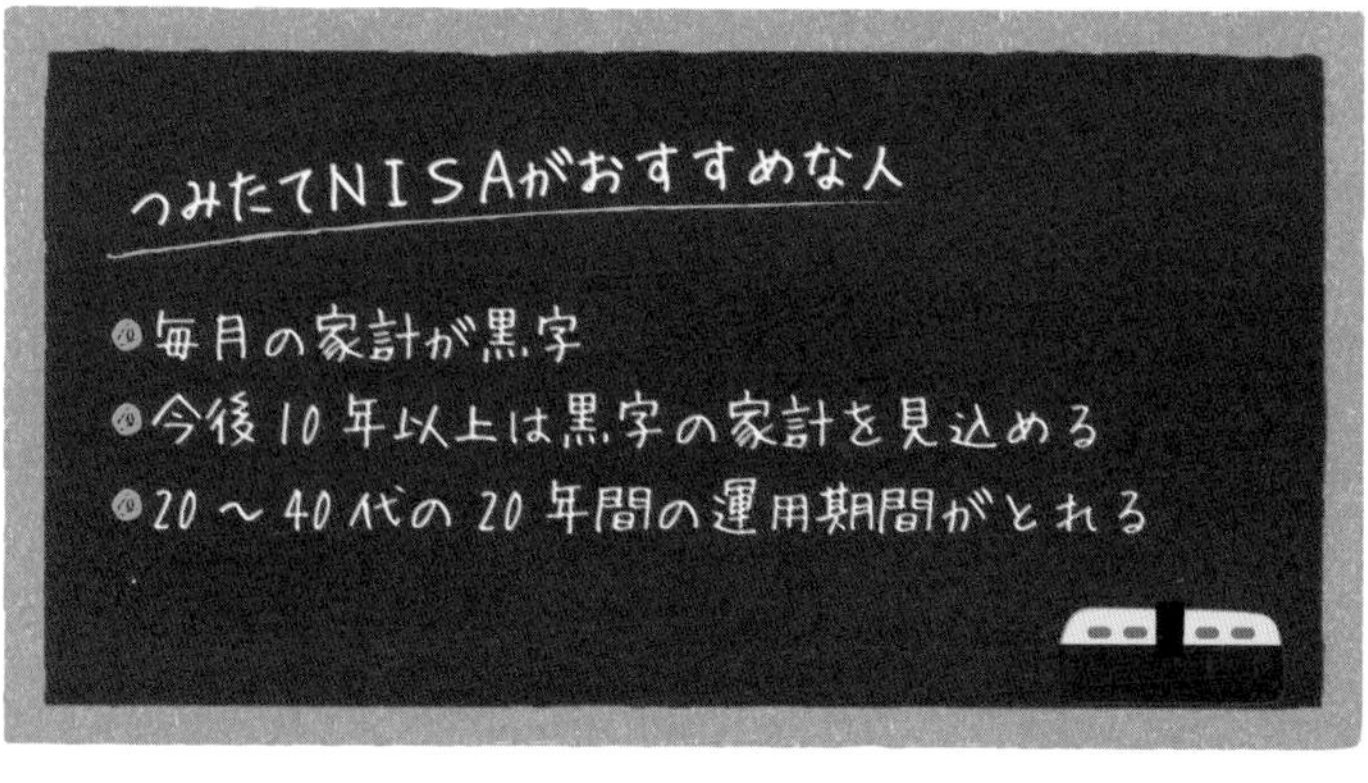
つみたてNISAがおすすめな人
毎月の家計が黒字
今後10年以上は黒字の家計を見込める
20〜40代の20年間の運用期間がとれる

3 つみたてNISAで購入したい米国指数連動の投資信託

つみたてNISAには、米国のインデックスに連動し、日本の証券会社で円で購入できる投資信託が用意されています。選択の目安は3時限目でも紹介した次の項目となります。

❶ ベンチマークを決める
❷ 運用残高が大きい商品を選ぶ（30億円以上を目安）
❸ 信託報酬が安く、低コストファンドを選ぶ

◉ 楽天・全米株式インデックス・ファンド

楽天VTIとも呼ばれ、米国株式市場をほぼ100％カバーする人気の投資信託です。バンガード社のVTIを買い付け、それを小口の投資信託として販売しています（データは2020年5月現在）。

- ・ベンチマーク：CRSP U.S. トータル・マーケット・インデックス
- ・純資産総額：947億円
- ・信託報酬：0.162％

◉eMAXIS Slim 米国株式（S&P500）

S&P500指数に連動する投資成果を目指して運用を行います。

- ・ベンチマーク：S&P500
- ・純資産総額：922億円
- ・信託報酬：0.0968%

◉SBI・バンガード・S&P500インデックス・ファンド(S&P500)

「バンガード・S&P500ETF」を通して、米国の代表的な株価指数であるS&P500指数（円換算ベース）に連動する投資成果を目指します。

- ・ベンチマーク：S&P500
- ・純資産総額：322億円
- ・信託報酬：0.0938%程度

S&P500は、米国株式市場の時価総額のうち約80%カバーする株価指数で、米国の大型株を中心に構成されています。つみたてNISA制度の開始をきっかけに、S&P500に連動する低コストな投資信託が次々と発売されています。

ｅＭＡＸＩＳ Ｓｌｉｍ 米国株式（Ｓ＆Ｐ５００）、ＳＢＩ・バンガード・Ｓ＆Ｐ５００インデックス・ファンド（Ｓ＆Ｐ５００）など、信託報酬が０・１％未満のファンドも発売され、**信託報酬の引き下げが加速**しています。もはや個人ではＥＴＦとの差を感じることができないほどまでに低コスト化が進んでいます。

つみたてＮＩＳＡ制度により、Ｓ＆Ｐ５００を使った米国株投資がより身近なものとなりました。

これから20年先を見据えて長期で投資を考えたい方は、米国株に連動するインデックス型の投資信託をＮＩＳＡで運用することを、最初に検討してみてください。

リスクを抑えたい場合はバランス型ファンドも

Ｓ＆Ｐ５００に連動する投資信託は、どちらかというと投資期間を長くとれる若い方向きですが、リスクをほどほどに抑えたいという方は、**楽天・インデックス・バランス・ファンド**（株式重視型、債券重視型、均等型）、**ｅＭＡＸＩＳ Ｓｌｉｍ バランス**（８資産均等型）といった債券にも分散した手数料の比較的安価な投資信託があります。どちらも、つみたてＮＩＳＡ、ｉＤｅＣｏで運用することができます。

つみたてNISAには
米国株に連動した
手数料の安い
投資信託が用意
されています！

02 60歳以降に受け取る個人年金をつくるならiDeCoを活用しよう

1 iDeCoは自分で運用する私的年金

iDeCo《イデコ》**（個人型確定拠出年金）**は、誰もが入っている公的年金に加えて、**自分で作る年金制度**です。２０１７年から個人型確定拠出年金というむずかしそうな名前からｉＤｅＣｏに改称され注目を集め加入者が増えました。

加入するかどうかは自由ですが、60歳以上の方は加入できません。金融機関、証券会社、生命保険会社などの運営機関に申し込みをして加入することができます。

毎月、**自分で決めた掛け金を積み立て**、**運営機関があらかじめ用意した定期預金、投資信託、保険から選んで運用**します。

60歳以降になったら、70歳までに受給の申請をした場合に**年金または一時金で受け取る**ことができます。なお、途中で運用の資金が必要になっても60歳になるまでは引き出せません。

iDeCoに加入していた期間が10年に満たないときには受給開始年齢が61歳～（8年以上10年未満）、62歳～（6年以上8年未満）と上がっていきます。

3種類の年金と複雑な年金制度

日本の年金制度は複雑です。ここでは年金の種類を大きく3つに分けて紹介します。

❶ 公的年金

1つ目は国からもらう**公的年金**です。20歳以上60歳未満の人はすべて**国民年金**に加入することになっており、原則65歳以降、**老齢基礎年金**として受け取ることができます（60歳からの支給開始も可能）。

国民年金では加入者を3種類に分けています（下図参照）。

会社員、公務員は**厚生年金**にも加入しており、その分を国民年金に上乗せして年金を受け取るこ

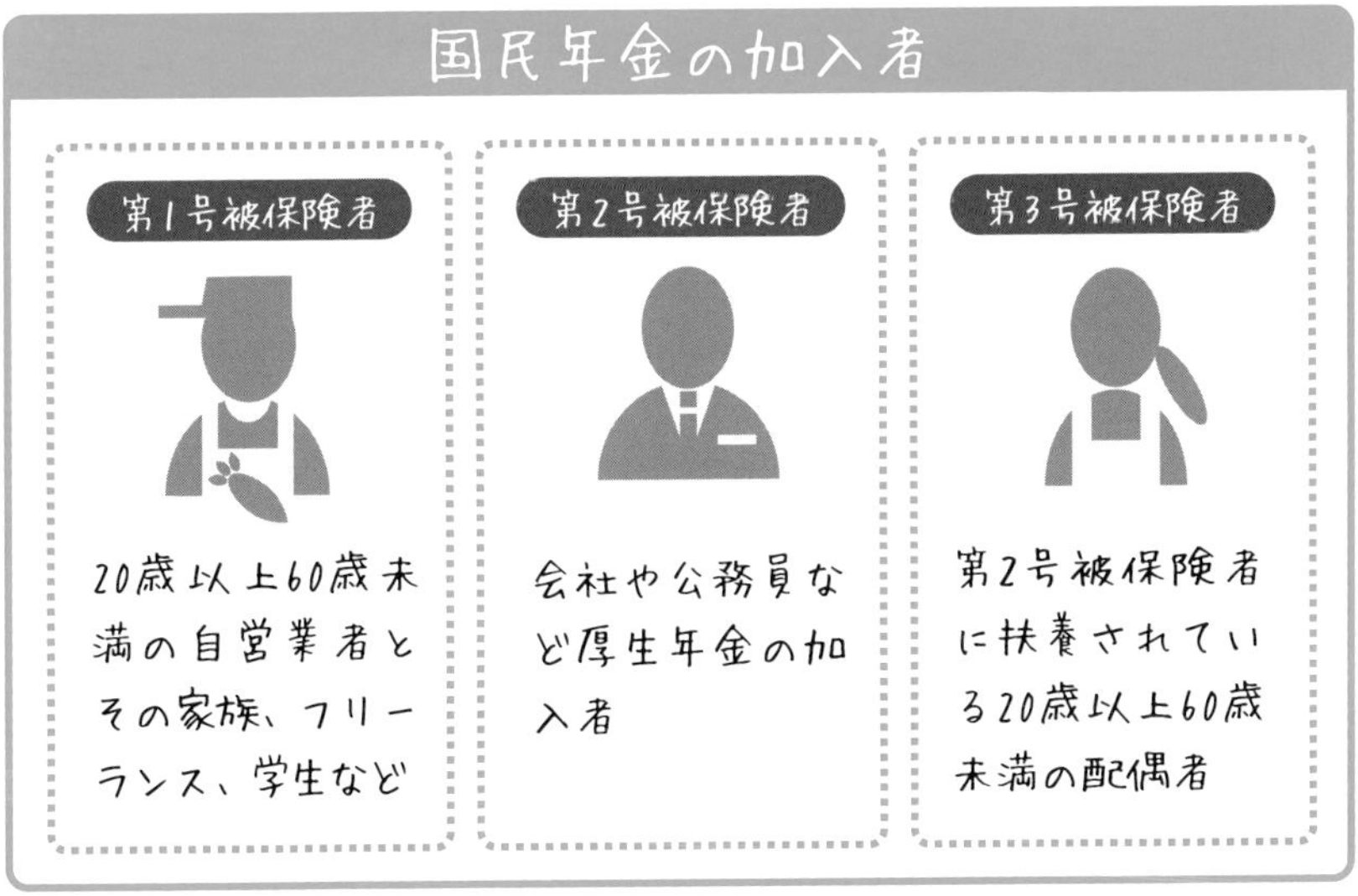
国民年金の加入者
第1号被保険者
20歳以上60歳未満の自営業者とその家族、フリーランス、学生など
第2号被保険者
会社や公務員など厚生年金の加入者
第3号被保険者
第2号被保険者に扶養されている20歳以上60歳未満の配偶者

とができます。

公的年金は、一定金額を生きている間ずっと継続的に受け取ることができるので、**長生きリスクへの保険**として捉えられています。

❷ 企業年金

2つ目は、会社から受け取る**企業年金**です。

退職一時金や企業年金があり、企業年金には確定給付企業年金（勤務期間や給与を基に、従業員が受け取る給付額があらかじめ決まっている企業型年金）や企業型確定拠出年金があります。

❸ 私的年金

3つ目が、個人が自分で準備する**私的年金**です。

iDeCoや民間保険会社の個人年金保険などが該当します。

● 老後を支える3つの年金制度

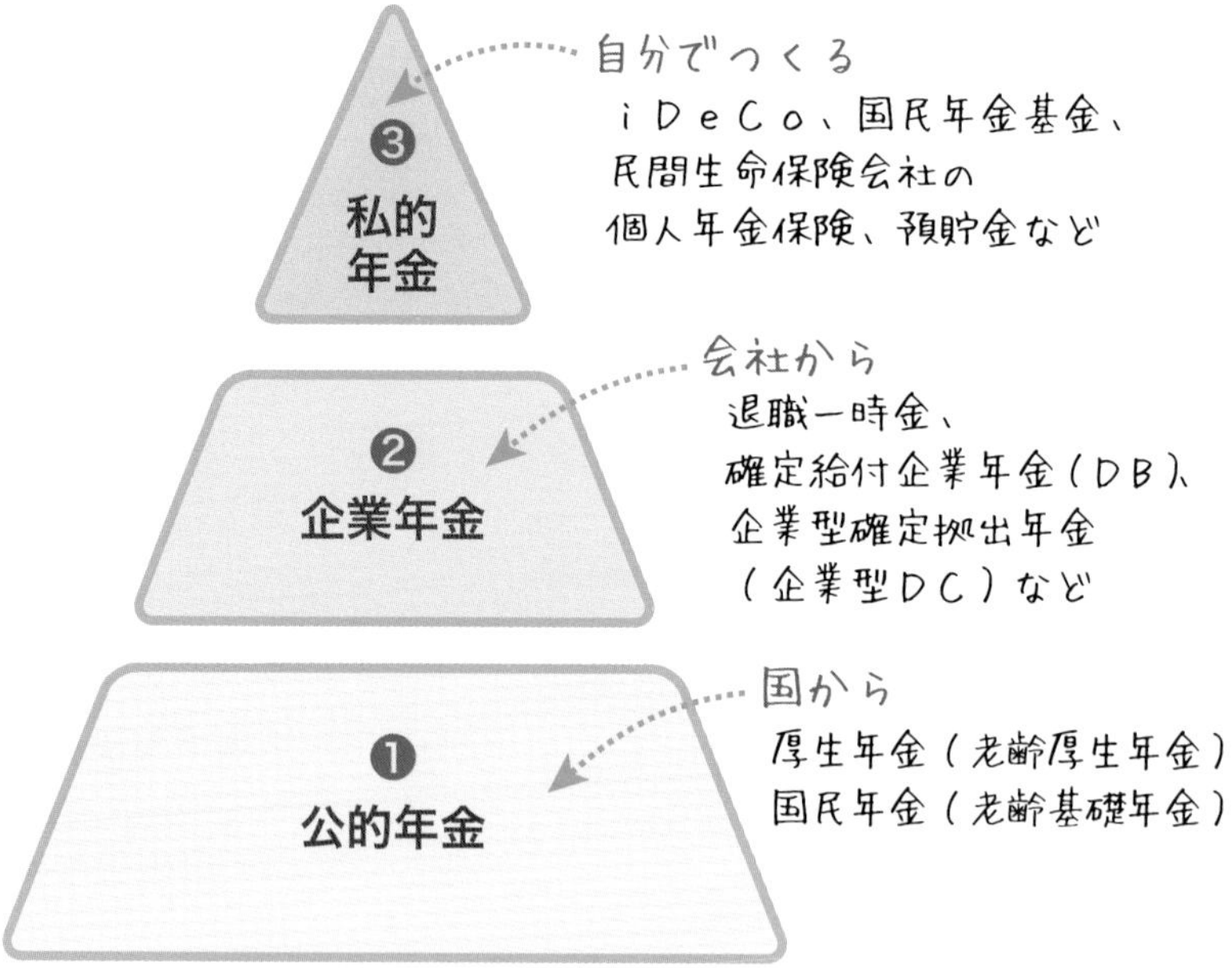

2 iDeCoのメリット

iDeCoのメリットは、3つあります。

第1に毎年積み立てる**掛け金が全額所得控除の対象**となり、所得税や住民税の額を減らし節税することできます。

第2に、**運用で得た利益（利息や運用益）に税金がかかりません**。運用中に保有する資産を売却し他の商品を購入しても、運用益が非課税となります。

第3に、年金を受け取る際に、年金として受け取るときは**公的年金等控除**、一時金として受け取るときは**退職所得控除**の対象となり、税負担が軽くなる措置がとられます。

60歳以降のリタイアに向けて資産形成を考えるのであれば、**つみたてNISAよりも個人型確定拠出年金（iDeCo）のほうが税制メリットは大きくなります**。

拠出時：毎月の掛け金を支払うとき、全額が所得控除の対象となり、その年の所得税・翌年の住民税が減る
運用時：運用している間、スイッチングしても運用益に対して税金がかからない
給付時：60歳以降に運用してきたお金を受け取るとき、退職所得控除や公的年金等控除の対象となり、支払う税金の負担が軽くなる

3 加入資格で異なるiDeCoの掛け金

ｉＤｅＣｏのデメリットは、とにかく**複雑で難しい年金制度**であることにつきます。

特に第二号被保険者（会社員や公務員など厚生年金の加入者）にとっては、勤務先の状況によって掛け金の上限が異なり、理解することが難しい制度です。転職をした際にはさらに注意が必要です。

掛け金の限度額

ｉＤｅＣｏでは、**５０００円以上**であれば、掛け金は**１０００円単位**で設定することができます。

拠出限度額は、他の年金制度の加入状況などにより定められています（左ページの図参照）。

また、運用したお金を受けることができるのは60歳以降です。老後資金作りを目的とした制度なので当然です。逆に言えば、60歳よりも前に使う可能性がある

● iDeCoのしくみ

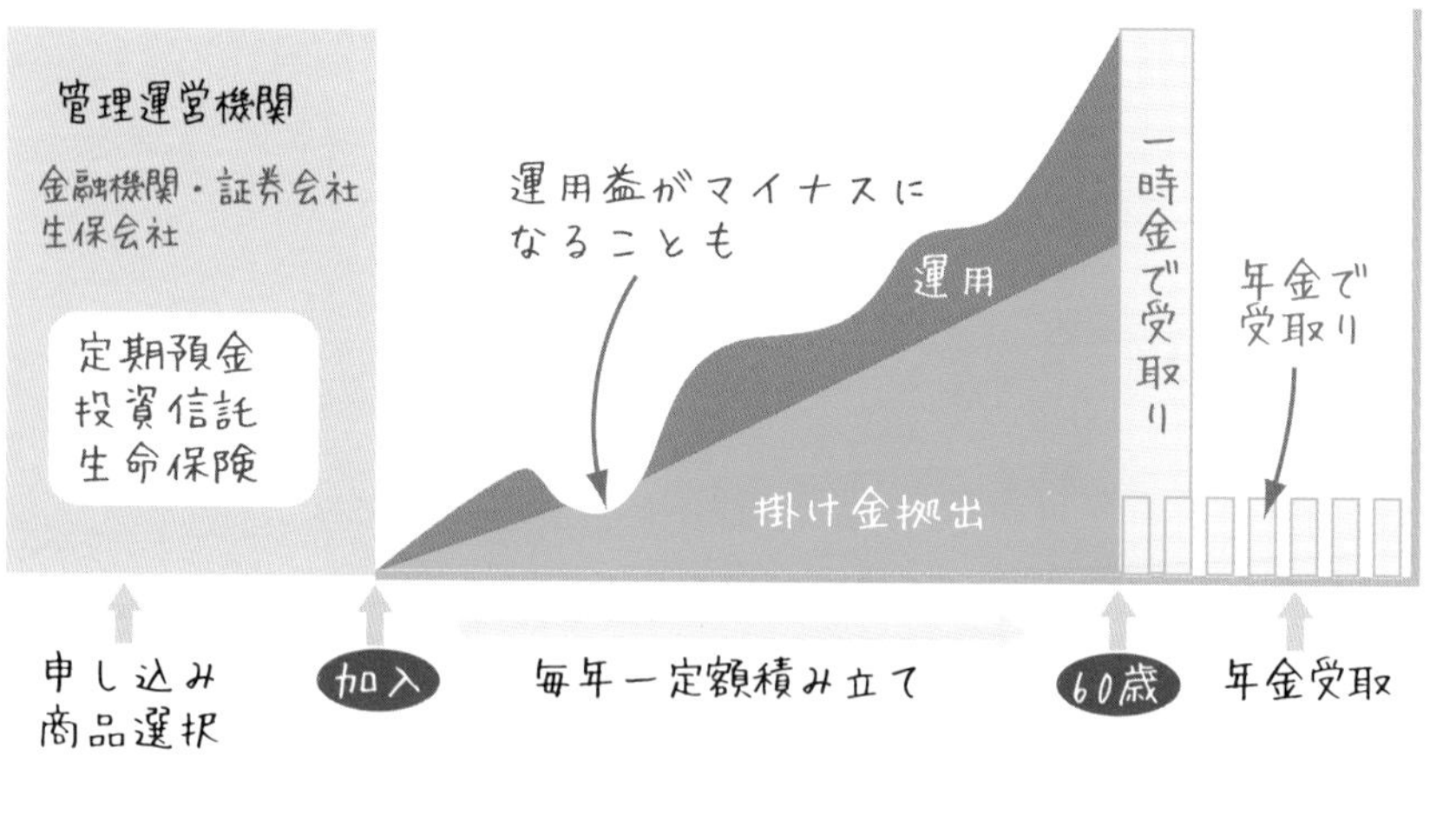

お金は、iDeCoで運用してはいけません。

さらに、第二号被保険者（公社員や公務員など厚生年金の加入者）にとっては、給付時の控除枠にも気を配る必要があります。

会社員で退職金があり退職所得控除を使う場合や、年金として受け取る際に公的年金控除の対象とする場合、それが控除枠を超えてしまったらiDeCoの給付時に税負担がかかります。

特に会社員の場合、**自身の退職金や公的年金の金額を把握**し、iDeCo受け取り時の税金を気にしておかないと、税制メリットを受けることができない

● iDecoの加入資格ごとの掛け金

加入資格		掛金
第1号被保険者	自営業者	月額 6.8万円 （年額81.6万円）（国民年金基金または国民年金付加保険料との合算枠）
第2号被保険者 会社員・公務員など	会社に企業年金がない会社員	月額 2.3万円 （年額27.6万円）
	企業型DCに加入している会社員	月額 2.0万円 （年額24.0万円）
	DBと企業型DCに加入している会社員	月額 1.2万円 （年額14.4万円）
	DBのみに加入している会社員	
	公務員など	
第3号被保険者	専業主婦（夫）	月額 2.3万円 （年額27.6万円）

（厚生労働省：iDeCo公式サイトより）

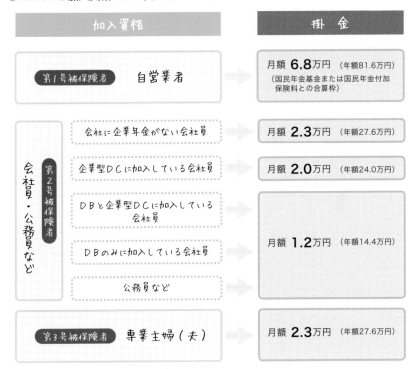

可能性があります。

拠出時：毎月の掛け金の限度額が人によって異なり、自分がどこに該当するのかわかりにくい
運用時：60歳までお金を引き出すことができず、教育資金など必要資金に転用ができない
給付時：退職所得控除や公的年金等控除の非課税枠を超える場合、税負担が必要となるので、受け取時の税金を考慮したうえで導入する必要がある

4 iDeCoはこんな方におすすめ

- 国民年金の第一号被保険者（20歳以上60歳未満の自営業者とその家族、学生など）
- 勤務先に企業年金や企業型確定拠出年金がない会社員
- 自分で確定申告をしていたり、税制に詳しい方

第一号被保険者である**自営業やフリーランス**の方は、厚生年金に加入していません。国民年金の加入だけなので、将来国からもらえる公的年金の金額は少なくなります。

たとえば40年間、国民年金保険料を満額支払った場合でも、受け取る国民年金（老齢基礎年金）

は年に78万1700円で、月に6万5000円程度です。

自営、フリーランスの方は、長生きリスクに備えるため**iDeCoを補助的に老後資金**とすることがおすすめです。

会社員、公務員などの**第二号被保険者のうち、会社に企業年金がない方**は、その分をiDeCoで運用して私的年金として老後資産を築いておけば安心です。

就業形態によって、拠出時、運用時、給付時（受け取るとき）の条件が異なります。

iDeCoのメリットを最大限活かすためには、制度を正しく理解することが大切です。普段から確定申告をしていたり、税制に関する知識がある方は、制度を理解して税理士に頼ることなく自分で申し込み、運用することをおすすめします。

5 iDeCoで購入したい米国インデックスファンド

iDeCoでは、運用する際に**金融機関など運営管理機関から提供される金融商品から選ぶ**ことができます。各金融機関では、**元本保証型**の定期預金、保険から、国内株、外国株、国内債券、外国債券、バランス型などの長期投資向きの投資信託（**元本変動型**）を用意しています。そして、元本保証型、元本変動型のバランスも設定することができます。

本書で一押しの米国株に連動したインデックスファンドには、次のような商品があります（2020年5月時点）。

◉eMAXIS Slim　米国株式（S&P500）

・ベンチマーク：S&P500
・純資産総額：922億円
・信託報酬：0・0968%

◉楽天・全米株式インデックス・ファンド

・ベンチマーク：CRSP U.S. トータル・マーケット・インデックス
・純資産総額：947億円
・信託報酬：0・162%

◉iFree NYダウ・インデックス

・ベンチマーク：ダウ平均株価
・純資産総額：157億円
・信託報酬：0・2475%

6 手数料と金融機関の選び方

iDeCoでは、口座の運営や運用に、次の6種類の手数料がかかります。

❶加入時と移換時の手数料（国民年金基金連合会に2829円）
❷口座の管理手数料（金融機関、国民年金基金連合会、信託銀行に毎月171〜629円程度）
❸給付手数料（給付金の受け取り時、給付1回につき440円）
❹還付手数料（還付が生じたとき、還付先に440円、1048円）
❺信託報酬（投資信託の信託報酬）
❻移換手数料（金融機関に4400円、無料の金融機関もあり）

金融機関によりiDeCoの取扱商品や口座管理手数料が大きく異なるので注意が必要です。口座管理手数料のうち、金融機関ごとに運用管理機関への手数料と事務委託金融機関への手数料が異なります。

金融機関を選ぶ際には、第一に毎月手数料のかかる**口座管理手数料が安い**ところを選びましょう。

また、手数料に加え、**商品ラインアップが豊富な金融機関**も魅力的です。

米国株投資を積極的に打ち出しているネット証券のＳＢＩ証券、楽天証券、マネックス証券でしたら、ｉＤｅＣｏでも低コストで米国株の運用ができるのでおすすめです。

ネット証券３社のｉＤｅＣｏで運用可能な商品数は次のとおりです（２０２０年５月時点：括カッコ内は米国株インデックス連動）。

- **SBI証券（セレクトプラン） 37（2）**
- **SBI証券（オリジナルプラン） 38（1）**
- **楽天証券 32（1）**
- **マネックス証券 26（1）**

8時限目

米国株に必須の経済統計と使える情報源

米国株やETFに
投資するには情報収集
や経済・金融統計の
理解が欠かせません！

01 景気がわかる、株価が動くさまざまな統計を覚えよう

ＥＴＦや投資信託、個別株を買うにせよ、米国の経済統計や金融統計、そして経済イベントなどはチェックしておく必要があります。

ここでは、米国の経済指標についてどのような指標があるのか、その重要度などについても解説していきます。

1 米国経済統計のビッグイベント

雇用統計や政策金利など米国経済統計のビッグイベントは、米国株の投資家だけでなく、ドルと連動する外国為替取引（ＦＸ）の投資家や日本株の投資家など、世界の金融関係者、投資家が注目します。

経済統計の発表前には、シンクタンクや証券会社などの予測機関からは**予測値**が発表されます。株式市場や為替市場は前回からの増減値にはさほどの反応を示しません。予測値と実際の発表値

とのギャップに大きく反応します。統計結果がサプライズだと株価や為替が大きく動きます。たとえば経済成長に関する指標発表の際、債券市場は次のように反応します。

● **経済成長が予想を上回った場合：長期金利と短期金利はともに上昇する**
● **予想を下回った場合：金利低下の原因となる**

米国の経済統計のビッグイベントと言えば、

● **雇用統計の発表**
● **GDPの発表**
● **FRB、FOMC 政策金利の決定や変更**

などがあります。予想と異なる数値が発表されると、株価や為替は大きく動き、その後の経済政策にも影響を与えると言っていいでしょう。

ここからは、米国のそれぞれの分野の統計について簡単に解説していきます。

米国の雇用統計、GDP、
政策金利決定会合などは、
サプライズがあると、
動きます！

2 国の経済活動に関する統計

GDP（国内総生産）

GDP（Gross Domestic Product：国内総生産）は、その年に**国内で生産されるすべての製品とサービスの価値の合計**です。1年間に米国でつくられたすべての最終製品の価値を足し合わせ、それにサービス産業で働いている人たち（ホテルスタッフ、先生、ウェイター・ウェイトレスさん、警官や消防士など）が生み出した価値を足し合わせた数値がGDPです。

ちなみに2019年の米国GDPは21・4兆ドル、日本は約5兆ドルです。

米国GDPの70％近くが個人消費なので（日本は50％台）、消費者の活動はアメリカの経済社会全体に大きな影響を及ぼしています。

GDP統計を読む際の注意点

- **毎月下旬に発表（速報値は1・4・7・10月、暫定値は2・5・8・11月、確定値は3・6・9・12月）**
- **数値はしばしば改訂**
- **一般的に2四半期連続のマイナス成長だと景気後退。その前に株価は低迷することが多い**

貿易収支

商務省センサス局と経済分析局が共同で発表する**米国の輸出金額と輸入金額の差額**です。輸出が大きいと貿易黒字、輸入が大きいと貿易赤字となります。輸入、輸出は外貨の取引を伴うので、この統計は為替相場にも影響を与えます。

90年代後半以降、米国の貿易赤字の拡大・恒常化に伴って、注目度が薄れています。毎月20日前後の日本時間21時30分発表。

3 経済政策に大きな影響をもつ雇用に関する統計

雇用統計は、米労働省労働統計局（ＢＬＳ）が米国の労働者の雇用状況を調査した指標で、10項目以上あります。そのうち特に重要な４つ、**失業率、非農業部門就業者数、失業保険新規申請件数、ＡＤＰ全米雇用報告**を紹介します。

完全失業率

完全失業率は、約6万世帯を対象として「**失業者÷労働力人口×100**」で計算されます。

２０１９年12月に３・５％と50年ぶりの最低値となりましたが、２０２０年４月にはコロナショックにより多くの人が雇用を失い、大幅に失業率が上昇しました。日本とは失業者の定義が少し異なっており、米国では求職活動の有無は問わずレイオフ（一時解雇）中の人を含んでいます。非農業部門就業者数とともに、マーケットに注目される統計です。

失業率を見る際の注意点

- **毎月公開され、前月分が翌月第1週の金曜日に発表**
- **統計の定義が微妙に異なり、一概に国際比較ができない**
- **失業率は景気の動きに遅行する**

米国非農業部門雇用者数

一般に「**米国雇用統計**」と言われ、農業を除く約68・9万の事業所を対象とし、給料が支払われている就業者数を給与帳簿をもとに集計します。市場に大きな影響を与える経済指標の1つです。

2015年12月にイエレンFRB議長が「月10万人弱の就業者増加ペースを確保できれば、労働力への新規参入を吸収できる。月20万人増は労働市場のゆるみを吸収するのに十分」と発言しており、月10万〜20万人の増加が労働市場における景気回復の目安とされます。

米国非農業部門雇用者数を見る際の注意点

- **失業率よりもサンプル数が多く、景気の動きに一致するので短期的に注目される**

- **翌月には大幅修正されることがあり、中・長期的に見る際には要注意**
- **毎月の第一金曜日に発表（夏時間は日本時間21時30分）**

新規失業保険申請件数

失業した人が**失業保険給付を初めて申請した件数**をカウントしたものです。速報性に優れ、失業率の予測の参考となります。景気の動きに敏感に反応するため、景気の先行指数にも採用され、景気の谷に2～3カ月先行してピークをつけると言われています。

新規失業保険申請件数を見る際の注意点

- **保険受給者は50％程度とされ、実際はこの数値よりも雇用状況が悪化している場合がある**
- **祝日や天候などの影響で数値が左右される**
- **毎週木曜日に発表**

ADP全米雇用報告

ADP（Automatic Data Processing）という会社が、雇用統計の2営業日前に雇用者数を発表するものです。雇用統計よりも前に発表されるため、注目度が高いです。

ADP全米雇用報告を見る際の注意点
● 雇用統計との相関は高くない
● 雇用統計の2営業日前に発表

4 消費に関する統計

米国経済の健全性をはかる消費者信頼感指数

消費者信頼感指数は主に2つあります。

1つ目は**コンファレンスボード**が、消費者に対するアンケート調査を実施し、**消費者マインドを指数化**したものです。質問項目は、現在の状況（経済と雇用）と6カ月後の予想（経済、雇用、所得）で、それぞれの平均値が現況指数・期待指数として発表されます。

2つ目は、ミシガン大学が実施しているもので、「**ミシガン大学消費者信頼感指数**」として知られており景気先行指数として採用されています。

小売売上高

百貨店などの小売業、サービス業の売上高を推計し発表されている数値です。米国ではGDP

の約7割が個人消費で占められ、個人消費は景気に大きく影響を与えるので、**注目度は非常に高い**です。毎月第3週に発表されます。

自動車販売台数

米国の個人消費で一番変動が大きい耐久財のなかでも、乗用車の購入が大きな割合を占めるので重要です。自動車販売台数は**消費者支出の重要な指標**で、消費者信頼感とも相関する傾向があります。自動車販売台数と住宅着工件数を併せて見ることが多いです。毎月月初に発表されます。

生産者物価指数（PPI）

労働省が発表する生産者物価指数（PPI：Producer Price Index）は、国内生産者が販売する商品やサービスの価格を測定する指標です。PPIが**上昇していればインフレの傾向**であり、逆に下落すればデフレの傾向と見ることができます。

消費者物価指数（CPI）

消費者物価指数（CPI：Consumer Price Index）には、価格変更の激しい食料品やエネルギーを除いたコアCPIと除かない指標があり、どちらも同時に毎月13日頃に発表されます。商品とサービスの価格変動を測定し、**購買傾向やインフレ率の変動を測定する最も重要な手段**で、米連邦準備制度理事会（FRB）が金融政策を決定するうえで注目している指標です。

5 建設・住宅・鉱工業生産に関する統計

住宅着工件数

米商務省センサス局が、1カ月間に建設が開始された**新設住宅戸数**を示す統計です。景気循環と住宅投資の動向は関連があり、住宅投資が活発になると、家具や家電製品など住宅関連用品の購入が増加するといった波及効果があります。毎月第3週に発表されます。

住宅着工件数を見る際の注意点

- **天候に左右され季節ごとの変動が大きい。傾向は四半期程度の移動平均で見たほうが良い**
- **金利の動きに大きく左右されるので、金利動向と比べてみたほうが良い**
- **計測期間の翌月第3週に発表**

住宅建築許可件数

住宅建築許可件数は、住宅着工の前に必要となる、地方自治体などが発行した建築の許認可数です。住宅着工件数と同時に発表され、景気先行指数のひとつとなっています。

鉱工業生産指数

鉱工業生産指数は、ＦＲＢが鉱工業部門の生産動向を指数化したものです。景気総合指数のうち、景気一致指数に採用されているように、景気との関係は深くＧＤＰの動向と相関があります。

6 企業関連の統計

ＩＳＭ景気指数（全米供給管理協会）

全米供給管理協会（**ＩＳＭ**：Institute for Supply Management）が、製造業３００社以上の仕入れ担当者にアンケート調査を実施して作成した指数です。主要指数のなかで、最も早く公開されることから、注目度が高い景気の先行指標となってています。

マークイットＰＭＩ

ＰＭＩとはPurchasing Managers Indexの略で、**購買担当者指数**です。英国の調査会社であるマークイット社が、４００社以上の企業へのアンケートを実施して計算されます。景気拡大・縮小の分岐点は50とされています。マークイットは米国だけではなく、多くの国々で同じ方法でＰＭＩが算出されており、国際比較しやすい特徴があります。

02 先行・一致・遅行の景気動向指数と景気循環

1 先行・一致・遅行指数で景気予測と転換点を判断する

民間非営利のシンクタンク、全米産業審議会（コンファレンスボード）が３つの景気指数を発表しています。

特に先行指数は景気先行総合指標と呼ばれ、景気の予測・転換点を判断するうえで重視されています。一般的に、景気の山に対して平均約９カ月、谷に対して平均約４カ月の先行性があると言われます。

先行指数：景気に先行して動く10の経済指標により構成
一致指数：景気と呼応して動く４の経済指標により構成
遅行指数：景気に遅れて動く7の経済指標により構成

先行指数は、労働時間、企業業績、株価、金利スプレッドなど景気に先行して動くとされる10項目の指標から算出した指数です。

指数値が高いほど景気が上向きとされ、低いと景気が下降とされます。

一致指数は雇用、個人所得、鉱工業生産、販売額から景気動向と時間軸が一致する指数を算出します。

遅行指数は、失業期間、労働単価、プライムレート、消費者物価などの7項目の指標から算出します。

● 先行指標、一致指標、遅行指標の統計

先行指標	
1	週平均労働時間（製造業）
2	週平均失業保険申請件数
3	消費財新規受注
4	ISM新規受注指数
5	非国防資本財（除航空機）新規受注
6	新規住宅着工許可件数
7	株価（S&P500）
8	先行信用指数
9	金利スプレッド（10年国債-FFレート）
10	消費者期待指数（ミシガン大学）

一致指標	
1	非農業就業者数
2	個人所得（移転所得を除く）
3	鉱工業生産指数
4	製造業および商業販売額

遅行指標	
1	平均失業期間
2	対売上高在庫比率
3	単位労働コスト
4	プライムレート
5	商工業貸付残高
6	消費者信用対個人所得比率
7	消費者物価指数

コンファレンスボードより
（https://www.conference-board.org/data/bcicountry.cfm?cid=1）

2 景気循環の影響を受けないセクター

近年の米国のGDP成長率は年2~3%程度の水準です。不振の年は1%程度、好況期には4~5%になります。しかし個々の企業の場合、、売上高や利益が**景気サイクルに著しく左右される企業もあれば、ほとんど影響を受けない企業もあります**。

たとえば食品や薬品などの日用品の売上高は、景気サイクルに左右されにくいです。人々はこうした品物を安定的に消費しやすいからです。他方で高級材や休暇・旅行などは、景気動向によって激しく変動しがちです。

米国株は11セクターに業種区分され、景気循環別にどのセクターが投資に適しているのかが知られています。

一般消費財セクターであるマクドナルドは景気回復局面での投資リターンが優れている傾向にありますが、プロクター&ギャンブルが所属する**生活必需品**やジョンソン・エンド・ジョンソンの**ヘルスケアセクター**などは、景気後退・不況局面でその強さを発揮してきました。こうしたことを、**セクターローテーション**と言います。

もしあなたのポートフォリオが同じゾーンに収まっているなら、それは分散が万全ではなく、景気サイクルに大きく左右されると言えます。

● セクターごとの景気循環における業績（2020年3月時点）

	回復	好況	後退	不況
金融	＋			
不動産	＋＋			−−
一般消費財	＋＋	−	−−	
情報技術	＋	＋	−−	−−
資本財	＋＋			−−
素材	＋	−−	＋＋	
生活必需品			｜｜	＋＋
ヘルスケア	−−		＋＋	＋＋
エネルギー	−−		＋＋	
通信サービス		＋		−
公共事業	−−	−	＋	＋＋

＋＋：一貫してアウトパフォーム、　−−：一貫してアンダーパフォーム
＋：アウトパフォーム、　−：アンダーパフォーム　空白：明確なパターンなし
参考：Fidelity Sectors & Industries - Business Cycle
https://eresearch.fidelity.com/eresearch/markets_sectors/sectors/si_business_cycle.jhtml?tab=sibusiness

景気サイクルに影響を受ける産業分野と受けない産業があります。
ポートフォリオの構成に気をつけましょう。

03 金利、為替、株価、債券はこんな関係にある

1 金利と株価は逆に動きやすい

金利は、お金を貸し借りたときに発生し、企業業績と投資家行動の２つの面から株価に影響を及ぼします。

企業は金利が低くなると、借入金や社債利払いの負担が軽くなり、業績に直接プラスとなります。**中央銀行**（米国ではＦＲＢ）は**景気を押し上げたい場合には、金利を下げ**金利負担を軽くしたり、お金を借りやすくします（**金融緩和**）。それによって、設備投資が増えたり企業収益を押し上げ、経済が上向くと個人消費も増えていきます。その結果、株価も上がっていきます。

投資家は、**株式と債券の利回り**を比較し投資をします。金利が低く債券の利回りが低い状況では、株で運用したほうが良いという判断をする投資家が増え、資金が株式市場に流れ込んで、株価が上がりやすくなります。

逆に、**加熱した景気を落ち着かせようとする場合は、金利を上げます**（金融引締め）。

株価と通貨（為替）の関係

通貨（為替）と株価は連動して上昇（あるいは下落）するのが一般的です。他国より景気が良く成長している国は、その国の通貨の価値が高まり、その国の株価は上昇します。

外需・輸出型の日本企業にとって**円安／ドル高**になれば、メリットを受けることができます。自動車1台を1万ドル（ドル建て）で輸出した場合、1ドル＝120円と100円のときとでは受け取る外貨は同じでも円ベースの価値は1ドル＝120円のほうが有利となります。

一方、内需・輸入型企業は**円高／ドル安**になれば、支払うコストが円ベースでは低下するため、輸入型企業である電力、ガス、化学、紙パルプ等の企業は円高を好みます。

● 景気が金利に与える影響

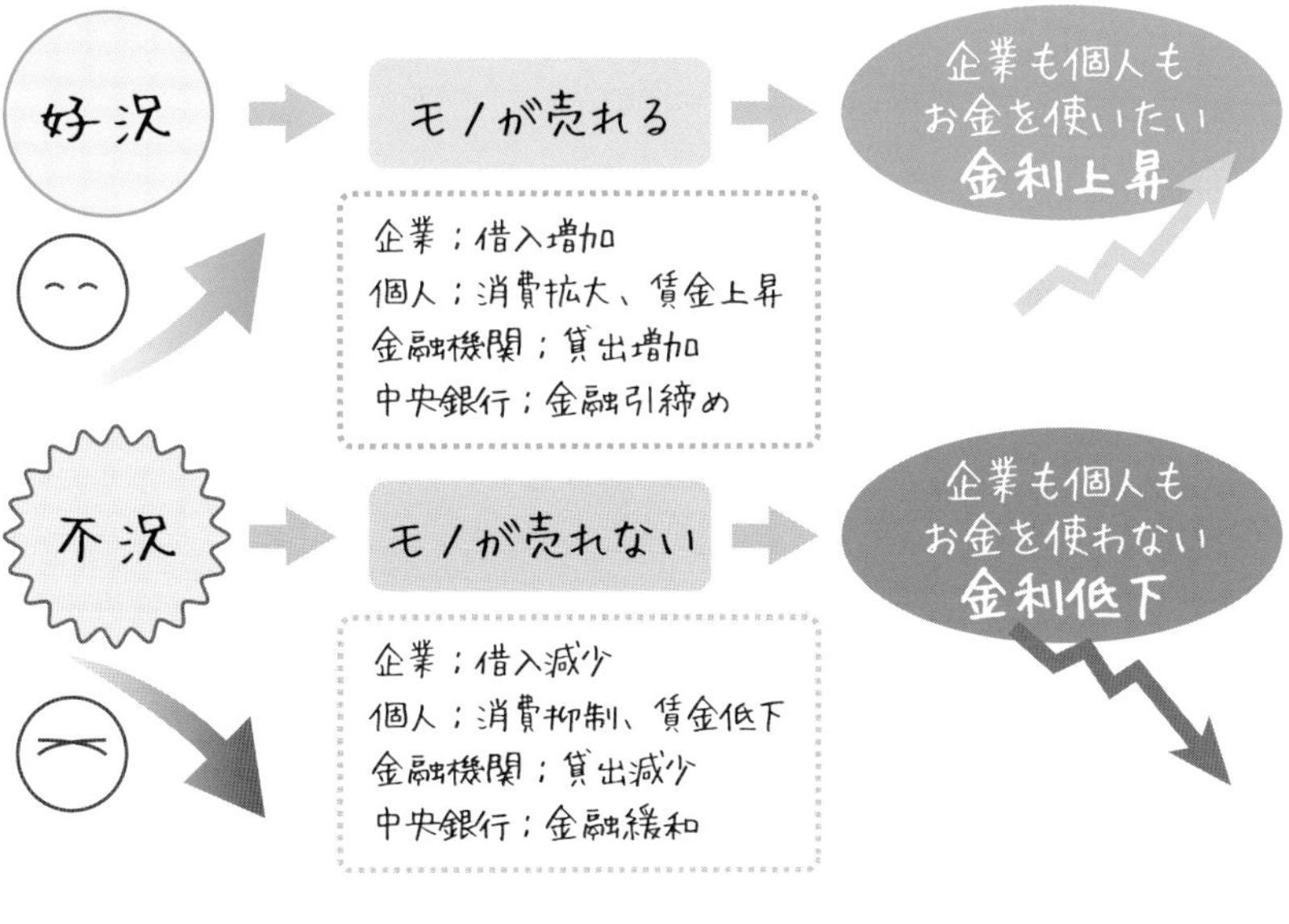

2 金利差が逆転すると株価は最高値更新し、その1年以内に景気が後退する

米国の10年債と2年債の金利差（スプレッド）が逆転する現象は**景気後退の前兆**とされます。短期債の金利は長期債金利よりも低いのが一般的です。

しかし、短期債金利が長期債金利を上回るのは、市場の景気後退への警戒感が著しく強くなっている状態と言えます。

1978年以降、2年債利回りが10年債利回りを超えてしまう**逆イールド**が6回ありました。その2～26カ月後に米国株（S&P）最高値を記録し、さらにその**1年以内に景気後退局面に突入**しています。

下の表は、長短金利と景気後退の関連性を示すデータです。

● 逆イールドの発生と景気後退にかかった期間

逆イールドの初回発生月	米国株最高値記録月【月平均】	米国景気後退局面入り月	逆イールド初回発生月～最高値記録月（月平均）	逆イールド初回発生月～景気後退局面入り月
1978年9月	1979年9月	1980年1月	12カ月	16カ月
1980年9月	1980年11月	1981年7月	2カ月	10カ月
1989年1月	1990年6月	1990年7月	17カ月	18カ月
1998年6月	2000年8月	2001年3月	26カ月	33カ月
2000年2月	2000年8月	2001年3月	6カ月	13カ月
2006年2月	2007年10月	2007年12月	20カ月	22カ月

https://fred.stlouisfed.org/series/T10Y2Y
（みずほ総合研究所レポートよりデータ引用、著者作成）

3 金利と通貨（為替）の関係

金利動向と為替には密接な関係があります。たとえば、低金利の円と高金利のドルの状態を想定します。2通貨間には金利差があるので、**投資家は低金利の通貨を売って高金利通貨を保有する**ほど、金利のメリットが得られます。

投資家は高金利の国の通貨を買ったり、その国の銀行に預金したり、債券を購入します。FXなどでは金利が高い通貨を保有すると、通貨間の金利差がスワップポイントという金利となって還元されます。そして、**売られる通貨は安く、買われる通貨は高く**なります。債券も同様です。

4 債券と金利の関係

債券は、国や企業が資金調達のために**投資家から借入れを行う目的で発行**されます。債券には満期があり、満期が来ると投資した金額が償還され利子（クーポン）も得られます。

国や企業が発行する**債券の価格**は、**金利が上昇すると下がり、金利が低下すると上がる**特徴があります。

たとえば現在3％の債券があり、金利が上がって5％になると、3％の債券の金利は5％より低いので価値が下がり、債券価格が下がります。

04 米国株投資に役立つ情報源

1 資産運用の基本を学べるバンガード社のサイト

バンガード社のホームページはおすすめです。バンガード社とは、世界最大規模の資産運用会社であり、**世界で初めてインデックス型投資信託（インデックスファンド）を個人投資家に提供**した会社として知られています。

投資信託とETF以外にも証券サービス、ファイナンシャル・アドバイス・サービス、教育資金サービス、など数々のサービスを提供しており、日本語のホーム

● バンガード社の日本人投資家向けサイト
https://www.vanguardjapan.co.jp/retail/home.htm

ページも充実しています。

特に「日本の投資家の皆さまが成功する投資家になるためのバンガードの４つの基本原則（全文）」や、ＣＥＯからのメッセージ、最新コラムなど、資産運用の心構えとして芯の通ったメッセージが配信されていて、**米国株投資をする際は必見**です。

2 米国経済や株式投資全般を網羅できるサイト

ＪＰモルガンが発行している**Guide to the markets**は必見の価値があります。

グローバル経済、日本経済、株式、債券、その他資産、投資の基本が１つのＰＤＦに収められています。無料版でも四半期毎に更新されており、手間暇をかけずにグローバル経済、米国経済、投資情報について網羅的に情報収集ができます。

● Guide to the Markets | J.P. モルガン・アセット・マネジメント

https://www.jpmorganasset.co.jp/wps/portal/gtma

3 米国経済、金融、株式投資の情報が入手できるニュースサイト

ウォール・ストリート・ジャーナル、ロイター、ブルームバーグは、米国経済から株式まで幅広いニュースを取り扱っています。日本語版もあるので、海外政治・経済の情報源として大変役に立ちます。

● ウォール・ストリート・ジャーナル日本版
https://jp.wsj.com/

● ロイター
https://jp.reuters.com/

● ブルームバーグ
https://www.bloomberg.co.jp/

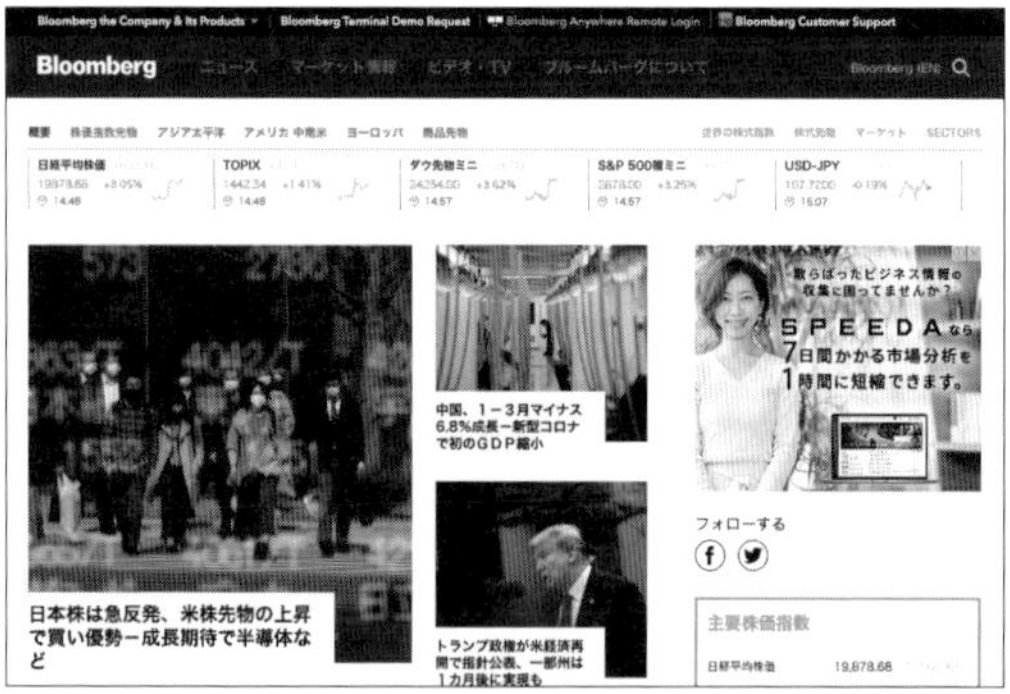

4 個人投資家の意見や心理がわかるサイト

投資家の心理サイクルは、株式市場に大きな影響を及ぼします。CNNによって開発された**Fear & Greed Index**は、**恐怖&貪欲指数**と言われ、市場のリスクオン、リスクオフの度合いを示してくれます。

0～100の間で示され、0～49はFear（恐怖）でリスクオフ、50は中立、51～100まではGreed（貪欲）でリスクオン状態であることを表しています。

- **Extreme Fear（非常に恐怖）**
- **Fear（恐怖）**
- **Greed（貪欲）**
- **Extreme Greed（非常に貪欲）**

大勢の投資家が恐怖を抱いているときに買い向かえるか、取引をする前に一度確認してみるといいですよ。

● Fear & Greed Index - Investor Sentiment - CNNMoney

https://money.cnn.com/data/fear-and-greed/

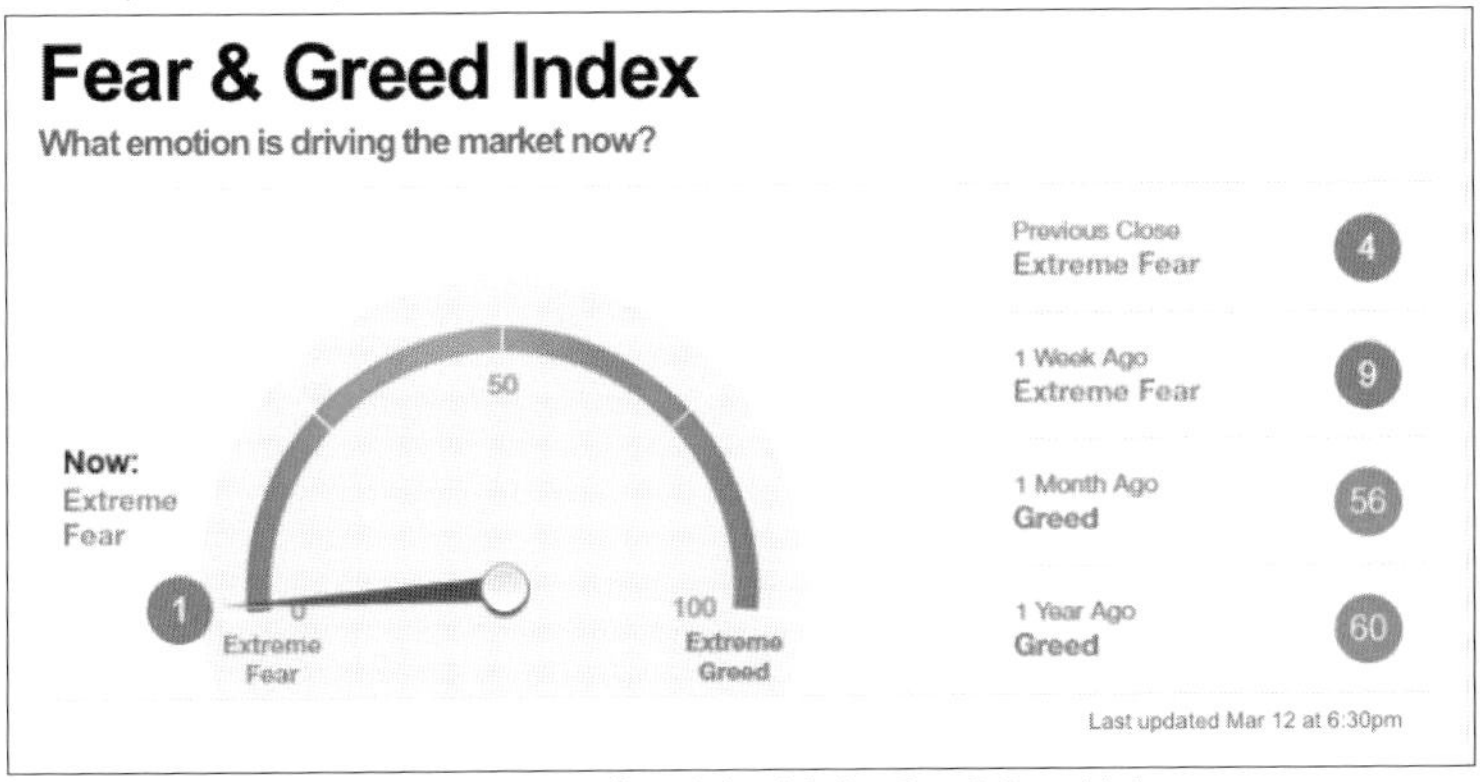

2020年3月コロナショックでExtrime Fear「1」となったときのFear & Greed Index

5 米国株投資のバックテストが試せるサイト

Portfoliovisualizer.comは、資産配分ごと、ETFなどの投資商品ごと、さらには個別株ごとに、過去のリスクとリターンを比較参照することができます。ただし英語サイトです。

主に次の2種類のバックテスト（過去データを用いた検証）が可能です。バックテストとは、過去のデータを用いて一定期間のパフォーマンスをシミュレーションすることです。

❶Backtest Asset Allocation　資産別のアセットアロケーション

❷Backtest Portfolio　米国個別株・ETFのティッカーを入力してのポートフォリオ

・男気溢れる「全米株式市場」100％
・投資の神様バフェット推奨の「全米株式」90％、「米国長期債」10％
・天才レイ・ダリオの黄金ポートフォリオ「全米株式」30％、「米国中期債」15％、「米国長期債」40％、「金」7・5％、「商品取引」7・5％

といった条件で、2007年1月に100ドルを投資し、その後毎月100ドル積立投資をした結果、2020年3月にはどうなるか、といったバックテストをしてみました。

● Portfolio Visualizer

https://www.portfoliovisualizer.com/

バックテストのポートフォリオの条件を設定します。

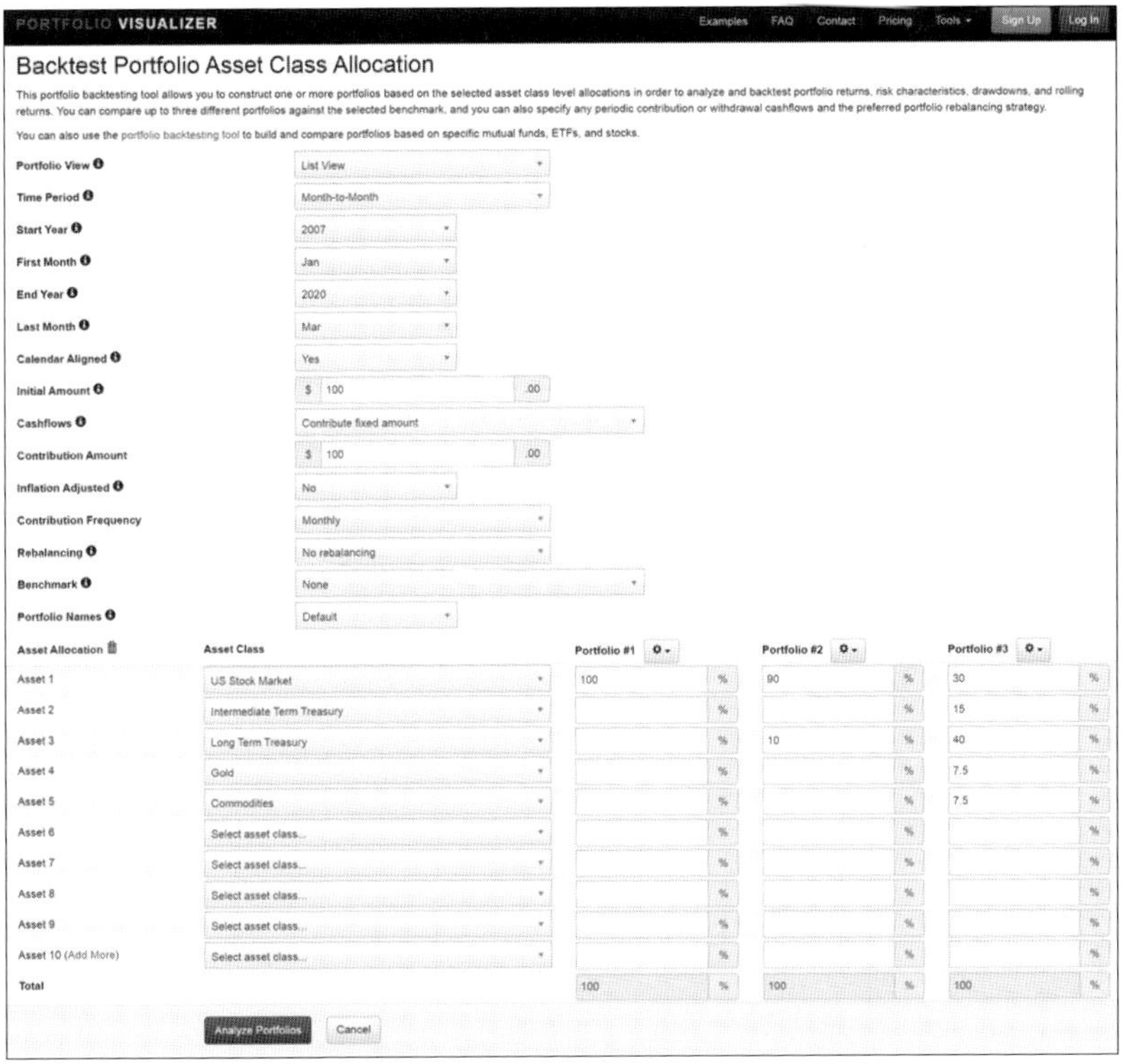

バックテストの結果がグラフで表示されます。

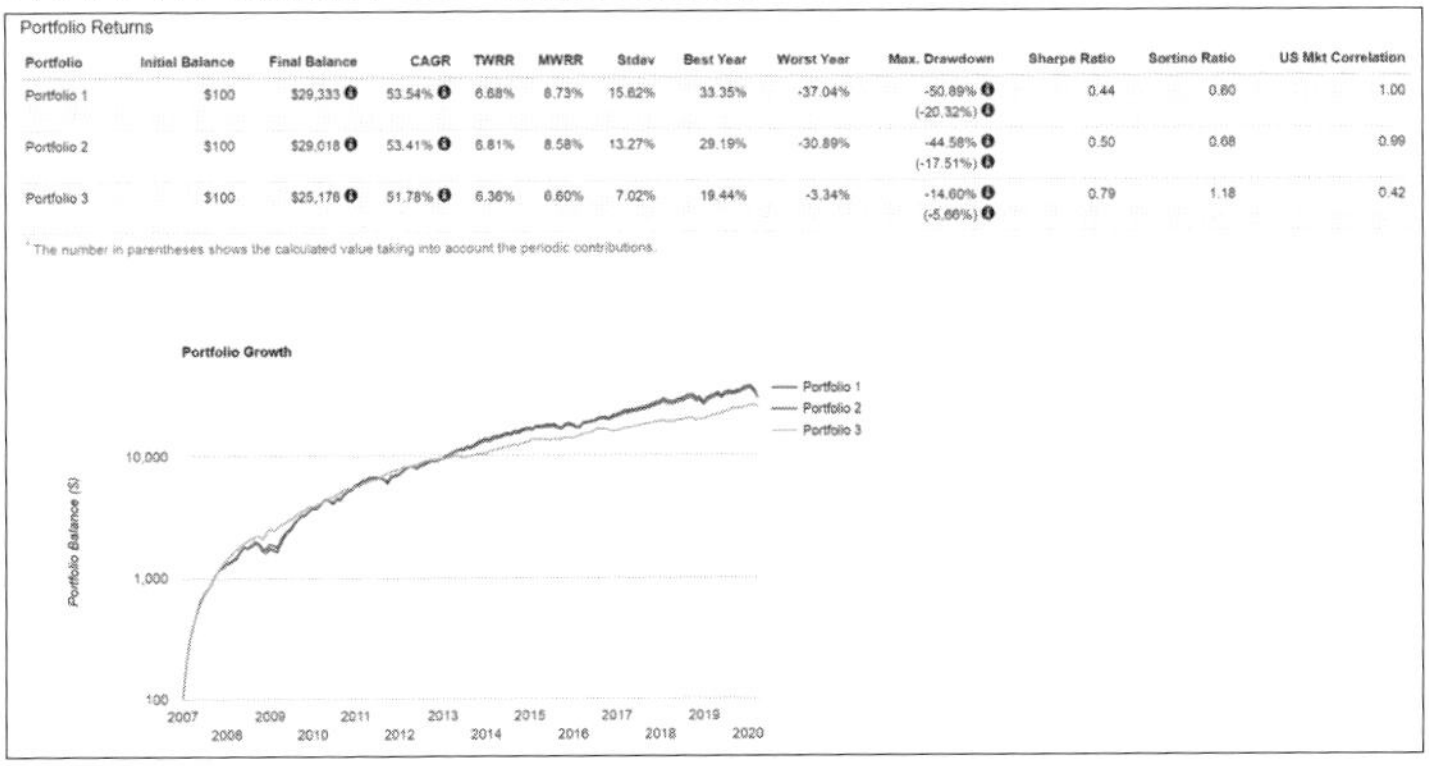

Portfolio Returns

Portfolio	Initial Balance	Final Balance	CAGR	TWRR	MWRR	Stdev	Best Year	Worst Year	Max. Drawdown	Sharpe Ratio	Sortino Ratio	US Mkt Correlation
Portfolio 1	$100	$29,333	53.54%	6.68%	8.73%	15.62%	33.35%	-37.04%	-50.89% (-20.32%)	0.44	0.60	1.00
Portfolio 2	$100	$29,018	53.41%	6.81%	8.58%	13.27%	29.19%	-30.89%	-44.58% (-17.51%)	0.50	0.68	0.99
Portfolio 3	$100	$25,176	51.78%	6.36%	6.60%	7.02%	19.44%	-3.34%	-14.60% (-5.66%)	0.79	1.18	0.42

* The number in parentheses shows the calculated value taking into account the periodic contributions.

6 米国株のETFや個別株の連続増配年数や支払い配当金状況を知る

dividendinvestor.comは、ETFや個別株の配当金支払い状況をグラフで表示してくれるので便利です。

特に**長期間の配当金・分配金状況**を知りたいときに重宝します。

英語サイトですが、検索枠にティッカーを入力するだけなので使い方は簡単です。

● Dividend Investing | ETF 連続分配金
https://www.dividendinvestor.com/

検索したティッカー（アップル）の配当、増配率、配当情報など

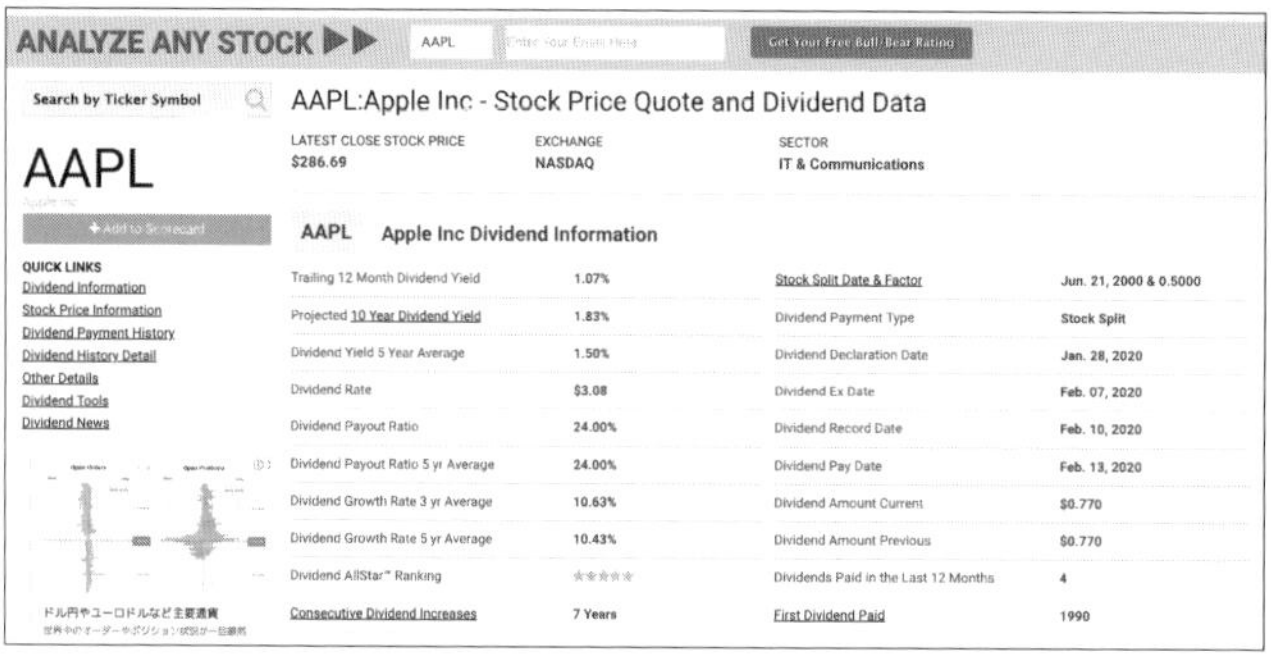

ページ下段には配当支払い履歴のグラフがあります。

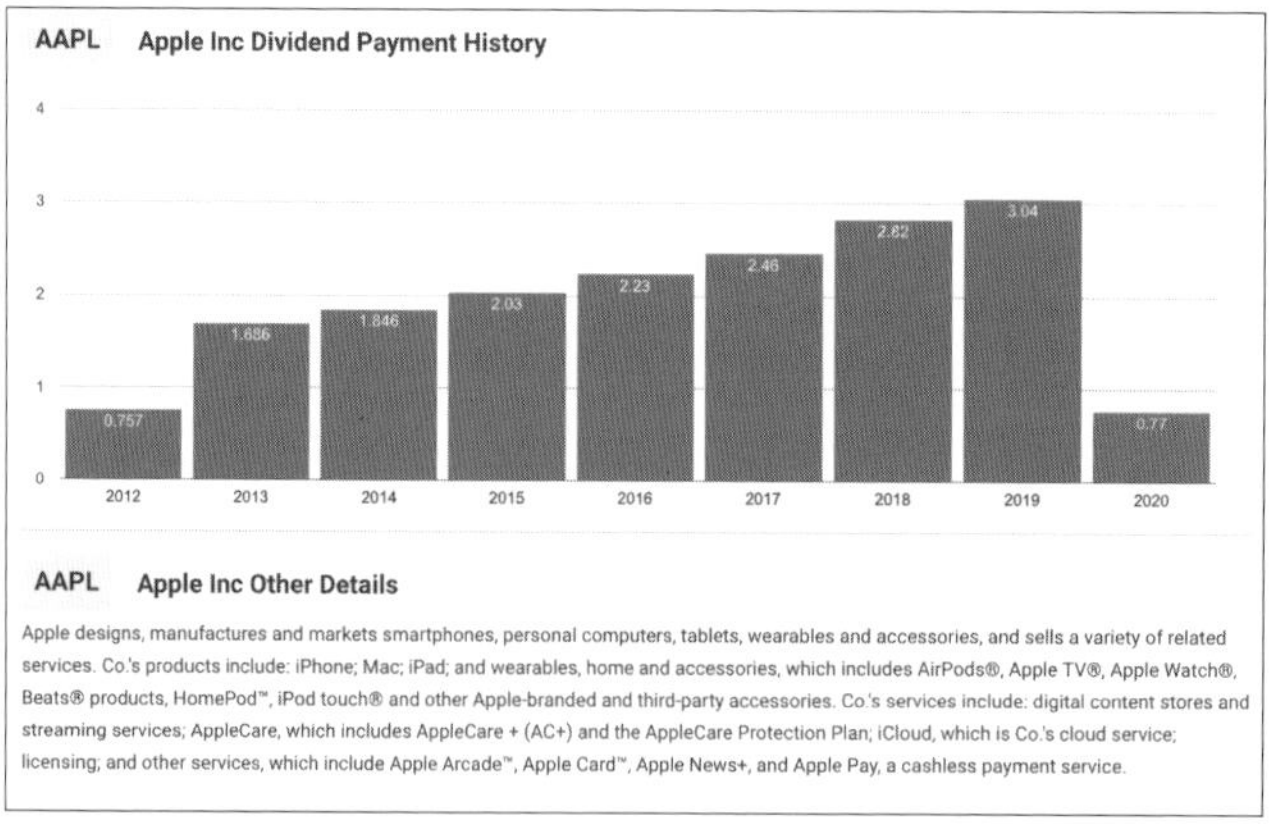

7 見た目がクールな銘柄スクリーン

Finviz.com《フィンビズ》は、大型株の値動きを一覧で視覚的にわかりやすく表示してくれるサイトです。米国株関連のSNSなどで散見されますね。

日本語版はありませんが、PERやPBRその他指標によって銘柄スクリーニングもできる無料サイトなので覗いてみてもいいです。

サイトを表示したら、メニューバーの「**Screener**」をクリックして、スクリーニングができます（下図）。

企業名をクリックすると株価チャートと財務指標が表示されます。

米国だけでなく、日本や中国銘柄をスクリーニングすることもできます。

「**Map**」をクリックすると銘柄の株価増減率のタイル状のマップが表示されます。

● Finviz.comのS&P500 Map
https://finviz.com/

スクリーニングの画面で、国、セクター、PERで銘柄検索ができる。

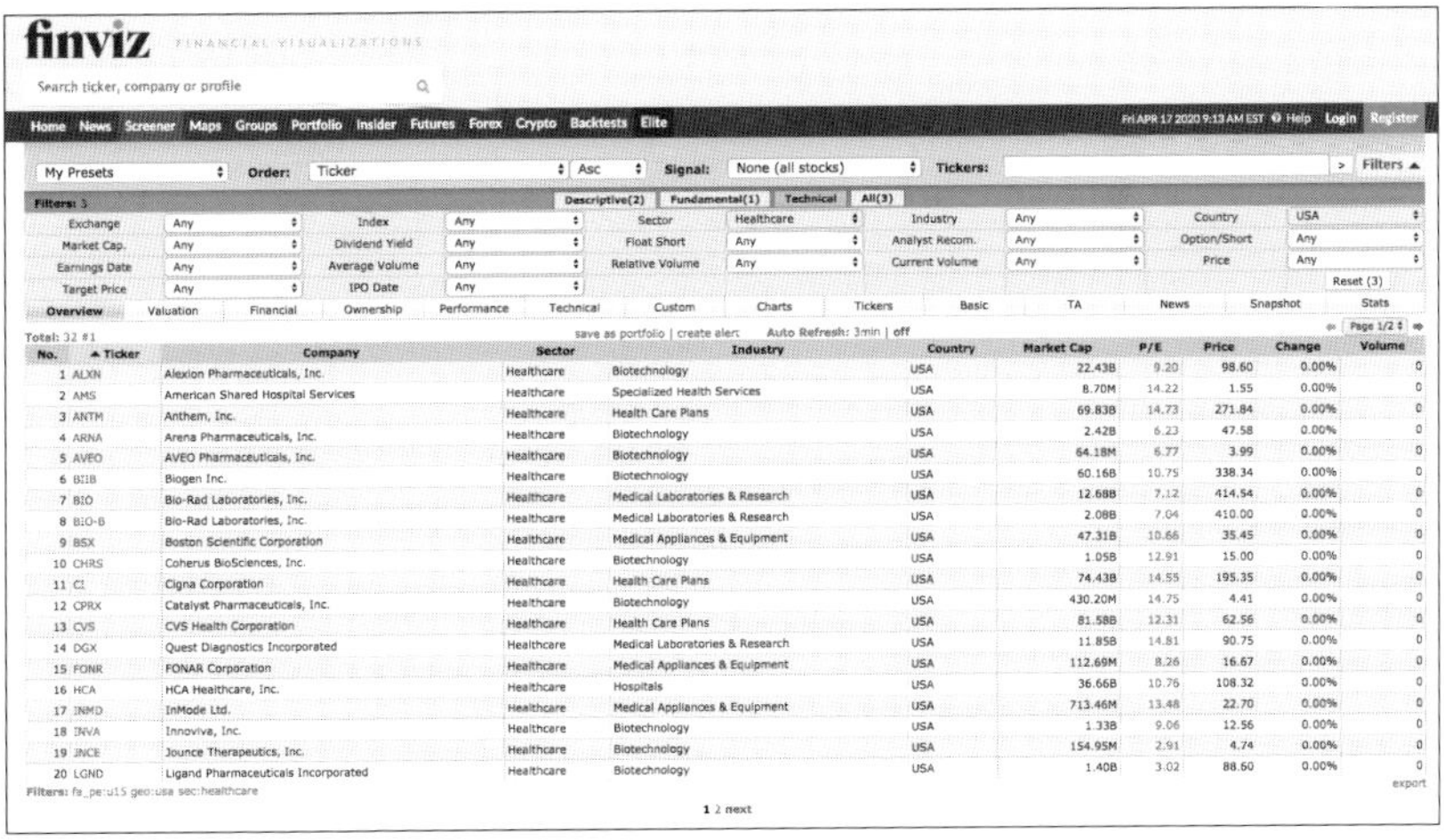

No.	Ticker	Company	Sector	Industry	Country	Market Cap	P/E	Price	Change	Volume
1	ALXN	Alexion Pharmaceuticals, Inc.	Healthcare	Biotechnology	USA	22.43B	9.20	98.60	0.00%	0
2	AMS	American Shared Hospital Services	Healthcare	Specialized Health Services	USA	8.70M	14.22	1.55	0.00%	0
3	ANTM	Anthem, Inc.	Healthcare	Health Care Plans	USA	69.83B	14.73	271.84	0.00%	0
4	ARNA	Arena Pharmaceuticals, Inc.	Healthcare	Biotechnology	USA	2.42B	6.23	47.58	0.00%	0
5	AVEO	AVEO Pharmaceuticals, Inc.	Healthcare	Biotechnology	USA	64.18M	6.77	3.99	0.00%	0
6	BIIB	Biogen Inc.	Healthcare	Biotechnology	USA	60.16B	10.75	338.34	0.00%	0
7	BIO	Bio-Rad Laboratories, Inc.	Healthcare	Medical Laboratories & Research	USA	12.68B	7.12	414.54	0.00%	0
8	BIO-B	Bio-Rad Laboratories, Inc.	Healthcare	Medical Laboratories & Research	USA	2.08B	7.04	410.00	0.00%	0
9	BSX	Boston Scientific Corporation	Healthcare	Medical Appliances & Equipment	USA	47.31B	10.66	35.45	0.00%	0
10	CHRS	Coherus BioSciences, Inc.	Healthcare	Biotechnology	USA	1.05B	12.91	15.00	0.00%	0
11	CI	Cigna Corporation	Healthcare	Health Care Plans	USA	74.43B	14.55	195.35	0.00%	0
12	CPRX	Catalyst Pharmaceuticals, Inc.	Healthcare	Biotechnology	USA	430.20M	14.75	4.41	0.00%	0
13	CVS	CVS Health Corporation	Healthcare	Health Care Plans	USA	81.58B	12.31	62.56	0.00%	0
14	DGX	Quest Diagnostics Incorporated	Healthcare	Medical Laboratories & Research	USA	11.85B	14.81	90.75	0.00%	0
15	FONR	FONAR Corporation	Healthcare	Medical Appliances & Equipment	USA	112.69M	8.26	16.67	0.00%	0
16	HCA	HCA Healthcare, Inc.	Healthcare	Hospitals	USA	36.66B	10.76	108.32	0.00%	0
17	INMD	InMode Ltd.	Healthcare	Medical Appliances & Equipment	USA	713.46M	13.48	22.70	0.00%	0
18	INVA	Innoviva, Inc.	Healthcare	Biotechnology	USA	1.33B	9.06	12.56	0.00%	0
19	JNCE	Jounce Therapeutics, Inc.	Healthcare	Biotechnology	USA	154.95M	2.91	4.74	0.00%	0
20	LGND	Ligand Pharmaceuticals Incorporated	Healthcare	Biotechnology	USA	1.40B	3.02	88.60	0.00%	0

Filters: fa_pe:u15 geo:usa sec:healthcare
export
1 2 next

参考文献一覧

0時限目

・会社法第１０４条
・ロバート キヨサキ．金持ち父さん貧乏父さん（日本語），筑摩書房，2000年
・日本経済新聞社編、やさしい株式投資（第2版），2014年
・Spencer Stuart, 2019 U.S. Spencer Stuart Board Index

1時限目

・Yahoo finance
・Jeremy J. Siegel, Stocks for the Long Run: The Definitive Guide to Financial Market Returns & Long-Term Investment Strategies 5th edition, 2014
・総務省統計局，人口推計2019年
・UN DESA, World Population Prospects 2019
・U.S. DEPARTMENT OF THE TREASURY, Report on Foreign Portfolio Holdings of U.S. Securities at End-June 2019
・BIS, Foreign exchange turnover in April 2019
・The Fed, Financial Accounts of the United States - Z.1, Release Date: March 12, 2020 (2019:Q4 Release)
・日本銀行，資金循環統計
・多田靖志，think 180 around
・CEE, 2020 Survey of the States
・財務省，令和2年度税制改正の大綱
・GPIF, 各国公的年金と当法人との比較，基本（参照）ポートフォリオ（2019年3月末）
・後藤 潤一郎，変貌する米国上場市場におけるマーケットの自浄作用，JPXワーキング・ペーパー Vol.33
・Credit Suisse, Research Institute, February 2018
・Franklin Templeton, SIX BARRIERS TO INVESTMENT SUCCESS, BF B 03/20
・デロイト トーマツ，2018年度 日・米・欧の社長・CEO報酬水準比較

2時限目

・バンガード，日本の投資家の皆さまが成功する投資家になるためのバンガードの４つの基本原則
・はちどう・きゅうどう，アメリカ株でアーリーリタイアを目指す（https://america-kabu.com/）
・Mr. Money Mustache, Mr. Money Mustache
・Tanza Loudenback, Most millennials are hoping to retire early, but only a fraction are doing what it takes, BUSINESS INSIDER 6/9/2017
・ルイス・J・アルトフェスト， パーソナルファイナンスプロフェッショナルFPのための理論と実務，日本経済新聞出版社，2013年

3時限目

・Eugene F. Fama, Capital Markets: II, The Journal of Finance, Vol. 46, No. 5 (Dec., 1991), pp. 1575-1617
・S&P500 Dow Jones Indices LLS. SPIVA S&P INDICES VERSUS ACTIVE as of 30th June, 2019
・Gary P. Brinson et al, Determinants of Portfolio Performance, Financial Analysts Journal (July-August 1986):39-44

・投資信託協会，投資信託の主要統計等ファクトブック（2020年3月末）
・金融庁，NISA特設ウェブサイト
・イーノ・ジュンイチ，投信ブロガーが選ぶ！ Fund of the Year 2019

4時限目

・加藤優一，myINDEX わたしのインデックス
・J.P.モルガン・アセット・マネジメント，投資期間別のリターン，Guide to the Markets Japan 1Q 2020
・Cooley, Philip L., et al. "A comparative analysis of retirement portfolio success rates: simulation versus overlapping periods." Financial Services Review, vol. 12, no. 2, 2003, p. 115+. Gale Academic OneFile, Accessed 2 May 2020.
・J.P.モルガン・アセット・マネジメント，株価のピークまで「あと1年」のときに'3,000万円の資産運用を始め'（例えば）「毎月14万円」を取り崩し続けた場合どうなったか？（試算），Guide to the Markets Japan 2Q 2020
・Jeremy J. Siegel, Stocks for the Long Run: The Definitive Guide to Financial Market Returns & Long-Term Investment Strategies 5th edition, 2014
・WHO, Coronavirus disease (COVID-19) Pandemic
・The Fed, Press Releases

5時限目

・メアリー・バフェット，史上最強の投資家バフェットの教訓，徳間書店 (2008/1/1)
・桑原 晃弥，ウォーレン・バフェット 成功の名語録 世界が尊敬する実業家、103の言葉，PHPビジネス新書（2012/7/18）
・BERKSHIRE HATHAWAY INC. To the Shareholders of Berkshire Hathaway Inc 2013
・John Y. Campbell and Robert J. Shiller, Valuation Ratios and the Long-Run Stock Market Outlook, The Journal of Portfolio Management Winter 1998, 24 (2) 11-26

6時限目

・国税庁，No.1240 居住者に係る外国税額控除
・ひろめ，バリュー投資家のための「米国株」データ分析－ひと握りの優良株が割安になるときの見分け方，技術評論社（2020/1/25）

7時限目

・財務省，令和2年度税制改正の大綱
・厚生労働省，iDeCo の概要

8時限目

・三井住友信託銀行マーケット事業，第6版 投資家のための金融マーケット予測ハンドブック，NHK出版 (2016/3/24)
・BEA, Gross Domestic Product
・THE CONFERENCE BOARD LEADING ECONOMIC INDEX®(LEI) FOR THE UNITED STATES AND RELATED COMPOSITE ECONOMIC INDEXES FOR MARCH 2020
・Fidelity, Business Cycle Analysis Provided by Fidelity Investments AS OF March 2020
・The Fed. Money Policy, Open Market Operations
・長谷川 直也，米逆イールド後の米国株の行方，みずほ証券 みずほインサイト，みずほ総合研究所（2019/9/5）
・FRED, 10-Year Treasury Constant Maturity Minus 2-Year Treasury Constant Maturity（T10Y2Y）

世界一《せかいいち》やさしい　米国株の教科書《きょうかしょ》　1年生《ねんせい》

2020年 6月10日　初版第1刷発行
2022年 9月30日　初版第6刷発行

著　者　はちどう
発行人　柳澤淳一
編集人　久保田賢二
発行所　株式会社　ソーテック社
〒102-0072 東京都千代田区飯田橋 4-9-5　スギタビル 4F
電話：注文専用　03-3262-5320
FAX：　03-3262-5326
印刷所　大日本印刷株式会社

ISBN978-4-8007-2081-8